Fred Sellin

Wenn der Vater mit dem Sohn

Unsere Wanderung durch Deutschlands unbekannte Mitte

Mit 36 Fotos und einer Karte

W0108667

Piper München Zürich

Mehr über unsere Autoren und Bücher:
www.piper.de

*Für Robin, der mich immer begleiten wird,
auch wenn wir nicht mehr nebeneinander gehen.*

Mix
Produktgruppe aus vorbildlich bewirtschafteten
Wäldern und anderen kontrollierten Herkünften
www.fsc.org Zert.-Nr. GFA-COC-001223
© 1996 Forest Stewardship Council

Ungekürzte Taschenbuchausgabe
April 2010
© 2009 Piper Verlag GmbH, München,
erschienen im Verlagsprogramm Malik
Umschlagkonzept: semper smile, München
Umschlaggestaltung: Birgit Kohlhaas, München
Umschlagfoto: Fred Sellin
Karte: cartomedia, Karlsruhe
Satz: Satz für Satz. Barbara Reischmann, Leutkirch
Papier: Munken Print von Arctic Paper Munkedals AB, Schweden
Druck und Bindung: CPI – Clausen & Bosse, Leck
Printed in Germany   ISBN 978-3-492-25850-0

Ostsee

Kiel

Rostock

Travemünde **Priwall**
Lübeck
Wismar
Lüdersdorf
Dechow
Schwerin
Witzeeze
Zarrentin
Hamburg
Neu-Bleckede
Müritz
Lüneburg
Elbe
Hitzacker **Lütkenwisch**
Lübbow
Bergen an der Dumme
Zießau
Bad Bodenteich **Jübar**
Celle
Breitenrode
Wolfsburg
Potsdam
BERLIN
Mackendorf
Hannover
Beendorf
Braunschweig
Schöningen
Hildesheim
Jerxheim
Magdeburg
Wülperode
Bad Harzburg
r z
Schierke
H *a*
Hohegeiß
Göttingen
Neuhof
Halle
Duderstadt
Kassel
Werra
Burgwalde
Leipzig
Bad Sooden- **Döringsdorf**
Dresden
Allendorf
Großburschla
Herleshausen
Erfurt
Dankmarshausen
Gera
Buttlar
Lauenstein
Ketten
Brennersgrün
Blankenstein
Simmershausen
Heldritt **Effelder**
Plauen
Fladungen
Mödlareuth
Behrungen
Schauberg **Oberzech**
Zimmerau
Haig Hof
Ummerstadt
Schweinfurt

TSCHECHISCHE REP

Würzburg

Erlangen
Fürth
Nürnberg

Inhalt

2. Mai 2008 – Mödlareuth

Wir hätten ein Taxi nehmen, uns ein letztes Mal ein bisschen Luxus gönnen sollen. Der Weg zählt eigentlich noch gar nicht. Wir haben nicht einmal den Startpunkt erreicht. Trotzdem laufen wir schon. Auf der Karte sah die Strecke nach einem kurzen Spaziergang aus, höchstens zwei Kilometer. Kommt mir jetzt viel weiter vor. Was an dem Rucksack liegen dürfte, den ich schleppe. Robin stöhnt auch schon, seiner ist genauso schwer.

Es ist kurz vor halb acht. Wir sind noch keine zwanzig Minuten unterwegs, erreichen gerade Haag. Die Luft riecht nach Kuhmist. Haag ist kein richtiger Ort, nur eine Ansammlung von Bauerngehöften um einen kleinen Teich herum. Die ersten Häuser, die wir passieren, sind fast schon wieder die letzten.

Haag gehört zu Regnitzlosau, einer überschaubaren Gemeinde im Oberfränkischen, in der das spektakulärste Bauwerk die evangelische Pfarrkirche St. Aegidien ist. Die nächstgelegene Stadt, zwölf Kilometer westlich: Hof. Sechs Kilometer östlich dagegen ist das Land schon zu Ende, durch das wir wandern wollen. Dort beginnt Tschechien.

Wir sind allein auf der Straße. Für Städter wie uns eine seltsame, beinahe unheimliche Erfahrung. Als hätte jemand den großen Film angehalten und den Ton abgestellt. Nur Vogelgezwitscher. Ungewohnt in meinen Ohren, sodass ich es gar nicht richtig wahrnehme. Auch auf den Höfen, an denen wir vorübergehen, keine Menschenseele. Und ich dachte immer, auf dem Land kämen die Leute in aller Herrgottsfrühe aus den Federn, um ihr Vieh zu versorgen.

Bevor wir vorhin am Gasthof, dem einzigen gebuchten Quartier für die nächsten zwei Monate, losgelaufen sind, habe ich noch schnell ein kleines Thermometer an den Rucksack geknüpft. Kaum größer als ein Mantelknopf, wiegt praktisch nichts.

Ein winziger roter Pfeil zeigt die Temperatur an: zwölf Grad. Dabei gibt sich die Sonne richtig Mühe, und der Himmel sieht aus wie auf kitschigen Postkarten: strahlend blau. Sogar ein paar Kumuluswolken treiben mit dem Wind.

»Perfektes Wanderwetter«, verkünde ich, ziemlich überschwänglich. Robin sieht mich grinsend an und nickt: »Stimmt!«

Wir sind vielleicht zwei Hochstapler! Als hätten wir eine Ahnung, wie Wetter sein muss, damit es perfekt ist zum Wandern! Überhaupt: Was wissen wir schon vom Wandern? Nichts. Null. Zero. Wir wissen höchstens, wie man im Urlaub am Strand entlangschlendert, barfuß, gemütlich durch den warmen weichen Sand.

Dafür, dass wir völlig ungeübt darin sind, eine Distanz, die länger ist als der Weg zum Bäcker oder zur S-Bahn, zu Fuß zu bewältigen, haben wir uns gleich einen richtigen Brocken vorgenommen: tausendvierhundert Kilometer! Jedenfalls so ungefähr. Wie lang die Strecke am Ende genau sein wird, wissen wir nicht. Für die Route, die wir gerade in Angriff nehmen, gibt es keine Wanderkarte.

Momentan können wir uns nicht einmal vorstellen, wie weit tausendvierhundert Kilometer sind. Das ist wahrscheinlich auch gut so. Mit dem Auto, auf regulären Straßen, dürfte das ungefähr die Entfernung von München nach Barcelona sein oder von Hamburg nach Bordeaux oder von Leipzig nach Rom. Kann man sich auch irgendwie schlecht vorstellen. Und wir wollen das Ganze jetzt zu Fuß erledigen, quer durch die Botanik!

Wir lassen Haag schnell hinter uns, erreichen Prex, das nächste Häusergrüppchen. Vor der Freiwilligen Feuerwehr ragt ein Maibaum in die Höhe. Anscheinend ist das hier so etwas wie der Marktplatz. Geschäfte gibt es zwar keine, dafür hängen an der Hauswand ein Zigarettenautomat, eine Schautafel mit amtlichen Bekanntmachungen, ein quietschgelber Briefkasten. Davor die Haltestelle für den Schulbus und gleich um die Ecke ein grünweiß gestreiftes Festzelt, in dem die Prexer vorletzte Nacht in den Mai tanzten.

Eine alte Frau mit kurzen grauen Haaren, die über dem Rock eine bunte Kittelschürze trägt, überquert vor uns die Straße. Die erste Begegnung. Unser zweifaches »Grüß Gott« klingt möglicherweise etwas müde, ist aber durchaus freundlich gemeint. Doch die Bäuerin zuckt zusammen, starrt uns entsetzt an. Wir wollten sie fragen, warum noch kein Mensch auf den Beinen ist, verkneifen es uns jetzt aber.

Entlang der Straße laufen wir einen Hügel hinauf, Richtung Wald, und lernen gleich: Es geht noch kleiner, noch einsamer als Haag. Oberzech scheint nur aus zwei Gehöften zu bestehen. Zumindest sind andere nicht zu sehen. Dafür fällt das grüne Ortsschild sofort ins Auge. Ein Schild für zwei Grundstücke – sieht man selten.

Ein paar Schritte weiter endet der Asphalt unter unseren Füßen. Wir müssen den Hügel auf der anderen Seite wieder hinunter, dann nach links, ein schmaler Sandweg, zwischen Laubbäumen weiter bergab, bis wir an der Stelle stehen, an der einst die eine Welt aufhörte und eine andere begann.

Verfehlen können wir den Punkt nicht, der Dreiländereck genannt wird, weil hier drei Grenzen aufeinanderstoßen (früher: ČSSR, DDR, BRD – heute: Tschechien, Sachsen, Bayern). Große Schilder lotsen uns direkt dorthin. Das erste auf deutscher Seite, rechteckig, so groß wie zwei Kuchenbleche, wuchtig schwarze Buchstaben, das Wort STAATSGRENZE. Dahinter ein ovales mit dem tschechischen Staatswappen und Schrift in zartem Hellblau: ČESKA REPUBLIKA.

Fühlt sich seltsam an, hier zu stehen. Ich betrachte die Grenzmarkierungen und muss an Stacheldraht denken, an Selbstschussanlagen und Minenfelder, an Soldaten mit Kalaschnikow-Maschinenpistolen. Versuche mir vorzustellen, wie es vor zwanzig Jahren ausgesehen haben muss, als hier noch jener Streckmetallzaun anfing, der sich knapp tausendvierhundert Kilometer durchs Land zog, erst noch westwärts, dann Richtung Norden, bis ans Wasser der Ostsee.

Aber die Bilder, die ich versuche in Gedanken heraufzube-

Am Dreiländereck: Und los …

schwören, bleiben unscharf, wollen nicht zu dem passen, was meine Augen sehen: eine saftige Wiese voller weiß blühender Buschwindröschen. Die Knospen an den Ästen der Bäume, deren zartes Grün im Gegenlicht durchsichtig erscheint. Das silbrig glitzernde Wasser des schmalen Flüsschens, das sich, aus Tschechien kommend, an alten Grenzsteinen entlang ins Land schlängelt und dessen Rauschen das Konzert der Vögel mit einem ganz eigenen Klangteppich unterlegt.

Am liebsten würde ich den Rucksack absetzen, mich auf die verwitterte Holzbank am anderen Ende der Wiese setzen, den Moment, die Stimmung wirken lassen. Doch Robin ist nicht so romantisch gestimmt. Er will, dass es endlich losgeht.

Der Fußmarsch eben war nur Vorprogramm, wie die Anreise gestern. Abschied von Hamburg. Keine Tränen, aber stille Traurigkeit. Die Stadt, die Freunde, zwei Frauen, die uns wichtig sind. Eine Frau, ein Mädchen, mit siebzehn ist man noch ein Mädchen.

Und die bange Frage: Wie lange?

Mit dem Zug erst nach Leipzig, dann nach Hof und von dort weiter zum Gasthof. Für das letzte Stück mussten wir ein Taxi nehmen. An Wochenenden und Feiertagen fahren keine Busse in diese Gegend. Und eine Bahnverbindung gibt es nicht.

Die Taxifahrerin, irgendwie sonderbar. Ihr Alter schwer zu schätzen, vielleicht sechzig. Sie schien nicht begeistert, die Stadtgrenze Hofs verlassen zu müssen, wirkte unruhig, schlich mit ihrem Mercedes untertourig im vierten Gang dahin, dass man den Motor kaum hörte. Und behielt auch auf der Landstraße das Tempo bei. Als sich unsere Blicke im Rückspiegel trafen, muss sie eine Frage in meinem Gesicht erkannt haben. »Ich würde ja gern«, reagierte sie sofort, »aber ich darf nicht schneller, hier wird oft geblitzt.« Und nach einer kurzen Pause, in der sie zu überlegen schien, ob sie uns ein Geheimnis anvertrauen könne: »Ist gut, dass die Polizei kontrolliert. Hier herrscht Krieg auf den Straßen!«

Das hat sie tatsächlich gesagt. Dabei waren wir, soweit ich sehen konnte, die Einzigen auf der Straße, die sich kurvenreich über mehrere Hügel zog. Robin gluckste, als müsste er sich ein Lachen verkneifen.

»Wie meinen Sie das, Krieg?«, fragte ich.

»Na, Krieg eben!«, sagte sie, als würde das alles erklären.

Also gab ich ihr eine Antwort vor: »Die Leute rasen, drängeln und so?«

Sie: »Ja, ja, die Polizei muss aufpassen. Sie können sich ja gar nicht vorstellen, was hier los ist.«

Vorsichtshalber machte ich ein ernstes Gesicht und nickte stumm. Robin stupste mich mit seinem Ellenbogen an. Hätte ich ihn angesehen, wir hätten laut losgeprustet.

Auf den zehn Kilometern bis zum Gasthof begegneten uns genau drei Autos, eines überholte uns, zwei kamen uns entgegen.

Wir sind zügig gelaufen jetzt, die erste Stunde ist vergangen. Wie lange werden wir für unser Pensum heute brauchen? Wir wissen ja nicht einmal, was unser heutiges Pensum sein wird. Zu Fuß haben wir kein Gefühl für Distanzen, erst recht nicht für Distanzen im Verhältnis zur Zeit. Deshalb habe ich es auch sein lassen, die einzelnen Etappen vorher zu planen und nach Unterkünften zu suchen. Wir lassen einfach alles auf uns zukommen.

Theoretisch keine schlechte Vorstellung. Klingt nach Abenteuer. Wenn ich mir allerdings überlege, was alles schiefgehen kann …

Wie das ist, wenn zwei Laienwanderer losmarschieren? Ich stelle mir ein uraltes Auto vor, das jemand irgendwie zum Rollen gebracht hat. Bergab nimmt es sogar ordentlich Fahrt auf, doch der Motor läuft nicht rund, es knackt an allen Ecken, nichts greift richtig ineinander. In etwa so fühle ich mich, nachdem wir ein Weilchen über Wiesen geirrt sind auf der Suche nach dem Kolonnenweg, auf dem wir jetzt unsere ersten Schritte gehen.

Der Kolonnenweg ist im Grunde nichts weiter als eine schier endlose Aneinanderreihung von hässlich grauen Betonplatten, davon jeweils zwei nebeneinander, mit etwas Platz dazwischen. Hosenträgerweg. Das Besondere ist nicht der Weg als solcher, sondern seine Lage. Als Deutschland noch geteilt war, verlief er direkt neben dem Grenzzaun, dort, wo bis auf Soldaten und Offiziere der DDR-Grenztruppen niemand hindurfte. Die bestgesicherte Straße, die man sich vorstellen kann: nach Westen hin ein drei Meter zwanzig hoher Grenzzaun, nach Osten, fünfhundert Meter weiter im Hinterland, ein zweiter. Dazwischen Niemandsland, scharf bewacht. Eine gruselige Vorstellung.

Der Kolonnenweg ist wichtig für unsere Wanderung: als Wegweiser und Marschroute. So dachten wir uns das, zu Hause. Im Moment stellt es sich allerdings anders dar. Denn die Platten haben rechteckige Löcher, jeweils vier nebeneinander und davon pro Platte sieben Reihen. Das ergibt insgesamt also achtundzwanzig kleine Fallen, jede jedoch groß genug, dass unsere Schuhe fast darin verschwinden könnten.

Eine Platte ist so lang wie dreieinhalb Schritte. Ich versuche, den Löchern auszuweichen. Mit meiner üblichen Schrittlänge haut das nicht hin. Wenn ich wie Benny von der Olsenbande über den Beton tänzeln könnte. Dummerweise habe ich den Rucksack dabei, der erdet mich gewaltig. Robin balanciert auf den Platten neben mir. Sieht auch nicht geschmeidiger aus.

Wir sind uns gerade selbst etwas fremd. Von den Schultern bis zu den Füßen stecken wir in sogenannter Funktionskleidung, die wir uns extra in einem Spezial-Outdoor-Geschäft besorgt haben, für ziemlich viel Geld. Die T-Shirts sollen besonders schnell trocknen und selbst nach schweißtreibenden Märschen nicht gleich müffeln. Unsere Hosen sind mit Teflon beschichtet und aus einem Material, das als ungewöhnlich leicht und atmungsaktiv angepriesen wurde, vor Kälte genauso schützen soll wie vor Hitze. Und für die Füße haben wir uns zu *high volume trekking socks* mit dicken Knöchel-, Fersen- und Zehenpolstern und einer angeblich außergewöhnlichen Luftzirkulation überreden lassen. Auf dem Preisschild stand: »Träume leben.«

Wie im Traum komme ich mir im Augenblick nicht vor. Diese Hightech-Superklamotten fühlen sich auf der Haut ungewohnt an. Vom Rucksack ganz zu schweigen, der ist viel zu schwer: zwölf Kilo, die mir wie dreißig vorkommen. Aber am allerschlimmsten sind die Schuhe. Das sollen Wanderschuhe sein? Wie soll ich anständig wandern, wenn meine Füße schon jetzt unablässig »Hilfe!« schreien?

Jammern hilft nur auch nicht. Ich beiße die Zähne zusammen, wandere weiter. Obwohl: wandern? Wie zwei Außerirdische staksen wir über die Lochplatten, sind überhaupt nicht locker und finden einfach keinen Laufrhythmus. Immerhin bekommen wir heraus, dass es noch am besten funktioniert, wenn wir die Betonstreifen neben der äußersten Lochreihe – rechts oder links, das ist egal – benutzen. Die sind etwas breiter.

Ich würde gern etwas von der Landschaft sehen. Oder den Vögeln hinterherschauen, die ständig neben uns hochfliegen und ulkige Geräusche von sich geben. Geht aber nicht. Wir können schlecht alle paar Meter anhalten. Und während des Laufens wäre es zu gefährlich. Ein unglücklicher Schritt – und wir müssten gleich wieder nach Hause gefahren werden.

Dann stelle ich mir lieber nur vor, dass wir gerade an Posseck vorbeilaufen. Das Dorf muss rechts von uns sein, auf einstigem DDR-Gebiet, etwa einen halben Kilometer entfernt. In Posseck gibt es ein uraltes Rittergut. Hatte ich vor der Wanderung gelesen, als ich den Ort suchte, der dem Dreiländereck am nächsten liegt. Ich erzähle Robin davon. Er sieht sich gern alte Burgen und Schlösser an. Allerdings soll das Possecker Gut in einem erbärmlichen Zustand sein und nur nach Anmeldung zugänglich. Wir könnten es trotzdem versuchen. Doch Robin will nicht, und ich bin froh, dass er das so deutlich artikuliert. Wir kommen besser klar, wenn jeder sagt, was er denkt. Und gerade passt es wunderbar: Ich habe auch keine Lust, den Kurs zu verlassen.

Unsere Meinung ändern wir bis Gassenreuth nicht, auch nicht bis Sachsgrün.

Gerade erreichen wir eine Anhöhe, da sehen wir einen Gedenkstein, direkt neben dem Kolonnenweg. Hier ist es passiert, blitzt es sofort in meinem Kopf, hier haben sie einen umgebracht, der über die Grenze wollte. Doch dann sind wir nah genug, um die Inschrift lesen zu können. Kein Grenzopfer. Der Stein ist Prof. Dr. phil. Eduard Johnson gewidmet. Auf einer Tafel daneben klebt ein Zeitungsartikel von 1941: Johnson war ein Altertums- und Sprachenforscher, der hier, »auf freier Flur ... am 7. September 1903 einsam, unerwartet, auf wissenschaftlichem Forschungsgang, sein schaffensreiches Leben aushauchte«. Schlaganfall beim Wandern.

Ab sofort kriege ich die Vorstellung nicht mehr aus dem Kopf. Und ein Stück weiter sehe ich plötzlich, wie sich vor uns ein Mann in schwarzen Kleidern den Berg hochschleppt, mit der rechten Hand auf einen Stock gestützt. Er keucht, bleibt mehrmals stehen, schnappt hastig nach Luft. Kurz vor dem Gipfel dann bricht er zusammen ...

Vor uns ist natürlich niemand, das Kino spielt sich in meinem Kopf ab. Wir sind es, die sich diesen Berg hinaufquälen. Ich weiß nicht, wie es Robin geht. Er läuft vornübergebeugt, hat aufgehört zu sprechen. Selbst wenn er etwas sagen würde, ich würde ihn kaum verstehen. Schnaufe wie eine alte Dampflok. Irgendwie hat sich mein Sichtfeld verkleinert. Sehe nur noch Betonplatten. Schiebe meinen Oberkörper weit nach vorn, habe trotzdem das Gefühl, fast aufrecht zu gehen. Denke an den Professor. Ist doch möglich, dass es ihn gar nicht auf dem Hügel dahinraffte, sondern genau hier.

Ungefähr auf halber Höhe spüre ich meinen linken Fuß nicht mehr. Er ist nicht taub, es sind starke Schmerzen, die mich nichts anderes mehr fühlen lassen. Die Achillessehne und das Fußgelenk! Damit hatte ich noch nie Probleme. Die Schmerzen sind nicht plötzlich gekommen. Die Achillessehne fing vor zehn Kilometern schon an. Aber bis eben war es auszuhalten.

Robin ist kein bisschen überrascht, als ich losfluche. Er könnte auch schreien. Sofort meldet sich mein schlechtes Gewissen. Wir laufen seit Stunden nebeneinander, und ich merke nicht, dass er leidet. Dabei hätte ich es mir denken können. Er trägt die gleichen Schuhe. Bei ihm ist nur die rechte Achillessehne wund.

Über meinen Frust vergesse ich glatt den toten Professor. Es gibt nur eine Lösung: Die Schuhe müssen von den Füßen! Sofort! Robin hat es genauso eilig, seine loszuwerden. Fast gleichzeitig plumpsen wir auf unsere Rucksäcke, reißen die Schnürsenkel auf … und weg damit! Es ist, als würde ich meinen Fuß aus einer Eisenfalle befreien.

Herrlich, so zu sitzen und die Beine von sich zu strecken! Ich atme die kühle frische Luft ein, stiere vor mich hin, denke an nichts. Was in Robin vorgeht, weiß ich nicht. Frage ihn auch nicht. Das Schweigen liegt bleiern zwischen uns. Glücklich ist er nicht, das spüre ich. Bin ich auch nicht.

Was machen wir hier eigentlich? Wie konnte ich nur annehmen, dass es ein besonderes Erlebnis sein würde, durch die Wildnis zu latschen? Dass uns das etwas geben, uns irgendwie reicher machen würde?

Im Augenblick macht es uns nur fertig.

Das kommt dabei heraus, wenn man sich einbildet, ein dusseliger Traum könnte so etwas wie eine Eingebung gewesen sein. Keine fünf Wochen ist es her, als ich mitten in der Nacht wach wurde, vier Uhr zweiunddreißig, ich sehe die Ziffern des Weckers noch vor mir. Und bevor ich denken konnte: Verdammt früh, dreh dich um, schlaf weiter!, spukte mir die Idee durch den Kopf, mit Robin die ehemalige innerdeutsche Grenze abzuwandern, nicht nur ein Stück, die komplette Strecke.

Ich verstehe bis heute nicht, was da in meinem Kopf ablief. Ob ich das träumte und davon wach wurde oder ob ich bereits wach lag, als sich der Gedanke in mein Gehirn schlich. Und wo kam der überhaupt her? Wandern hat mich nie sonderlich beschäftigt. Und die Grenze gibt es seit fast zwanzig Jahren nicht mehr. Trotzdem hat mich die Idee elektrisiert, ich konnte nicht wieder einschlafen.

Hinterher habe ich mir einiges zurechtgedacht. Manchmal muss man etwas tiefer in seiner Vergangenheit kramen, um die Dinge, die einem passieren, besser zu verstehen. Immerhin weiß ich inzwischen, dass die Wanderung gut zu Robin und mir passt. Weil sie eine ganze Menge zu tun hat mit unserem Leben.

Sonst wären wir auch nicht hier auf dem Berg und müssten die erste Ernüchterung verdauen. In ausgelatschten Turnschuhen geht's weiter. Wir laufen wie zwei Plattfußindianer. Das Gewicht der Rucksäcke drückt unsere Füße wie Stempel auf den Boden. Die Fußsohlen bekommen jeden kleinen Stein doppelt und dreifach zu spüren. Aber das hat auch sein Gutes: Es wirkt wie eine Massage, löst die Verkrampfungen.

Vor Heinersgrün suchen wir gar nicht erst einen regulären Weg. Wir sind hungrig, kürzen ab. Auf einer Wiese gehen wir den Hang hinunter. Das Dorf liegt idyllisch im Tal. Pferdekoppeln, weiß blühende Obstbäume, die gelben Tupfer des Löwenzahns, Frühlingsstimmung. Und mitten im Ort erhebt sich ein kleiner Berg, auf dessen Spitze eine Kapelle thront, die Mauern strahlend weiß getüncht.

»Vielleicht gibt es dort gar kein Gasthaus«, murmelt Robin. Miesepeter!

»Wo eine Kirche steht«, erkläre ich, »findet sich auch eine Wirtschaft.« Wie ich darauf komme, weiß ich selbst nicht. Scheint mir aber logisch. Man braucht sich bloß den steilen Pfad anzuschauen, der zur Kirche hinaufführt. Welcher Bauer kraxelt zum Gottesdienst da hinauf, wenn er hinterher im Wirtshaus nicht ein Bierchen zischen kann?

Wir gehen ins Dorf hinein, hören Motorengeräusche. Ein Bauer versucht, einen Traktor samt Anhänger rückwärts auf den Hof zu rangieren. Ein älterer Mann, komplett in Schwarz gekleidet, weist ihn von der Straße aus ein. Seine Kommandos brüllt er in einer Sprache, die wir nicht verstehen.

Die Leere im Magen macht uns ungeduldig. Kurzerhand hebe ich meinen Arm, stoppe das Rangiermanöver, um den Schwarzmann nach der Dorfgaststätte zu fragen. Ich komme mir wie ein Verkehrspolizist vor. Und die beiden gehorchen tatsächlich.

Der Schwarzmann spricht doch keine andere Sprache, sein Deutsch klingt nur recht eigenwillig, eine Mischung aus Sächsisch und Fränkisch mit einem Schlag Erzgebirgisch. Schwer, seine Worte zu dechiffrieren. Und das Wenige, was ich verstehe, passt mir überhaupt nicht: Hier gibt es keine Gaststätte! Dann wenigstens im nächsten Dorf? Nein, dort auch nicht, weder in die eine noch in die andere Richtung.

Wir wollen schon wegtrotten wie zwei geschlagene Hunde, da fällt dem Mann plötzlich ein, dass das Dorf einen Lebensmittelladen hat …, die Straße hinauf, dann rechts.

Der Laden liegt gut getarnt im Erdgeschoss eines Mehrfamilienhauses. Selbst wenn man direkt davor steht, kommt man nicht unbedingt darauf, dass hier Lebensmittel angeboten werden. Kein Schaufenster, keine Auslagen, nur ein normales Wohnungsfenster mit unscheinbaren Blumentöpfen. Das obere Drittel der Scheibe ist mit einem gelben Schild zugehängt – *Deutsche Post*. Dahinter ist es zappenduster. Mittagspause.

Warten oder weitergehen? »Erst mal hinsetzen«, entscheidet Robin, wirft blitzschnell seinen Rucksack ab und lässt sich auf einen der weißen Plastikstühle fallen, die vor dem Hauseingang stehen. Recht hat der Junge: Im Sitzen lässt es sich besser nachdenken.

Wir rücken die Stühle in die Sonne, haben einen tollen Blick auf die Kapelle. Zehn Minuten passiert nichts, außer dass einmal kurz die Glocken läuten. Dann nähert sich eine junge Frau, und augenblicklich schicke ich ein Stoßgebet gen Himmel: Bitte, lass es die Verkäuferin sein!

Robin döst in der Sonne, verlässt sich darauf, dass ich mich kümmere. Doch ich kriege meinen Mund nicht auf, halluziniere stattdessen vor mich hin: sehe ganz deutlich, wie sie zu uns kommt, verständnisvoll lächelt, als sähe sie uns an, dass wir Kohldampf schieben, die Ladentür aufschließt und uns hereinbittet. Bis ich in der Realität zurück bin, ist sie verschwunden.

Kurz darauf bekommen wir eine zweite Chance. Vor dem Haus hält ein weinroter Citroën. Ein Mann in Arbeitskleidung steigt aus. Sein Gesicht ist für die Jahreszeit ungewöhnlich braun.

Zum Plaudern bin ich nach wie vor nicht aufgelegt, wenigstens passe ich diesmal auf. Als er zu uns schaut, quetsche ich schnell ein »Gut'n Tag« heraus. Beinahe hätte ich ihm ein »Grüß Gott« rübergeschickt. Zum Glück fällt mir ein, dass das in den neuen Bundesländern kein Mensch sagt. Wer weiß, wie er reagiert hätte. So bleibt er stehen, grüßt auch, und das gibt mir die Gelegenheit, ihm unser Leid zu klagen. Entweder ist er sowieso ein grundguter Mensch, oder wir sehen sehr mitleiderregend aus.

Er: »Habt ihr 'n Handy dabei?«

Ich: »Ja, Moment …« Es dauert keine fünf Sekunden, bis ich es aus meinem Rucksack gezogen habe.

Er: »Dann tipp mal ein: Null-Drei-Sieben-Vier-Drei-Drei …« Ich gehorche, drücke die Wahltaste und reiche ihm den Hörer.

Er spricht: »Ja, du, hier ist der Wolfgang …, na, der Wolfgang …, na, der auch den Citroën hat … Störe ich gerade? Nee? Du …, bei dir vorm Laden stehen zwei junge Männer, die sind weit gelaufen und haben mächtig Hunger und Durst … Du, kannste nicht mal kommen und denen was verkaufen … Du, der sagt auch, das wäre sehr nett von dir …«

Und fünf Minuten später wiederhole ich es freudestrahlend, um die Frau zu begrüßen, die vom Nachbargrundstück herübergeschlurft kommt und ihren Laden für uns aufschließt. Gerettet! Während wir in ihrem kleinen Reich Proviant zusammensuchen, erhalten wir von ihr, ganz umsonst, eine Lektion über das Leben im Dorf: Schlechter ist alles geworden seit der Wende. Früher gab es einen Konsum und eine Gaststätte, am Wochenende war Tanz. Viel ruhiger lebten sie damals und sicherer auch: »Wir brauchten unsere Haustüren nicht abzuschließen. Fremde kamen hier nicht rein, war ja Sperrgebiet.« Und alle hatten Arbeit. Heute müssen die Männer in den Westen fahren, um Geld zu verdienen. Die Betriebe wurden alle abgewickelt von Wessis, die sich die Taschen vollstopften mit den Aufbau-Ost-Subventionen vom Staat. Hier gibt es jetzt nichts mehr. Kein Wunder, dass die jungen Leute wegziehen. Wer will mit seinem kranken Kind auch zwanzig Kilometer bis zum nächsten Arzt fahren? Zwar gibt es in Feilitzsch mehrere Ärzte und in Hof sogar ein Krankenhaus, beides liegt näher, aber eben »drüben«, im Westen, und da fährt keiner freiwillig hin.

Ich versuche, das Gespräch auf ein unverfänglicheres Thema zu lenken. Wenn sie schon ihre Mittagspause für uns opfert, soll sie sich nicht auch noch aufregen müssen. Wie wäre es, wenn sie uns stattdessen etwas über die kleine Kirche auf dem Berg erzählt, die muss doch uralt sein?

Ihre Stimme klingt gleich viel milder: Die St.-Clara-Kapelle, eine der bekanntesten Kirchen des Vogtlandes, stammt aus dem 12. oder 13. Jahrhundert. Im Mittelalter soll es eine Wallfahrtskirche für die Klarissen in Hof gewesen sein, aber genau hat das niemand erforscht.

Während sie uns historisch weiterbildet, entscheiden wir uns für zwei Flaschen Mineralwasser. Robin trinkt sofort einen langen Schluck, als stünden wir nicht im kühlen Vogtland, sondern mitten in der Sahara. Dazu nehmen wir zwei sächsische Knackwürste mit Brötchen, zwei Bananen, zwei Stück Streuselkuchen.

Über den Kuchen machen wir uns sofort her. Ein Biss, und

ich erlebe ein déjà gouté. Dieser Geschmack erinnert mich augenblicklich an meine Jugend. Gegenüber unserem Gymnasium gab es eine Bäckerei, die machte die leckersten Streuselschnecken: Cremefüllung, knusprige Streusel, dick mit Puderzucker bestäubt.

Natürlich purer Zufall. Hat nichts zu bedeuten, denke ich. Bin trotzdem verwirrt. Es könnte doch auch sein, dass ich mich erinnern soll. Nicht unbedingt an den Geschmack von Streuselschnecken, aber vielleicht an diese Zeit oder wie ich war, damals, in Robins Alter.

Später kommen wir an einem Tierheim vorbei, das abgeschieden auf dem Kandelstein liegt. Zu DDR-Zeiten befand sich hier ein Abhörposten der Stasi. Der alte Gittermast der Radarantenne steht noch. Die Spitze, eine halbrunde Kuppel, sieht aus wie ein riesiger Bienenkorb. Entlang der Grenze gab es eine Reihe solcher Anlagen, auf beiden Seiten.

Schnell landen wir wieder in der Gegenwart. Wir stecken mit unseren Schuhen im Morast. In der Zwischenzeit sind wir schätzungsweise einen Kilometer vorangekommen. Vor uns liegt ein Bahndamm mit einer kleinen Unterführung, durch die müssen wir. Deshalb haben wir die Straße verlassen, doch der Boden in der Senke erweist sich auf einmal als äußerst nachgiebig.

Mit schlammverklebten Schuhen kehren wir um, laufen einen Bogen, lassen Gutenfürst rechts liegen, sparen es uns auch, den Bahnhof davor zu besichtigen, auf dem einst Grenzsoldaten und Stasi-Leute den grenzüberschreitenden Zugverkehr überwachten. In der Spur, die Richtung Westen führte, soll eine Entgleisungsweiche installiert gewesen sein. Falls einem Lokführer in den Sinn gekommen wäre, ohne Halt in die Freiheit zu rasen, hätten sie den Zug per Knopfdruck auf ein totes Gleis lenken und stoppen können. Ob das jemals vorkam, will Robin wissen. »Weiß nicht, so was wurde geheim gehalten.«

Der Fußmarsch ist anstrengender, als wir uns vorgestellt haben. Für heute wollen wir nur noch ankommen. Wir können unmöglich jedes Relikt der deutsch-deutschen Grenzvergangenheit aufstöbern. Sonst sind wir in einem halben Jahr noch unterwegs. Und was für ein Korsett wäre das auch? Wir wollen Landschaft und Leute auf unsere Weise entdecken und sehen, wie es in diesem unbekannten Teil Deutschlands aussieht, wie die Menschen hier leben, was sie umtreibt.

Ein Regenguss erwischt uns auf freiem Feld, nachdem wir auf den Kolonnenweg zurückgekehrt sind. Wäre auch unheimlich gewesen, trocken davonzukommen. Die ganze Zeit zogen dunkle Wolken vorüber, regneten rechts und links von uns ab. Nur der Streifen Himmel über uns blieb blau. Wir flachsten schon: Da oben meint es jemand aber gut mit uns.

Der Wind treibt den Regen schnell weiter. Damit wir aber so kurz vor dem Tagesziel keine Höhenflüge bekommen (wie sollte das mit den Rucksäcken auch funktionieren?), sind auf einmal die Platten vor unseren Füßen verschwunden. Ich bin so schon gereizt. Meine Füße und Waden wollen ihren Dienst quittieren, im linken Knie pocht es verdammt unangenehm, und mein Rücken erst – ein einziger Schmerzklumpen.

Dazu versperrt uns ein Maschendrahtzaun den Weg. Robin entdeckt das Schild zuerst: eine Baumschule. Geschichtsbanausen! Wir überlegen, ob wir einfach den Zaun übersteigen, entscheiden uns aber für den Umweg.

Also weiter auf der Straße bis Straßenreuth, passt ja prima, dort gleich die erste links, die hinter den letzten Häusern zu einem sandigen Feldweg verkümmert, an einem Waldstück vorbei – huh, endlich sehen wir die Dächer von Mödlareuth!

Der Ort, den die Amerikaner einst *Little Berlin* tauften, weil wie im großen Berlin eine Mauer mittendurch ging, liegt im Tal. Obwohl wir eben vor Schmerzen kaum noch laufen konnten, hetzen wir jetzt die Straße hinunter. Gegenüber ein alter Hubschrauber, ein Wachturm, oder sind es zwei? Unten, an der Holzbrücke über den Tannbach, eine schwarzrotgoldene DDR-Grenzsäule, links die Mauer. Meine Augen sehen das alles, aber ich nehme es nicht wirklich wahr. Ein ordentliches Abendessen und ein Bett – an mehr kann ich gerade nicht denken.

Das Gasthaus ist das einzige im Dorf. Obwohl es gähnend leer ist, wuseln drei Frauen in der Küche herum. Wir brauchen nichts zu sagen, sie sehen auch so, dass wir am Ende sind. Eine der Frauen, die ich für die Chefin halte, ist besonders einfühlsam. Bestimmt denkt sie: Bevor die Armen sich quälen, verpasse ich ihnen doch gleich den Gnadenstoß! »Nein«, verkündet sie, breites Grinsen im Gesicht, »Zimmer haben wir nicht!«

Robin wird furchtbar blass, sagt keinen Ton mehr. Für einen Moment bin ich auch sprachlos. Dann fällt mir ein: Zwei Kilometer von hier muss es ein Gasthaus mit Zimmervermietung geben. So steht es auf unserer Karte. Meine Phantasie reicht zwar nicht, mir vorzustellen, wie wir noch zwei Kilometer schaffen sollen, aber Probleme löst man am besten der Reihe nach.

Die Chefin ist sogar so freundlich, in dem Gasthaus anzurufen. Anscheinend befürchtet sie Scherereien, wenn zwei unbescholtene Wanderer in ihrem Lokal zusammenbrechen würden.

Ich merke, dass ich leicht panisch werde, als ich höre, dass wir auch dort nicht unterkommen. Sämtliche Zimmer belegt!

Sie lassen uns ein bisschen zappeln. Dann erlöst uns die Jüngste der drei Grazien hinterm Tresen: Sie kennt ein kleines Hotel im Westen, fünf Kilometer von hier. »Wenn ihr wollt, bringe ich euch mit meinem Auto hin. Müsst nur warten, bis ich fertig bin. So lange könnt ihr ja etwas essen.«

Diese Frau schickt der Himmel! Robin, der seit zehn Minuten keinen Mucks von sich gegeben hat, erwacht plötzlich zu neuem Leben: »Siehst du, alles fügt sich!«

Erst als wir die Speisekarte studieren, wird uns klar, was wir heute geleistet haben: Thüringer Rostbratwürste mit Kartoffeln und Sauerkraut. Wir sind schon in Thüringen? Vorsichtshalber frage ich die Bedienung. Yippee!, der Abschnitt der Grenze zwischen Sachsen und Bayern liegt tatsächlich hinter uns. Das bedeutet, dass wir mindestens fünfundvierzig Kilometer gelaufen sind. Könnte mein Körper sprechen, er würde mich anbrüllen, ob ich noch ganz bei Trost bin: fünfundvierzig Kilometer! Am ersten Tag!

Nach dem Essen fühlen wir uns noch schlechter. Die Gaststube ist nicht geheizt, unsere Muskeln sind unterkühlt. Mechanisch wie Roboter bewegen wir uns zum Auto der nettesten Kellnerin von Mödlareuth. Dann spüre ich den weichen Sitzbezug. Und wir fahren. Vor uns die Straße, ein paar Häuser am Rand, bald nur noch Bäume.

Wo sind wir? Egal. Wir vertrauen dieser fremden Frau. Sie wird uns dorthin bringen, wo es eine Dusche und ein Bett für uns gibt. Mehr brauchen wir nicht. Wir sind selig.

3. Mai 2008 – Blankenstein

Erst sechs Uhr morgens. Ich kann nicht mehr schlafen. Erstaunlicherweise fühle ich mich kein bisschen müde. Wann sind wir gestern ins Bett gefallen? Es war noch hell. Robin liegt neben mir und grunzt. Der Bursche hat einen gesunden Schlaf, zehn Stunden am Stück schafft er locker.

Mein Körper hat sich über Nacht prächtig erholt, bin selbst überrascht. Lediglich die Achillessehne meint, sie müsste so kapriziös weitermachen wie gestern. Das ignoriere ich jetzt mal einfach.

Ich hätte Lust zu lesen, habe aber kein Buch dabei. Sonst verreise ich nie ohne Buch, doch diesmal musste ich mich entscheiden. Anstelle des Buches ist ein kleiner Laptop in den Rucksack gewandert.

Nach dem Duschen ziehe ich mir gleich die Wandersachen an. Dann schiebe ich den Fernseher zur Seite, der mitten auf dem Tisch steht, klemme mich auf den Stuhl und fange an zu schreiben. Die Tasten des Laptops sind nur unwesentlich größer als Stecknadelköpfe, ich brauche eine Weile, bis ich klarkomme. Ich habe mir vorgenommen, Tagebuch zu führen. Als ich es das letzte Mal versuchte, war ich Teenager. Ich schrieb »Tagebuch eines Taugenichts« auf die erste Seite, der Titel war geklaut, fühlte mich trotzdem wie ein Schriftsteller. Nach einer Woche versteckte ich das Büchlein so gut, dass ich es nicht wiederfand und schließlich vergaß. Diesmal muss ich mich zu mehr Disziplin zwingen. Vielleicht wird später ein Buch daraus. Erst einmal schreibe ich es nur für uns, für Robin und mich. Ich nenne es: »Wenn der Vater mit dem Sohn«.

Sobald ich den Tasten eine Pause gönne, ist es mucksmäuschenstill im Zimmer, kaum auszuhalten. Ich öffne das Fenster. Ein Schwall kühler Luft strömt mir entgegen. Auf die Vögel ist Verlass, sie trällern schon wieder fröhlich.

Nicht nur fürs Tagebuch wäre es gut zu wissen, wo wir hier überhaupt hingeraten sind. Ganz schön leichtfertig, sich von einer wildfremden Person irgendwohin kutschieren zu lassen. Wir haben die Frau nicht mal nach ihrem Namen gefragt.

Der Blick aus dem Fenster verrät – nichts. Nur undeutliche Nadelbäume. Dichte Nebelschwaden hängen wie ausgeblichene Gardinen vor dem Fenster. Scheinbar ist das Hotel das einzige Haus am Platz. Mitten im Wald. Vor dem Eingang führt eine Straße vorbei. Auf der müssen wir gekommen sein.

Jetzt erinnere ich mich wieder: Wir sind irgendwo in der Nähe von Töpen. Sagt mir aber nichts. Auf dem Weg hierher habe ich ein kleines gelbes Schild gesehen: *B 2*. Die Straße vorm Haus muss eine Bundesstraße sein.

Ich weiß nicht, wie viele Kilometer wir Richtung Norden fahren müssten, aber irgendwann kämen wir durch Leipzig und dann nach Wittenberg. In die Lutherstadt Wittenberg, denn Wittenberg ist vor allem wegen Luther und der fünfundneunzig Thesen bekannt, die er seinerzeit ans Tor der Schlosskirche gehämmert haben soll. Ein Abschnitt der B 2 heißt dort Berliner Chaussee, weil sie nach Berlin weiterführt. Direkt daneben, etwas außerhalb des Zentrums, liegt eine Einfamilienhaussiedlung. Da bin ich aufgewachsen.

Wir sind beide Wittenberger, ich mehr als Robin, aber auch er ist dort geboren, im gleichen Krankenhaus, wahrscheinlich sogar auf derselben Station. Da müsste ich meine Eltern fragen. Sie leben noch dort, wie meine Geschwister, die sich mit ihren Familien alle in der Nähe niedergelassen haben. Ich bin der Einzige, den es forttrieb, erst zum Studium nach Leipzig, anschließend nach Köln, bis ich in Hamburg landete.

Müsste ich heute, mit fast vierundvierzig, Zwischenbilanz ziehen, es stünde sechsundzwanzig zu achtzehn. Und ich bin nicht sicher, was schwerer wiegt: sechsundzwanzig Jahre in der DDR oder achtzehn im Westen des wiedervereinten Deutschlands. Was hat mich mehr geprägt? Wo war, wo bin ich glücklicher?

Tief im Herzen bin ich wahrscheinlich noch immer Wittenberger, zumindest Ostdeutscher, nur spüre ich davon so gut wie nichts mehr. Mein Heimatland war die DDR, doch die ist mir abhandengekommen. Nicht, dass ich das bedauern würde, ich weine ihr keine Träne nach. Sentimentale Anwandlungen überkommen mich nur, wenn ich an die unbeschwerte Zeit meiner Kindheit denke, an die erste Liebe oder die ausgeflippten Partys, die wir während des Studiums abzogen. Oder wenn ich mich an Menschen erinnere, die mir einmal nahestanden und die es jetzt in meinem Leben nicht mehr gibt. Aber das hat mit Politik und fehlender Demokratie, mit Stasi-Bespitzelung und eingeschränkter Reisefreiheit herzlich wenig zu tun. Das wäre auch so, hätte ich irgendwo anders auf der Welt gelebt.

Es ist nur, dass ich nicht bloß meine Heimat verloren habe, mir ist bisher auch keine neue wieder ans Herz gewachsen. Wittenberg und der Osten sind mir längst fremd geworden. In Hamburg und im Westen fühle ich mich zwar wohl. Das heißt aber nicht, dass ich wüsste, wo ich wirklich hingehöre. Und manchmal denke ich, das werde ich auch niemals mehr herausfinden.

Robin beschäftigen solche Zweifel nicht. Er kennt die DDR nur von Erzählungen und aus dem Geschichtsunterricht. Als das Land, in dem er zur Welt kam, aufhörte zu existieren, war er zwei Jahre alt. Ich hatte gerade mein Studium beendet, seine Mutter, mit der ich damals verheiratet war, arbeitete als Lehrerin, wir wohnten in Leipzig, in der Stadt, in der die friedliche Revolution begann. Dort erlebte Robin die Umwälzungen, die Wende, hautnah mit. Er kann sich aber an nichts erinnern.

Wittenberg sieht er als die Stadt seiner Großeltern. Leipzig ist ihm völlig fremd. Das Haus, in dem wir wohnten, würde er nicht wieder erkennen, und wenn ich ihm erzähle, wie wir im HO-Kaufhaus stundenlang anstanden, um einen Kinderschlafanzug made in China für ihn zu ergattern, den dann gleich in drei Größen kauften, weil niemand wusste, wann es wieder welche gab, lacht er nur. Wie soll er sich das auch vorstellen können?

Es ist auch meine Schuld. Ich habe mich nicht sonderlich bemüht, ihm sein Geburtsland näherzubringen. In den ersten Jahren war er zu klein, interessierte sich nicht dafür. Und seine Mutter und ich wollten lieber nach vorn schauen. Kaum war die Grenze offen, fuhren wir nach Köln, und ich stiefelte gleich los, um mir einen Job zu suchen. Ich hatte mir in den Kopf gesetzt, als Journalist müsste ich an einen Ort gehen, wo so gearbeitet wird, wie es bald auch bei uns verlangt würde. Wie unbedarft ich an die Sache heranging! Es musste natürlich gleich der größte Zeitungsverlag der Stadt sein. Und ehe mich der Mut verlassen konnte, hatte ich mich beim Pförtner vorbeigeschummelt und zur Lokalredaktion durchgefragt. Der Ressortleiter war ein stattlicher älterer Herr mit grauem Haar, der bedächtig und ziemlich leise sprach und überhaupt nicht so unnahbar oder arrogant wirkte, wie ich mir einen typischen Westjournalisten vorgestellt hatte. Ich erzählte, ich käme aus Leipzig (ihn wunderte, dass ich nicht sächselte), hätte Journalistik studiert und würde am liebsten gleich loslegen.

Sofort brauchten sie keinen, doch ein halbes Jahr später schickte er mir ein Telegramm, das ich bis heute aufbewahrt habe: »Wir möchten gern einen Pauschalvertrag über … DM mit Ihnen abschließen. Von uns aus können Sie mit der Arbeit sofort beginnen. Bitte teilen Sie uns baldmöglichst mit, wann wir Sie in Köln erwarten dürfen.«

Von der Summe hatte ich nicht einmal zu träumen gewagt. Ich war besoffen vor Glück. Wir zogen nach Köln, verscherbelten unseren Trabi an einen jungen Kölner, der sich ein Kabrio daraus bastelte, kauften unser erstes Westauto, für zwanzigtausend

D-Mark, natürlich auf Raten, und verdrängten unser altes Leben. Einen Tag nachdem ich anfing, genau an meinem sechsundzwanzigsten Geburtstag, erschien mein erster Artikel im Westen. Beruflich lief es dann auch bestens. Schon nach drei Monaten warb mich eine andere Zeitung ab. Ich kniete mich rein, arbeitete oft am Wochenende, was ich nicht schlimm fand, weil es mir Spaß machte. Ich war regelrecht süchtig nach Aufmachergeschichten für die Titelseite und durfte sie bald auch schreiben.

Dafür blieb die Beziehung auf der Strecke, wie damals so viele ostdeutsche Ehen. Da waren wir nichts Besonderes. Trennung, Anwälte, Scheidung, der ganze Schlamassel. Spätestens da war die Vergangenheit erst recht kein Thema mehr.

Eine turbulente Zeit, und die gewohnte Ruhe ist bis heute nicht zurückgekehrt. Es war, als wäre mit der sozialistischen Planwirtschaftsrepublik auch mein überschaubares Leben verschwunden. Und jetzt sitze ich hier, die ganzen Erinnerungen kommen hoch – Erinnerungen, die Robin nicht hat.

Wird Zeit, ihn zu wecken. In einem angesichts meiner gestrigen Verfassung unerklärlichen Anflug von Wanderlaune hatte ich den Hotelchef überredet, bereits um halb acht das Frühstück aufzutischen, obwohl Samstag ist. Jetzt bin ich froh, den Frühaufsteher gemimt zu haben. Mir knurrt der Magen!

Robin langt auch kräftig zu. Ich habe die Milch im Kaffee noch nicht umgerührt, da hat er schon sein erstes Brötchen hinuntergeschlungen. Wir sind die Ersten im Frühstücksraum. Außer unserem ist nur noch ein anderer Tisch gedeckt. Man kann jedenfalls nicht behaupten, das Hotel wäre überbucht. Trifft sich gut, so hat der Chef Zeit, uns mit seinem Auto nach Mödlareuth zurückzufahren.

Mödlareuth sehen wir heute mit ganz anderen Augen. Sind ausgeruht, gesättigt und voller Tatendrang. Dazu ist das Wetter eine einzige Pracht: Der Frühdunst hat sich mittlerweile verzogen. Die Sonne strahlt am makellos blauen Himmel. Es duftet frisch nach Wald.

Ich erkläre Robin, Mödlareuth sei so etwas wie das Vorzeigedorf an der ehemaligen Grenze. Für ihn wird das jetzt eine Geschichtsstunde. Soweit ich weiß, war Mödlareuth neben Berlin der einzige Ort, der durch den Grenzverlauf gespalten wurde. Doch im Gegensatz zu Berlin sind hier viele Spuren davon noch sichtbar. Dadurch kann man die Teilung zwar trotzdem nicht begreifen, sich den Irrsinn aber irgendwie besser vorstellen.

Als ich das erste Mal hier war, vor neun oder zehn Jahren, wusste ich nichts über das Dorf. Ich war mit einem ehemaligen Hauptmann verabredet, der fünfundzwanzig Jahre bei den DDR-Grenztruppen gedient hatte. Die Staatsanwaltschaft hatte ihn wegen versuchten Totschlags angeklagt. Es ging um die Zeit, als er als Zugführer eine Pionierkompanie befehligte, die den vorderen Grenzzaun in diesem Abschnitt mit den berüchtigten Selbstschussanlagen bestückte. Da später drei junge Männer versuchten, über den Zaun zu klettern, um aus der DDR zu fliehen, dabei einige der Splitterminen auslösten und schwer verletzt wurden, sollte an ihm ein Präzedenzfall statuiert werden.

In Mödlareuth leben fünfzig Menschen, auf der Ostseite fast doppelt so viele wie im Westteil, die meisten sind über fünfzig. Früher war der Ort nicht größer, und Einwohner gab es auch nicht wesentlich mehr, dass man sich fragt, warum die Grenze nicht einfach um das Dorf herum geführt wurde. Dabei war die Teilung keine Erfindung der Besatzungsmächte nach dem Zweiten Weltkrieg. Bereits im 16. Jahrhundert wurde der Tannbach, dessen kristallklares Wasser quer durchs Dorf fließt, als Grenzlinie zwischen zwei Grafschaften festgelegt. Dabei blieb es vierhundert Jahre, ohne dass den Mödlareuthern freilich verboten wurde, ihre Kinder in dieselbe Schule zu schicken, gemeinsam im Wirtshaus zu feiern oder gar miteinander zu sprechen.

Auf diesen Wahnsinn verfiel erst die DDR-Regierung, die im Sommer 1952 neben dem Bachlauf eine Bretterwand errichten ließ, die später durch einen Stacheldrahtzaun, noch später durch eine siebenhundert Meter lange und drei Meter dreißig hohe Mauer ersetzt wurde. Dazu kamen Wachtürme, Spurenstreifen, Hundelaufanlagen, Suchscheinwerfer und Lichtmasten, die das

Grenzanlagen in Mödlareuth

Areal auch nachts ausleuchteten. Einstige Nachbarn wurden zu Staatsfeinden erklärt, Familien auseinandergerissen.

Von der Mauer stehen noch hundert Meter. Und weil sie heute zu einem Museum gehört, wird sie regelmäßig mit weißer Farbe getüncht. Das lässt sie irgendwie harmloser, niedriger, friedlicher – keinesfalls abschreckend aussehen. Der Streckmetallzaun dahinter wirkt mit seinen Rostflächen und Verwerfungen wesentlich authentischer, und darum geht es ja wohl. Wir laufen zwischen Mauer und Zaun entlang, nur ein paar Schritte, dann bekommen wir Beklemmungen.

Halb Mödlareuth ist Grenzmuseum. Außer dem weitläufigen Freigelände gibt es mitten im Ort noch ein Gebäude, in dem Ausstellungen, ein Archiv, die Bibliothek und der Museumsshop untergebracht sind. Acht Arbeitsplätze. Einer dürfte der Frau gehören, die vor der Tür gerade emsig einen Tisch aufbaut.

Wir schmettern ein freundliches »Grüß Gott« hinüber.

Kein Gruß zurück, stattdessen hören wir: »Wir machen erst um neun auf!«

»Wie viel Uhr ist es denn jetzt?«, frage ich.

»Noch … nicht … neun!!!« Wumm, das saß. Mag sein, dass ich überreagiere, aber dieser Ton gefällt mir nicht. Augenblicklich schrumpft meine Neugier auf Null. Ein Blick zu Robin, wir sind uns einig. Hinter der nächsten Hausecke sieht er auf sein Handy: zehn vor neun.

Wir kehren trotzdem nicht um. Mödlareuth würden wir auch so nicht begreifen. »Nur wer die Vergangenheit kennt, wird die Gegenwart verstehen«, heißt es auf einer Tafel am Dorfteich. Dachte ich auch, aber hier kann das irgendwie alles bedeuten. Denn obwohl Mauer und Zäune bis auf den Museumsteil niedergerissen sind, ist der Ort immer noch geteilt. Die eine Hälfte gehört wie früher zu Bayern, die andere zu Thüringen, jede hat eine eigene Postleitzahl und Telefonvorwahl, es gibt zwei Wahlkreise und gegensätzliche politische Sympathien.

Mir schwirrt der Kopf. Und jetzt will Robin auch noch wissen, warum die Ost-Dörfler nicht einfach in den Westen zogen, als sie noch leicht rübergekommen wären.

»Was weiß ich!«, maule ich, weil mich das Verhalten der Museumsfrau doch mehr ärgert, als ich das will. Ich kann nur Vermutungen anstellen: »Weil sie Bauern waren und Land besaßen, das sie bewirtschaften mussten, um sich ernähren zu können, gerade nach dem Krieg, als es kaum etwas gab. Weil sie diesen Krieg überlebt hatten und nichts sehnlicher glauben wollten, als dass endlich alles gut wird. Weil ihre Familien seit jeher auf diesem Flecken Erde lebten und weil für sie das Wort Heimat noch mehr bedeutete als für uns vaterlandslose Gesellen.«

Um den Kolonnenweg zu finden, brauchen wir uns nur am alten Grenzzaun zu orientieren, der noch einen Kilometer weitergeht. Wie eine freundliche Einladung liegen die Platten vor uns: Sie haben keine Löcher! Wusste gar nicht, dass auch solche verlegt wurden. Sie laufen sich erstklassig! Eigentlich wollten wir es heute gemächlicher angehen. Doch vor lauter Freude drücken wir gleich wieder aufs Tempo.

Fast hätte ich gesagt: Es macht Spaß. Macht es eigentlich auch.

Ich frage mich nur, ob wir am richtigen Ort sind, um Spaß zu haben. Der alte Grenzstreifen als Vergnügungsmeile? Das kriege ich gefühlsmäßig nicht hin. An anderen Stellen wird einem das nicht so bewusst, aber hier sieht es noch aus wie vor zwanzig Jahren: links der Zaun, davor der mit Betonplatten ausgelegte Sperrgraben, der diejenigen stoppen sollte, die mit einem Auto die Grenze zu durchbrechen versuchten. Und zwischen dem Graben und uns der Spurensicherungsstreifen, in dessen Erde Tretminen versteckt waren, die Menschen zerfetzten.

Andererseits: Sollen wir auf der ganzen Strecke mit Trauermiene herumlaufen? Wir könnten es doch auch als Riesenglück ansehen, dass diese Zeiten vorbei sind.

Ich schwanke, und der Gedanke beschäftigt mich eine Weile. Robin ist offenbar in seine eigene Welt versunken, hat nicht das Bedürfnis, sich mit mir auszutauschen. Wir laufen schweigend nebeneinander. Vor diesen stillen Momenten hatte ich mich gefürchtet. Aber jetzt fühlt es sich überraschend gut an. Wir müssen nicht pausenlos miteinander sprechen. Wir laufen und denken jetzt einfach – jeder für sich.

Nach anderthalb Stunden erreichen wir Hirschberg. Oder sagen wir: Wir können von einem Berg aus einen ersten Blick auf die Stadt werfen und glauben deswegen, wir müssten nur noch ins Tal hinunter. Abwärts geht es auch, nur führt der Weg genau in die falsche Richtung. Hirschberg liegt auf einmal hinter uns, und wir entfernen uns weiter.

Ich bin drauf und dran, unsere Karte ins Gebüsch zu schmeißen. Wenn so ein kapitaler Fehler drauf ist, taugt sie nichts. Da fällt mir ein: Wir laufen immer noch auf dem Kolonnenweg, können gar nicht falsch sein. Der nächste Beweis, dass wir uns doch nicht verirrt haben: der Fluss, der neben uns rauscht, hinter den Bäumen, ein Stück tiefer. Die Saale.

Das ist das Schöne am Wandern: Man läuft und läuft, hetzt einen Berg hinauf, tastet sich wieder hinunter, schwitzt und stöhnt, flucht, weil man nicht weiß, wo man gerade steckt, oder weil der Weg ewig kein Ende nimmt. Und auf einmal steht man an einer Stelle, ist völlig baff und vergisst die ganze Quälerei. Weil der Blick gerade atemberaubend ist oder ein Baum ungewöhnlich aussieht oder ein Reh über den Weg springt oder ein Bussard mit majestätischen Flügelschlägen aufsteigt. Solche Momente nenne ich Glück.

An dem Glücksmoment, den wir gerade erleben, hätte sicher auch Caspar David Friedrich, der berühmte Maler der Romantik, seine helle Freude gehabt: vor unseren Füßen das Flussbett der Saale, das einen scharfen Bogen macht und wie ein Teich aussieht. Im glatten Wasser spiegeln sich Wolken. Links eine Gruppe knorriger Bäume. Am rechten Ufer grau schimmerndes Gestein, das sich zu einem Felsen erhebt, auf dem Gipfel ein Schloss.

Das Schloss darf man allerdings nicht zu genau betrachten. Früher mag das schlichter Barock gewesen sein. Jetzt ist es ein schlichtes Mietshaus. Schön ist der Flecken trotzdem, und da wir nicht wissen, ob Hirschberg einen schöneren zu bieten hat, nehmen wir den, um uns auszuruhen.

Eine Rast bietet sich auch deshalb an, weil hier eine Holzbank steht. Und was für eine! Wir können uns nebeneinander ausstrecken, trotzdem bleibt noch genügend Platz für – geschätzt – achtzig weitere Personen, die müssten dann allerdings sitzen. Kein Witz! Das Unikum misst über dreißig Meter. Das weiß ich so genau, weil es auf einer Tafel steht. Die Bank ist nämlich berühmt, gilt als die längste aus einem durchgehenden Baumstamm gefertigte und steht sogar im Guinness-Buch.

Während ich so daliege, Löcher in den Himmel starre und auf andere Wanderer warte, die nicht kommen, kriegt Robin Appetit auf einen großen Becher Eis mit Schlagsahne. Eine Kalorienbombe für die nächsten Fußkilometer – verlockend. Also weiter. Auf einer Hängebrücke gehen wir um den Felsen herum und kommen zu einer Höhle, die Robin gleich erforschen muss.

Vor dem ersten Haus am Fuße des Felsens sprechen wir einen älteren Mann an, der einen Abfalleimer zur Mülltonne trägt. Er ist praktisch der unmittelbare Nachbar und sollte wissen, warum sie Wenzelshöhle heißt.

»Ganz genau weiß das niemand. Es gibt nur eine Sage, ob die stimmt …«, sagt er und zieht seine Schultern hoch.

»Und wie geht diese Sage?«

»Angeblich versteckten die Hirschberger einen König aus Böhmen in der Höhle. Der hieß Wenzel und war aus Prag geflohen, vor dreihundert Jahren oder vor fünfhundert, wer weiß.«

Dann fragen wir ihn nach einem gemütlichen Café. Auf unserer Karte ist eines markiert, das müsste ganz in der Nähe sein.

»Ja ja«, sagt er, »unten an der Saale gab es mal eines, das ist seit Jahren geschlossen, hat nicht funktioniert.«

»Aber eine Gaststätte gibt es schon?«, frage ich, nun schon zögerlicher.

»Oh ja, nur hat die um diese Zeit nicht geöffnet.«

»Und wie sieht's mit einem Lebensmittelgeschäft aus?«

»Alles zu, Feierabend, die Leute machen Wochenende.«

Hätten wir auch von alleine drauf kommen können! Samstag, kurz vor halb zwölf. Wer will um diese Zeit noch einkaufen? Wir müssen endlich unsere Großstadtgewohnheiten verabschieden. Hier ticken die Uhren anders.

»Warum hast du den Mann so angefahren? Der kann doch nichts dafür«, fragt mich Robin, nachdem wir ein Stück weitergelaufen sind.

»Hab ich? Ist mir gar nicht aufgefallen«, lüge ich.

»Deine Stimme war total aggressiv. Ist sie immer noch.«

»Ach, Quatsch!«

Natürlich weiß ich, dass ich genervt bin, nur nicht, warum.

Die Innenstadt liegt wie ausgestorben da. Gaststätte, Bäcker, Fleischer – tatsächlich alles zu. Im Frisörsalon, der einen »top-Hair Service« verspricht, ist auch niemand mehr. Und die Obst- und Gemüsehandlung dürfte schon ewig keine Kunden gesehen haben: Was einmal das Schaufenster war, ist mit einer Gardine zugehängt, die aussieht, als würde sie unangenehm riechen. Von der Hauswand blättert Putz. Hinter den Fenstern im ersten Stock Berge von Müll oder Baumaterial, wahrscheinlich beides. Dem maroden Charme des Hauses kann das alles nichts anhaben.

Was wir die ganze Zeit nicht merken: Wir laufen geradewegs auf einen Getränkemarkt zu und stehen auf einmal unverhofft davor. Er ist sogar geöffnet und hat auch noch unser Lieblingswasser im Angebot.

Adieu, Hirschberg! Wir kehren zurück auf den Kolonnenweg. Hier liegen wieder Platten mit Löchern. Dafür ist die Strecke ein Traum. Wir wandern an der Saale entlang, das Wasser plätschert, Vögel zwitschern, ab und zu taucht ein Schmetterling auf, der aufgeregt vor uns herflattert. Zwischen Weg und Fluss ein Streifen Bäume, der sich wie ein lichtdurchlässiger Vorhang durchs Gelände zieht. Fast nur Birken, Pionierpflanzen, die auf anspruchslosen Böden gedeihen und sich wie Unkraut auf dem ehemaligen Todesstreifen angesiedelt haben.

Sparnberg erreichen wir nach einem kurzen Anstieg. Der Ort liegt an einem Saale-Knick. Da der Fluss auch hier die Grenze markierte, waren die Häuser auf zwei Seiten vom Grenzzaun eingeschlossen. Auf einer Anhöhe halten wir kurz und werden sofort von einem Mann taxiert, der in Jeans und Unterhemd vor einem Haus steht. Erinnert mich an die drei Musketiere: geschwungener Oberlippenbart, schmales Kinnbärtchen, grau meliertes Haar, das wallend auf die Schultern fällt, wuchtige Oberarme, überhaupt eine kräftige Statur. Das richtige Gewand, und er würde ein wunderbares Double von Porthos abgeben.

Im wirklichen Leben ist Porthos Kraftfahrer. Er arbeitet für eine Spedition im Westen. Sein Brummi steht ein Stück weiter an der Straße. Vom Grundstück kann er die Autobahn sehen, sein Revier.

Das Haus hat er vor sechs Jahren gebaut. Seine Frau ist hier im Dorf aufgewachsen. Sie hat den ganzen Mist, wie er es nennt, immer vor Augen gehabt. Er holt mit seinem Arm aus, zeichnet einen Bogen. Dort, sagt er, ging der Zaun entlang. Unten im Tal, jetzt zeigt er auf einen Punkt, stand ein Gutshof. Der Besitzer wurde nach dem Krieg verjagt, das Anwesen abgerissen, es stand zu nah an der Grenze.

Porthos weiß eine Menge und würde gern mehr erzählen. Im

Garten hängt seine Frau Wäsche auf, dann grüßt sie kurz und verschwindet im Haus. Offenbar ist er froh, dass ihm jemand zuhört. Dabei übersieht er nur, dass das, was wir auf unseren Rücken tragen, verdammt schwer ist. Wenn wir bleiben sollen, müsste er uns Stühle bringen. Aber wir sagen nichts, er kommt auch nicht von selbst drauf, deswegen müssen wir jetzt weiter.

Eine schmale Asphaltstraße führt den Berg hinunter, zwölf Prozent Gefälle, so steht's auf einem Schild, das hat unseren Knien noch gefehlt. Wenigstens lassen die Schmerzen zu, dass wir trotzdem über die Häuser im Dorf staunen. Neue wie alte, herausgeputzt, als würde ein Fest anstehen. Über allem erhebt sich der Turm der Kirche, die Simon und Judas Thaddäus geweiht ist, zwei Aposteln, die von Gläubigen als Helfer in verzweifelten Situationen angerufen werden. Von der Kirche bis zum Grenzzaun am Saale-Ufer waren es keine hundert Meter. Wenn die Situation hier nicht verzweifelt war, wo dann?

Ein bisschen verzweifelt sind wir auch. Unsere Füße! Robin brennen die Sohlen, und seine rechte Achillessehne ist geschwollen, dass er sie nicht berühren kann, ohne in die Luft zu gehen. Bei mir sind es eher die Fußgelenke, wieder total verkrampft, und die linke Achillessehne, wie gestern. Also: Schuhwechsel.

Porthos hatte uns in seinem sächsischen Thüringisch (oder war es thüringisches Sächsisch?) geraten, nach »Boddscha« zu laufen, womit er Pottiga meinte. Auf diese Weise würden wir vier oder fünf Kilometer sparen. Aber ich bringe es nicht fertig, gleich am zweiten Tag zu schummeln.

Wir gehen also weder nach Pottiga, noch kürzen wir auf bayerischer Seite über Rudolphstein und Eisenbühl ab. Wir bleiben diszipliniert an der Saale.

Bis Blankenberg.

Der erste Eindruck: verheerend. Um sich in den Ort zu verlieben, kommen wir definitiv an der falschen Stelle an. Eine Ruinenkulisse, so muss es nach dem Krieg ausgesehen haben. Nur wird hier kein Film gedreht, die Bruchbuden sind echt. Eine alte Papierfabrik. Teile wurden abgerissen oder nur niedergerissen, die

Schutthaufen liegen gelassen. Und was noch steht, wirkt höchst baufällig.

Papier wurde in Blankenberg seit dem 18. Jahrhundert produziert. Zu DDR-Zeiten spuckten die Maschinen vor allem Pergamentpapier aus, zum Verpacken von Margarine. Heute dreht sich hier kein Rad mehr. Stünde der Komplex nicht unter Denkmalschutz, er wäre längst eingeebnet worden.

»Unter den Kommunisten sah's nicht viel besser aus!« Hans Vogel, der uns das alles erzählt, muss es wissen, er ist ein Blankenberger Urgewächs, Jahrgang 1929. Wir treffen ihn vor einer Blechhütte, die am Rand des Geländes hockt, noch keine Patina angesetzt hat. Auf Kommunisten ist er nicht gut zu sprechen. »Ich bin kein Kommunist, war nie einer. Ich bin Tüftler«, sagt er, während er an einem seltsamen Gefährt herumhantiert, dessen Zweck wir nur erraten, weil es auf Schienen steht. »Kommunisten sind keine Tüftler, die wollen nichts verändern. Wäre ich Kommunist, hätte ich die Bahn nicht gebaut.«

Der bastelfreudige Rentner sorgt dafür, dass in Blankenberg eine Bahn fährt. Allerdings nur sonntags und an Feiertagen und nur eine kurze Strecke, immer vorausgesetzt, es ist schönes Wetter. Den Triebwagen, wenn man das Vehikel so bezeichnen will, hat er selbst aus einem Metallgestell und Brettern zusammengeschustert. Ich bringe meine ganze Bewunderung zum Ausdruck und frage, wie er sein Gefährt zum Rollen kriegt. Augenblicklich strahlt sein Gesicht. Erfinderstolz. Er klappt einen Holzdeckel auf, ein Elektromotor kommt zum Vorschein, und der wird angetrieben von einem Notstromaggregat.

Auch wenn er heute nicht fährt, die Bahnstrecke nutzen wir trotzdem, zu Fuß. Zweieinhalb Kilometer, die kürzeste Verbindung nach Blankenstein. Wo das Gleisbett aufhört, stand der Grenzzaun. Einige der alten Betonpfähle ragen noch aus dem Boden, und wenn man sucht, entdeckt man im hohen Gras Reststücke von Streckmetallplatten.

In Blankenstein steuern wir das erste Gasthaus an, das unsere Augen erblicken. Es ist noch früh am Nachmittag, wir hätten

Zeit, erst einmal den Ort auszubaldowern. Doch die Pleite von gestern macht uns vorsichtig.

Der Mann hinterm Tresen ist nicht unfreundlich, aber irgendetwas scheint ihm über die Leber gelaufen zu sein. Er sieht uns an, als hätten wir ihm die Nachricht vom Tod seiner Großmutter überbracht. Dabei wollen wir nur ein Zimmer.

»Mmh, sieht schlecht aus«, sagt er mit traurigem Gesicht. »Was braucht ihr denn?«

»Ein Doppelzimmer«, antworte ich, »ist mein Sohn.«

»Schwierig, schwierig, wir haben eine Reisegruppe hier.«

»Wir sind Wanderer«, versuche ich zu punkten. Und um seine Entscheidungsfreude anzukurbeln, dramatisiere ich die Situation, nur ein wenig: »Uns stecken mehr als dreißig Kilometer in den Knochen. Wir schaffen keinen Schritt mehr.«

Na, also! Endlich zieht er einen Schlüssel hervor. Zimmer drei. Sofort strecke ich ihm meinen Arm entgegen. Doch er zögert gleich wieder: »Am besten, ihr seht es euch erst mal an.« Dabei krallt er den Schlüssel fest und macht keine Anstalten, sich vom Fleck zu rühren.

»Es ist unser kleinstes Zimmer … Geht halt zur Straße hinaus – na ja … und zu den Bahngleisen.«

Nach dem ganzen Theater hätte ich mir die Bude viel schlimmer vorgestellt. Geräumig sieht zwar wirklich anders aus. Und zwischen dem Bett drinnen und dem Gleisbett draußen liegen höchstens fünfzehn Meter. Dafür kommt er uns mit dem Preis entgegen: vierundvierzig Euro, inklusive Frühstück. Unten wollte er noch fünf Euro mehr.

Wir springen unter die Dusche und machen uns stadtfein. In Jeans und Hemd sehen wir gleich zivilisierter aus. Unser Gang verrät allerdings die Wanderer: hölzern wie Marionetten.

In Blankenstein werden Fremde sowieso für Wanderer gehalten. Hier dreht sich alles um den Rennsteig. Deutschlands berühmteste Wanderpiste. Es gibt sogar ein Lied darüber, das in der DDR für Volksmusikfreunde der absolute Kracher war. Wenn bei uns zu Hause am Wochenende im Radio Volksmusik dudelte, was sich meine Eltern nicht ausreden ließen, kam oft auch dieser Titel. Als Knirps habe ich nie richtig zugehört. Später wunderte ich mich, dass er überhaupt gesendet werden durfte: »Bin ich weit in der Welt, habe ich Verlangen, Thüringer Wald, nur nach dir ...« So weit kam man ja nicht in die Welt.

Jedenfalls beginnt der Rennsteig hier. Sagen die Blankensteiner. Dabei könnte man sich streiten, ob er hier nicht endet und in Hörschel bei Eisenach beginnt, wie sie dort meinen. Den Wanderern ist das, glaube ich, ziemlich schnurz.

Wir setzen uns in den Garten eines kleinen Cafés und schlemmen Käsekuchen mit Sauerkirschen, den sie hier Quarkkuchen nennen. Der schmeckt so gut, dass wir noch ein zweites Stück vertragen. Der Chef des Hauses legt uns auch den Rührkuchen ans Herz: »Hab ich selbst gebacken. Wenn er nicht schmeckt, müsst ihr ihn nicht bezahlen.« Gut, ein halbes Stück für jeden, sonst platzen wir. Schmeckt prima, bezahlen müssen wir ihn trotzdem nicht.

Streng genommen ist es seine Frau, die das Sagen hat. Als sie hört, auf welcher Mission wir uns befinden, erzählt sie, dass sie in Blankenstein geboren wurde, mit achtzehn aber in den Westen gegangen ist. Anscheinend merkt sie, wie ich im Kopf zu rechnen beginne. »Ich bin siebzig«, kommt sie mir zuvor. Hätte sie locker zehn Jahre jünger geschätzt.

Wahrscheinlich hält es jung, sich seine Träume zu erfüllen. Ihr Traum war ein eigenes Lokal gewesen. Sie lebte mit ihrem Mann, einem Bauingenieur, in Nordrhein-Westfalen. Dort sahen sie sich viele Objekte an, alle waren zu teuer. Nach der Wende besann sie sich ihrer Wurzeln. Das Haus war heruntergekommen, deshalb bezahlbar. Vor allem liegt es ideal, direkt am Rennsteig. Wanderer kehren ständig ein. Nur die Einheimischen machen einen Bogen. »Für die bin ich eine aus dem Westen.«

Wir sollen uns die alte Grenzkaserne ansehen, am Ortsausgang. Ein grau verputzter Block, zweigeschossig, mit Spitzdach und Gauben, umzingelt von einem verbeulten Drahtzaun. Wir klettern auf dem Nachbargrundstück den Abhang hinauf. Von oben überblicken wir das ganze Ausmaß der Verwüstung. Als hätte auf dem Dachboden an verschiedenen Stellen gleichzeitig Feuer gelodert. Sieht ganz nach Brandstiftung aus.

Im Ort erfahren wir, dass die Kaserne einem Investor aus den alten Bundesländern gehört. Er wollte ein Bordell daraus machen. Darauf muss man erst mal kommen: ein Puff in Blankenstein! Die Leute müssen sich vor Begeisterung nicht mehr eingekriegt haben. Kaum lag der entsprechende Bauantrag bei der Gemeinde, ging die Kaserne in Flammen auf.

Für heute ist es genug. Wir wollen eigentlich nur noch ins Bett. Doch auf dem Weg zum Hotel kommen wir noch mit Werner ins Gespräch – und das dauert. Er ist Anfang fünfzig und versteckt sein halbes Gesicht hinter einem bauschigen Vollbart. Um seinen Hals baumelt eine schwere Goldkette, im linken Ohr klemmt ein Brilli.

Es purzelt alles etwas durcheinander. Er wirkt aufgeregt, als wäre in seinem Inneren eine alte Wunde aufgebrochen. Zuerst geht es um seinen Bruder, der Anfang der Achtzigerjahre über Nacht aus Chemnitz, damals noch Karl-Marx-Stadt, verschwand. Dann um seinen Vater, der zweimal versuchte, aus der DDR abzuhauen, dafür ins Gefängnis gesteckt wurde. Schließlich um ihn selbst, um das Trauma, all die Jahre von der Stasi auf Schritt und Tritt überwacht worden zu sein. Der Bruder meldete sich nach fünf Jahren aus London, hat aber bis heute nicht verraten, ob er damals geflohen ist oder als Agent in den Westen geschleust wurde. Der Vater brachte sich aus Verzweiflung um. Und er, Werner, konnte inzwischen seine Stasi-Akte lesen. Sie umfasste lächerliche sechsunddreißig Seiten und war größtenteils geschwärzt.

Dann auf einmal hat er es eilig: »Muss los, wir sehen uns bestimmt noch.«

Ausgeschlossen, denke ich. Doch als wir ins Hotel kommen, steht er am Tresen und prostet uns mit einem Bier zu, als wären wir alte Bekannte.

Wir ruhen uns aus, bis die Sonne untergeht. Ich sollte meinen Laptop aufklappen und Notizen machen, bin aber zu kaputt. Auf dem Bett ist es viel gemütlicher. Robin schreibt SMS und blättert in Musikzeitschriften, die er mitgeschleppt hat. Ich liege auf dem Rücken und überlege, warum sich meine Füße wie Eisklumpen anfühlen. Da laufen wir uns den ganzen Tag die Socken heiß, und jetzt frieren mir die Füße!

Gerade als ich mich an die eingebildeten Erfrierungen gewöhnt habe und endlich eindämmere, springt Robin auf und meint, wir müssen noch mal los, er hat Hunger.

4. Mai 2008 – Brennersgrün

Wir sind gestern Abend viel zu lange in der Gaststätte hängen geblieben. Schreiben konnte ich danach nicht mehr. Hole das jetzt schnell nach. Ich habe zu wenig geschlafen, bin aber trotzdem von allein aufgewacht. Irgendwie fühle ich mich gehetzt. Ich wünschte, ich könnte noch zwei Stündchen im Bett bleiben, dann frühstücken, dann schreiben. Immerhin ist Sonntag. Aber irgendetwas treibt mich.

Die Gaststätte gestern war – ziemlich speziell. Von außen sah sie wie ein Einfamilienhaus aus. Wir sind auch nur rein, weil die Tür offen stand und wir keine Lust hatten, noch weiter zu suchen. Und wen trafen wir? Werner! Der muss auch gedacht haben, wir rennen ihm hinterher. Falls er noch denken konnte. Auf seinem Deckel standen eine Menge Kreuze und Striche, er war schon ordentlich angetüdelt. Hat uns aber trotzdem erkannt und gleich wieder angefangen, aus seinem Leben zu erzählen.

Die anderen Gäste beäugten uns misstrauisch. In dem Raum standen zwei Tische, für mehr war kein Platz. An dem in der Ecke saß die Wirtin mit ihrer erwachsenen Tochter und zwei Männern in Jeansklamotten um die fünfzig, die von hinten auch wie Frauen aussahen. Am zweiten Tisch hockte ein junger Kerl Mitte zwanzig, der scheinbar den gleichen Frisör hat wie die beiden Älteren und seine Haare ebenfalls auf Bauchnabellänge trug.

Auf einem Regal an der Wand saßen Schnatterinchen und Pittiplatsch, zwei Fernsehpuppenfiguren, mit denen in der DDR praktisch jedes Kind aufwuchs. Ich fand Pittiplatsch super, der war herrlich tollpatschig und konnte nie seine Klappe halten. Daneben lag ein Zollstock, auf dem in kyrillischen Buchstaben stand: »Wer das hier lesen kann, ist kein Wessi.« Falls das wirklich ein Kriterium sein sollte, bin ich keiner, Robin schon.

Eigentlich wollten wir schnell wieder verschwinden, aber dann haben wir uns festgequatscht. Die Leute wurden richtig herzlich. Und so häufig kommt es auch nicht vor, dass man von einem Bürgermeister bedient wird. Der Mann, der das Bier zapfte, war Blankensteins Stellvertreter, der für seine Partei, die hier mal unerwähnt bleiben soll, auch im Thüringer Landtag sitzt. Die Wirtin ist seine Frau, manchmal hilft er ihr.

Früher war er Offizier bei den Grenztruppen, verschweigt das auch nicht. Als Politiker weiß er natürlich, wie man provokante Thesen unters Volk bringt. Eine ging so: »Die Grenze zwischen Bayern und Thüringen ist noch da – in den Köpfen der Menschen!« Kaum einer von hier wolle nach drüben, und von drüben wolle auch niemand hierher. Von Verbrüderung oder Zusammenwachsen könne keine Rede sein. In Bad Steben, sieben Kilometer entfernt, im Westen, wüssten viele nicht einmal, dass Blankenstein in der DDR lag. »Interessiert die gar nicht.«

Das Wetter ist heute wieder herrlich, etwas frisch, aber sonnig. Auch der einzige Grund, nicht gleich in Tränen auszubrechen. Meine Füße wollen nicht. Gleich die ersten Schritte – ein einziger Schmerz! Könnte losjaulen. Die Fußgelenke sind geschwollen, als wären sie mit einem Holzknüppel bearbeitet worden. Und die Achillessehne macht mich langsam wahnsinnig.

Robin klagt nicht, aber ich sehe, dass er die gleichen Probleme hat, sein Gang wirkt hölzern wie meiner. Als ich ihn frage, sagt er: »Lass uns nicht darüber reden!« Wir hoffen beide, dass sich die Schmerzen geben, sobald wir uns eingelaufen haben.

Dafür bräuchten wir allerdings eine fußfreundlichere Strecke. Der Verkäufer, der uns die Wanderschuhe aufschwatzte, hatte uns gewarnt: Der dritte Tag sei immer der härteste. Er meinte das körperlich. Für uns kommt gerade alles zusammen: Wir müssen uns über einen Weg hangeln, der diese Bezeichnung gar nicht verdient. Der Untergrund besteht fast nur aus Wurzeln, die quer zur Laufrichtung aus dem Boden gewachsen sind oder über die Jahre vom Regen freigespült wurden. Sieht hübsch aus, wie im Märchenwald. Für unsere ramponierten Füße ist es die Hölle.

Wir kommen nur im Schneckentempo voran, weil wir nicht wissen, wo wir hintreten sollen, und ständig umknicken. Ein Stück balancieren wir von einem Wurzelast zum nächsten, dann wieder versuchen wir, die wurzelfreien Stellen zu erwischen. Mal müssen wir Elefantenschritte machen, mal tippeln wie eine ungelenke Primaballerina.

Zwischendurch quält uns die Frage, ob wir überhaupt richtig sind. Alle naselang kommen wir an Schildern vorbei, auf die ein *R* gemalt ist. Doch das hier sollte besser nicht der Rennsteig sein. Sonst hätten wir uns verlaufen. Ohne Kolonnenweg bleibt nur die Muschwitz als Orientierungshilfe. Aber die ist nicht gerade ein reißender Strom, den man mit anderen Bächen nicht verwechseln könnte, die feuchtfröhlich durchs Gelände suppen.

Ein Kompass würde helfen, nur haben wir keinen. Ich dachte, unsere Karte würde genügen. Dabei ist es nicht mal eine richtige Wanderkarte, wie wir sie bräuchten. Sie ist eigentlich für Radler gedacht. Die eingezeichnete Route verläuft relativ nah an der früheren Grenze, mal auf der Ost-, mal auf der Westseite. Es war die einzige Karte, die ich auftreiben konnte, auf der der Grenzverlauf ziemlich genau markiert ist. Das Problem ist nur, dass sie an einigen Stellen falsch zu sein scheint oder veraltet.

Wir laufen tiefer in den Wald hinein. Jeder ist mit sich beschäftigt. Wir schweigen die meiste Zeit. Aber das sollte mich nicht beunruhigen. Der Weg ist anstrengend, der Körper frisst die ganze Energie. Und im Grunde ist es eine völlig normale Situation. Zu Hause unterhalten wir uns auch nicht pausenlos.

Nach vier Stunden erreichen wir Titschendorf. Stille Stunden, in denen wir drei Rehen, einem Rotfuchs, schätzungsweise dreißig Schmetterlingen und unzähligen Vögeln begegnen, aber keinem einzigen Menschen. Das Dorf scheint auch nicht gerade überbevölkert zu sein. Dafür eine Überraschung: ein Gasthaus, das sogar geöffnet hat.

Mit unserer Ankunft verdoppelt sich die Kundschaft. Im Gastraum sitzen zwei Männer, die sich zu Mittag für hefehaltige Flüssignahrung entschieden haben. Ansonsten scheint der Zweck ihrer Anwesenheit darin zu bestehen, das Zimmer in eine Räucherkammer zu verwandeln. Nichts für uns Naturburschen. Wir setzen uns an den Tisch vorm Haus.

Direkt gegenüber die kleine Dorfkirche und der Friedhof. Einige Gräber zieren frische Blumen. Gasthaus und Kirchengelände bilden den Mittelpunkt des Ortes. Arbeiten, essen, trinken, dazwischen beten – und sterben, die wesentlichen Dinge, das Leben in komprimierter Form.

Titschendorf liegt auf einem Bergplateau, knapp sechshundertsiebzig Meter hoch. Die Vorfahren der Einwohner stammen aus Bayern. Sie verließen 1620 ihre katholische Heimat, bauten sich auf dem Titschenberg einfache Behausungen und eine kleine Kapelle, um nach evangelischem Glauben zu leben. Hundertfünfzig Jahre danach entstand die Kirche.

Der Wirt ist offenbar nicht auf Mittagsgäste eingestellt, die feste Nahrung wünschen. »Mal sehen, was wir machen können«, überlegt er. »Wie wär's mit Gulasch?«

»Irgendetwas, Hauptsache, es macht wenig Arbeit«, sage ich, obwohl ich eigentlich »Hauptsache, es geht schnell« meine.

Für die Küchenarbeit ist seine Frau zuständig. Er holt sie aus dem Garten, wo sie gerade Blumen pflanzte. Sie zaubert uns das beste Gulasch mit Rotkohl und Kartoffeln, das wir jemals gegessen haben. In der Zwischenzeit gesellt sich ihr Mann zu uns. Er denkt, wir seien Rennsteig-Wanderer. Als er von unserer tatsächlichen Strecke hört, geschieht das Gleiche wie in den anderen Orten. Jeder hat eine eigene Grenzgeschichte.

Seine spielt im Jahr 1961, kurz nachdem in Berlin die Mauer gebaut wurde: Damals war er zweiundzwanzig, lebte mit seinen

Eltern, den Großeltern und zwei Geschwistern im Gasthaus. Bis eines Abends eine Einheit der Kampfgruppen anrückte und sich im Saal einquartierte. Am nächsten Morgen erschien ein Volkspolizist und befahl der Familie, Haus und Grundstück zu räumen. Drei Stunden gab er ihnen. Die Möbel durften sie mitnehmen, das Vieh blieb in den Ställen. Der Polizist erklärte, alles geschehe zu ihrem Schutz und zum Schutz des sozialistischen Vaterlandes. Sie wurden in einen Ort bei Gera verfrachtet. Dort sollten sie zu siebt in eine Einzimmerwohnung ziehen, achtzehn Quadratmeter, dazu eine Küche, die halb so groß war. Sie weigerten sich, doch das nützte nichts. Ihre Habseligkeiten wurden vor dem Haus abgeladen. Die bewaffneten Uniformierten wendeten keine Gewalt an. Sie versuchten auch nicht, sie umzustimmen. Sie umzingelten sie einfach und warteten, bis es dunkel und so kalt wurde, dass die Widerspenstigen aufgaben.

Nach der Wirtsfamilie wurden andere aus Titschendorf zwangsumgesiedelt. Entlang der gesamten Grenze waren es bald Tausende. Hinter der Aktion, die den Codenamen »Kornblume« trug, steckten die Ministerien des Innern und für Staatssicherheit und die SED-Führung. Auf diese Weise wurden in den Grenzorten, wie neun Jahre zuvor schon einmal, politisch unliebsame Personen, »negative Elemente«, aus dem Verkehr gezogen. »Viele hielten uns wirklich für Verbrecher«, erzählt der Wirt. »Sie dachten, wir müssen etwas ausgefressen haben, sonst hätten sie uns nicht weggeschafft.« Erst nach der Wende durfte er mit seiner Familie zurück.

Nach einer Stunde schnappen wir unsere Rucksäcke und ziehen weiter. Der Wald verschluckt uns wieder.

Nicht einmal zwei Kilometer, und ich bereue, einer solch guten Köchin in die Arme gelaufen zu sein. Wir sind vielleicht zwei Hobbywanderer! Schlagen uns den Wanst voll wie Cäsar im alten Rom. Doch während der auf seiner Chaiselongue liegen bleiben und sich den Bauch kraulen lassen konnte, krabbeln wir wie zwei fluglahme Marienkäfer durch die Berge.

Der Weg führt bis zum Himmel, nichts anderes ist oben zu

Idyllisch – und schweißtreibend

sehen. Besser, ich gucke geradeaus, auf die Platten. Nur nicht denken! Einfach einen Schritt vor den anderen setzen. Bei der Gelegenheit kann ich gleich eine neue Wandertechnik einüben. Ich brauche mehr Schwung, beuge mich vor, so weit das die Achillessehnen hergeben. Jetzt noch kräftig die Arme schwungeln. Das Wort fällt mir spontan ein, als ich überlege, wie die Armbewegung genannt wird, mit der Soldaten im Stechschritt marschieren. Mache es genauso, nur nicht stakkatomäßig, fließender. Im selben Rhythmus bewege ich auch noch den Oberkörper, leicht vor, leicht zurück. Entlastet Waden und Oberschenkel ungemein. So bezwingt man jeden Berg.

Hinter dem Scheitelpunkt geht es noch steiler weiter, diesmal aber abwärts. Sieht aus, als würde der Weg in einem riesigen Loch verschwinden. Doch am gegenüberliegenden Anstieg setzt er sich fort, das können wir sehen. So geht es Kilometer um Kilometer. Jedes Mal, wenn wir denken: geschafft! – noch ein Berg und wieder ein Tal.

Dann geschieht etwas Merkwürdiges: Wir stehen vor dem nächsten Anstieg, der wie eine Wand aufragt. Und auf einmal fangen wir an zu lachen, beide gleichzeitig, wie auf Kommando. Uns ist zum Heulen zumute, aber wir lachen, kriegen uns gar nicht wieder ein. Für einen Moment ist alles vergessen – die Schmerzen, die Erschöpfung, der Frust. Und plötzlich geht es uns besser. Aus einem unerfindlichen Grund fällt alles leichter.

Der letzte Anstieg. Wir sind bei siebenhundertzwanzig Höhenmetern angelangt. Noch zwei lang gestreckte Kurven, dann endet rechts der Wald, und wir sehen die Häuser von Brennersgrün. Eigentlich wollten wir heute die Seite wechseln, in Bayern übernachten. Aber das Leben ist kein Wunschkonzert und so eine Wanderung kein Spaziergang.

In Brennersgrün kommen wir zuerst am Friedhof vorbei. Unter dem auffälligsten Grabstein wurde Eduard Birnstiel beerdigt. Ein Forstwart, in der Gegend eine kleine Berühmtheit. Das liegt weniger daran, dass er die Route des Rennsteigs miterforschte, sondern mehr an den Umständen seines Todes 1894. »Im Dienste erschossen«, steht auf dem Grabstein. Was nicht da steht: Der Täter war ein zehnjähriger Junge. Birnstiel hatte einen Wilddieb gestellt, die beiden prügelten sich. Da befahl der Dieb seinem Sohn, mit einer Stockflinte auf den Forstwart zu schießen.

Obwohl der Rennsteig durch den Ort führt, galt Brennersgrün damals nicht gerade als Geheimtipp für Wanderfreunde. Die Dorfbewohner schufteten in Schieferbrüchen oder als Waldarbeiter, was beides nicht viel einbrachte. Einige strolchten in der Gegend umher, stahlen, was sie zu fassen kriegten. An göttliche Hilfe glaubte fast niemand. In den Nachbardörfern raunten sie, die Brennersgrüner seien ein ungläubiges Volk. Aus dieser Zeit stammt ein Spruch, der uns jetzt auch nicht mehr stoppen kann: »Wanderer, meidet diesen Ort!«

Der Gasthof liegt auf der anderen Straßenseite. Wir sind froh, auf Anhieb ein Nachtquartier zu bekommen. Das Zimmer liegt im Obergeschoss, Fenster zur Straße. Doppelbett, Fernseher, Tisch, Couch, Kommode, nebenan ein kleines Bad mit Dusche. Alles vorhanden. Wir könnten uns aufs Sofa werfen und die Beine hochlegen. Wenn nur nicht alles so versifft wäre! Der Teppichboden voller Flecken, auf dem Fernseher eine dicke Staubschicht, Spinnweben an der Decke und Bettwäsche, die aussieht, als hätte schon jemand darin geschlafen.

Nach dem Duschen ziehe ich Jeans und ein langes Shirt an, meine Wohlfühlklamotten, und überlege, ob das heute auch meine Nachtbekleidung wird. Auf das Kopfkissen könnte ich eines von unseren Campinghandtüchern (laut Packzettel super saugfähig, antibakteriell, geruchsarm) legen.

Robin findet, ich übertreibe. Er streckt sich mit freiem Oberkörper auf dem Bett aus.

Wir beschließen, vor dem Abendessen noch eine Dorfbesichtigung zu machen, laufen die Straße hinauf, die den Ort in Längsrichtung halbiert. Sämtliche Häuser sind mit Schiefer verkleidet, rundherum. Thüringer Schiefer soll blau sein. Für mich ist er grau.

Hinter dem letzten Haus, auf einem kleinen Hügel, treffen wir eine ältere Frau. Sie sitzt auf einer Holzbank, von der sie fast den gesamten Ort überblicken kann.

»Sie haben den schönsten Platz im ganzen Dorf«, grüße ich sie.

»Stimmt«, antwortet sie, »ich setze mich gern mal ein halbes Stündchen hier hin, abends, wenn alles schön ruhig ist.«

»Dürfen wir uns zu Ihnen gesellen?«

»Natürlich.« Sie rückt zur Seite, um Platz zu machen.

»So allein?«

»Mein Mann guckt Fußball. Hab ich mal ein bisschen Zeit für mich.«

»Leben Sie schon lange hier?«

»Oh ja. Wissen Sie, wir hier waren immer benachteiligt: Bevor die Grenze gebaut wurde, in der DDR und jetzt wieder.«

»Wie meinen Sie das?«, frage ich.

»Na ja«, seufzt sie, »sehen Sie sich das Dorf doch an.«

Wir schauen alle drei die Straße hinunter, die wie eine tote Riesenschlange daliegt. Keiner von uns sagt noch etwas. Der Himmel leuchtet blau, die letzten Wolken sind verschwunden. Die Sonne taucht hinter dem Wald unter. Vor uns die Schlucht grau schimmernder Häuser. Sie sehen aus wie Grabsteine, die zu groß geraten sind.

5. Mai 2008 – Lauenstein

Über Nacht hat das Grau der Häuser aufs Wetter abgefärbt, aber ich versuche, keine schlechte Laune zu haben. Also, her mit den positiven Gedanken! Gedanke Nummer eins: Ich habe in dem muffigen Bett erstaunlich gut geschlafen, fühle mich überraschend frisch. Gute-Laune-Gedanke Nummer zwei: Wir müssen nur noch frühstücken, dann können wir von hier verduften.

Beim Frühstück lernen wir ein älteres Wanderpärchen kennen, das auch gestern angekommen ist und gleich weiterwill. Die Frau sieht ein paarmal zu uns herüber. Kann mir vorstellen, was in ihrem Kopf vorgeht. Ist nicht das erste Mal, dass Leute nicht wissen, für was sie uns halten sollen: Brüder? Vater und Sohn? Ein Paar? Uns amüsiert das.

Doch als ich am Büfett neben ihr stehe und unsere Blicke sich begegnen, fragt sie: »Waren Sie nicht gestern in Blankenstein?«

»Waren wir«, antworte ich, etwas erstaunt.

»Siehste!«, ruft sie, zu ihrem Mann gewandt, der am Tisch sitzen geblieben ist.

»Sie wandern wohl auch den Rennsteig?«, will sie wissen, und ich erzähle, dass wir uns der ehemaligen Grenze verschrieben haben.

»Sie wollen die ganze Grenze ablaufen?« Erkenne ich in ihrem Gesicht Bewunderung oder Zweifel?

»Die komplette Strecke«, sage ich und hoffe, dass es beiläufig klingt, als wäre das keine große Sache, »von Tschechien bis an die Ostsee, in einem Ritt.«

»Also«, schaltet sich ihr Mann ein, »wir wandern ja schon viel, aber wie wollen Sie das denn schaffen?«

»Das wissen wir auch noch nicht. Wir laufen einfach jeden Morgen los und sehen, wie weit wir kommen.«

Ich versuche, mir nicht anmerken zu lassen, dass sie einen wunden Punkt getroffen haben. Das ist heute kein Tag, an dem ich mir Gedanken darüber machen möchte, wie viele Kilometer und wie viele Tage noch vor uns liegen und wie oft wir noch gezwungen sein werden, in schäbigen Absteigen zu übernachten oder in dem winzigen Zelt, das wir für Notfälle dabeihaben.

Was mich ein bisschen wurmt: Die beiden berichten, dass sie auf dem Rennsteig nur siebzehn oder achtzehn Kilometer laufen brauchten, um hierherzukommen. Unser Weg war fast doppelt so weit. Das wirft bei mir die Frage auf, was beim Wandern nun eigentlich wichtiger ist – das Laufen oder das Ankommen, die Strecke oder das Ziel?

Dann bezahlen wir, und auch das Rennsteigwanderpärchen bricht auf. Ich neide den beiden ihre Tagesrucksäcke, die federleicht aussehen. Vor dem Gasthaus halten sie sich rechts, wir müssen nach links.

Unser Marsch beginnt auf einer Anhöhe, von der wir die nächsten Bergkuppen überblicken können. Der Kolonnenweg windet sich wie eine Roller-Coaster-Strecke in Berg- und Talfahrt zwischen Bäumen. Die einstige Grenzschneise ist noch gut auszumachen: rechts vom Weg die hohen älteren Bäume, meist Fichten mit dunkelgrünen Nadeln, links die jungen, wild gewachsenen in unschuldigem Hellgrün, kaum größer als wir. Und mittenmang sprießen dürre Birken, kennen wir.

Die ersten Kilometer laufen sich wie von allein. Die An- und Abstiege fallen deutlich gemäßigter aus als gestern. Wir kommen gut voran, ohne uns zu verausgaben. Jetzt fängt Robin sogar an zu singen. Seitdem wir unterwegs sind, hat er jeden Morgen einen Ohrwurm. Mir passiert das höchstens zweimal im Jahr, aber er beschäftigt sich auch andauernd mit Musik.

»Where you lead I will follow«, singt er, »anywhere that you tell me to, if you need – you need me to be with you, I will follow where you lead …«

Diesen Song erkenne sogar ich sofort. Carole King ist für mich eine Göttin.

»If you're out on the road, feelin' lonely and so cold, all you have to do is call my name, and I'll be there on the next train …«

Während Robin singt, schweife ich mit meinen Gedanken ab, sehe uns in einem silbergrauen Mustang sitzen, ich am Steuer, er neben mir, und über einen Interstate-Highway preschen, der ermüdend endlos geradeaus führte. Wir waren auf dem Weg von New York nach Syracuse, und im CD-Player lief Carole King. Es war fürchterlich heiß, zweiundvierzig Grad im Schatten, die Aircondition lief auf höchster Stufe, über der Fahrbahn flirrte die Luft. Die CD hatte uns eine Freundin geschenkt, eine Amerikanerin. Wir hörten Carole King zum ersten Mal, jedenfalls bewusst. Spät kamen wir in Syracuse an. Am nächsten Morgen war Robin in der Universität verabredet. Er wollte sehen, ob er dort studieren kann. Anschließend fuhren wir nach Fredonia am Lake Erie, auch dort hatte er einen Termin an der Uni, wie tags darauf in Boston. Und sobald wir im Auto saßen, hörten wir das Konzert der Gänsehautstimme, in Endlosschleife.

Diese Erinnerung erleichtert mir das Laufen nicht gerade. Es war eine schwierige Reise. Kurz zuvor hatte ich eine Beziehung in den Sand gesetzt, und nun führte ich mir praktisch selbst vor Augen, dass auch bald der Abschied von Robin bevorstand. Er würde das Abitur machen und in die Welt hinausziehen. Ich hatte ihm die Reise spendiert, weil ich das Beste für ihn wollte, und wusste zugleich, dass es für mich nicht das Beste sein würde. Der normale Lauf der Dinge, trotzdem würde es wehtun. Er würde fortgehen, und ich machte mich zu seinem Komplizen. Und die Lieder von Carole King begleiteten uns.

Wie jetzt, denke ich, ehe mir auffällt, dass es neben mir still geworden ist. Ich erzähle Robin, dass mich das Lied jedes Mal an jene Reise erinnert.

»Geht mir genauso«, sagt er.

»War hart damals«, sage ich, »mir ging's ziemlich dreckig.«

»Dafür hast du dich aber gut gehalten.«

Ich antworte nicht, merke, wie mich das aufwühlt. Wir sollten das Thema wechseln, schlage ich vor und bin so übermütig, ihn zu fragen, ob er schon bereut hat, mich bei der Wanderung zu begleiten. Jetzt antwortet er nicht, sieht mich nur von der Seite an und grinst spöttisch. »Na, danke!«, sage ich und grinse ebenfalls. »Ich find's auf jeden Fall klasse, dass du dabei bist … Sonst müsste ich den ganzen Kram alleine schleppen.«

Sich zu unterhalten ist eine prima Methode, einander von den Strapazen der Wanderung abzulenken. Man schruppt die Kilometer förmlich nebenbei. Wie viele haben wir schon? Ein Blick auf die Karte. Ungefähr zwölf. Wir müssten auf Höhe Lehesten sein. Sehen können wir die Kleinstadt allerdings nicht. Rundherum nur Wald.

Das heißt aber: Wir laufen gerade am Nabel des Thüringer Schiefergebirges. Hier gab es früher die größten Schiefertagebaue Europas. In der Kirche von Lehesten hängt die größte Schiefertafel der Welt, drei mal zweieinhalb Meter.

Aber da wir einmal so gut in Tritt sind, marschieren wir unbeeindruckt weiter, statten auch Ludwigsstadt auf der anderen Seite, in Bayern, keinen Besuch ab. Wir legen nur eine Minipause ein, schlingen jeder eine Banane hinunter, und ignorieren sogar, dass sich unsere Wasservorräte dem Ende zu neigen.

Macht uns das Wetter leichtsinnig? Seit dem Morgen ist es zwar wärmer geworden, wir laufen mittlerweile ohne Jacken, doch der Himmel ist nach wie vor ein diesiggraues Wolkenmeer. Wir schwitzen nicht und verspüren auch keinen Durst, vielleicht deshalb. Doch die Wahrheit ist: Wir sind furchtbar undiszipliniert.

Wir verlassen ein dichtes Waldstück und landen auf einmal vor einem gewaltigen Schieferberg. Davor steht eine Tafel, auf der wir erfahren: Ein Berg ist nicht unbedingt ein Berg, selbst wenn er

Ehemalige Agentenschleuse der Stasi

aussieht wie ein Berg. Ein Berg kann nämlich auch eine Halde sein, wie dieser hier, künstlich aufgeschüttet und nicht ganz unbedenklich. Niederschläge und das Wasser des Rehbaches, der durch die Halde fließt, lösen den Schwefelkies des Schiefers. Über verschiedene Zwischenstufen entstehen chemische Verbindungen, die für Tiere und Pflanzen giftig sind.

Ein Stück weiter eine zweite Tafel, dann noch eine. Ein Lehrpfad. Nummer vier finden wir vor dem alten Grenzzaun, von dem hier noch einige Felder stehen – »späteren Generationen zur Mahnung und Erinnerung an die Teilung Deutschlands«. Auch das Eisentor zwischen den Zaunfeldern, das altersschwach und verrostet in den Scharnieren hängt, soll der Nachwelt erhalten bleiben. Denn das Tor war kein gewöhnliches. Die Stasi nutzte die unauffällige Pforte im unübersichtlichen Gelände, um Agenten in den Westen zu schleusen. Jenseits des Grenztores führte ein schmaler Weg, der inzwischen überwuchert ist, hinunter zum Steinbach, dahinter begann die Bundesrepublik.

Seltsam, meine Füße haben keine Ohren, trotzdem reagieren sie umgehend auf diese Schauergeschichte. Mit einem Mal kehren die Schmerzen zurück, und gleich mit einer Wucht, dass sie mich richtig quälen. Es dauert nicht lange, dann wollen auch meine Oberschenkel nicht mehr. Versteh ich gar nicht, die Ochsentour hatten wir doch gestern. Dass die Muskeln nur auf ihre Art nach Wasser schreien – daran denke ich lieber nicht. Wir haben keinen Tropfen mehr.

Offenbar stecken wir nicht genug in Schwierigkeiten. Jetzt hört auch noch der Kolonnenweg auf. Und damit es eine richtige Herausforderung ist: ausgerechnet auf einer kleinen Lichtung mitten im Wald. Mein Gefühl sagt, wir müssten einfach weiter geradeaus. Da ist nur kein Weg. Die einzige Möglichkeit führt nach rechts, auf einen Berg. Gegen diese Richtung sträubt sich alles in mir, aber wir haben keine Wahl.

Oben wird der Weg breiter. Nach den Reifenspuren zu urteilen fahren hier Lastwagen lang. Jetzt kommt natürlich keiner. Dafür liegen quer über dem Weg zwei entwurzelte Fichten, und was für Kaventsmänner! Wir schieben uns zwischen den Ästen hindurch, verheddern uns mit den Rucksäcken, schaffen es irgendwie über die Stämme, mit den Schmerzfüßen ein Heidenspaß. Dann ist der Weg wieder frei, und wir denken uns nichts. Soll in den besten Wäldern vorkommen, dass Bäume umstürzen.

Bevor uns ins Gehirn tröpfelt, dass hier Orkan *Kyrill* gewütet haben muss, der noch Dutzende von zentnerschweren Bäumen wie Unkraut aus dem Boden riss und samt Wurzeln durch die Gegend wirbelte, sitzen wir in der Klemme. Eine Schneise der Verwüstung. Umkehren? All die Bäume und Wurzeln ein zweites Mal überklettern? Und dann?

Wie weit sind wir schon, und wie weit müssen wir noch?

Meine Füße, die Oberschenkel, der Kreislauf – jeden Moment rechne ich damit zusammenzuklappen. Mein Mund ist so trocken, dass ich kaum schlucken kann. Laufe aber weiter, humpele weiter, klettere weiter. Zwänge mich unter Baumstämmen hindurch, die Last des Rucksacks zerrt mich zu Boden. Stehe wieder auf, der nächste Baum und danach noch ein Haufen übereinandergeschleuderter Stämme. Robin klettert den Berg noch höher hinauf, um die Barrikade zu umgehen. Ich bleibe auf dem Weg, ist kürzer. Ich überblicke nicht, wie viele Bäume ineinander verkeilt sind. Ein Schwindelgefühl erfasst mich! Schwitze und friere zugleich. Hänge immer wieder zwischen Stämmen fest, schnappe nach Luft, biege Äste, bis sie brechen.

Irgendwann ist die Tortur zu Ende. Wir erreichen den Waldrand und sehen hinter einem Feld eine Asphaltstraße. Hier sind wir garantiert nicht richtig, aber jetzt geht es nur darum, es bis in den nächsten Ort zu schaffen. Wir brauchen dringend Wasser, und wir müssen essen und verschnaufen.

Lichtentanne. Wir sind völlig falsch, und zu allem Überfluss hält das Zweihundertsiebzig-Seelen-Dorf Mittagsschlaf. Alles verrammelt. Wofür müssen wir büßen?

Gerade als wir uns ganz unserer Verzweiflung hingeben wollen, entsteigt dem Haus gegenüber eine junge Fee, die uns anlächelt. Mit ihrem Auto, welch himmlisches Gefährt, nimmt sie uns mit nach Probstzella, zu einem Supermarkt.

Unsere gute Fee ist die Tochter des Dorfbäckers. Mich interessiert, wie es sich als junge Frau in dieser Abgeschiedenheit lebt. Wunderbar, sagt sie, was mich so pauschal nicht überzeugt. Aber hier gibt es doch nichts, hake ich nach, nicht mal ein Kino. Doch, erwidert sie, in Saalfeld, zwanzig Kilometer sind doch nicht weit. Mir wird klar, dass sich die Realität ändert, sobald man sie aus der Wandererperspektive betrachtet. Aber auch sonst, meint sie, Schule, Kindergarten, Geschäfte – alles in der Nähe.

Im Supermarkt versorgen wir uns mit Wasser, und beim Bäcker nebenan bringen wir unsere Blutzuckerspiegel wieder auf Trab. Wir lümmeln uns an einen Stehtisch und warten, dass unsere Lebensgeister zurückkehren. Und mit ihnen die Wanderlust. Doch ich fürchte, auf die müssen wir für den Rest des Tages verzichten.

Obwohl wir unser Wanderpensum noch nicht bewältigt haben, wir wollen täglich dreißig Kilometer schaffen, überlege ich ernsthaft abzubrechen. Genug Quälerei für heute. Sollten wir eine nette Pension sehen, könnte ich schwach werden.

Aber diese Gefahr besteht in Probstzella nicht. Als wären wir von einer Zeitmaschine vierzig Jahre zurückgebeamt worden! Wir sollten beim Bürgermeister vorbeigehen, ihm vorschlagen, aus dem ganzen Ort ein Museum zu machen – auch als Mahnung für spätere Generationen. Denen zu zeigen: So sah es in der DDR aus – hellgrau, mittelgrau, dunkelgrau.

Sollte meine Sicht ungerecht sein: Vergebung! Aber mir geht's dreckig. Und der Ort trägt nichts, rein gar nichts, zur Linderung bei. Stattdessen donnern in einem fort Lastwagen über die Bundesstraße, die sich durchs Zentrum zieht, eingeschnürt von Häuserreihen, die den Motorenlärm wie gewaltige Resonanzkörper um ein Vielfaches verstärken. Und bald sehen wir, woher noch mehr Krach kommt: rechts von uns eine mehrgleisige Bahntrasse. Güterzüge und ICEs rattern vorbei. Es ist, als würden wir von einer Geräuschlawine begraben.

Wir flüchten ins Grüne, auf einen schmalen Wanderweg, atmen durch und laufen vier Kilometer ebene Strecke, die unter anderen Vorzeichen ein Klacks wären. So aber schleppen wir uns träge dahin. Das heißt, ich bin der Träge. Robin hat eindeutig den besseren Tag erwischt.

Am Ende wartet eine Belohnung. »Einmal probiert … schon verführt«, steht auf einer Werbefläche, die fast eine halbe Hauswand einnimmt. Eine Pralinenmanufaktur. Wir pfeffern unsere Rucksäcke in eine Ecke, steigen in den ersten Stock hinauf und stehen – im Schlaraffenland: Ingwerpralinen, Marzipanröllchen, Champagnertrüffel, Schokolade im Pott, in der Tüte, als edle Tafel. Wir sind überhaupt nicht hungrig, aber dafür muss man nicht hungrig sein. Warum enden nicht alle Wege so?

Vor allem: Warum kann hier nicht gleich noch eine Pension stehen? Die Frau in der Confiserie rät uns, hinter der Straße einfach im Wald den Berg hinaufzusteigen, dort befinde sich ein ausgeschilderter Wanderweg. Und oben würden wir direkt auf ein Gasthaus stoßen.

Ausgeschildert ist die Strecke schon. Aber ein Wanderweg? Für mich ist das höchstens eine Ahnung von einem Trampelpfad. Eine Zumutung! Serpentinenartig geht es unvernünftig steil in die Höhe, auf lockerem Geröll, das unter unseren Schuhen knarzt. Nur nicht die Schlucht hinuntersehen! Der Steig verjüngt sich, bis wir die Füße nur noch balancierend voreinander setzen können. Macht sich gut mit den Rucksäcken! Wie ich die letzten Meter bewältige, weiß ich nicht.

Der Gasthof befindet sich seit über vierhundert Jahren in Familienbesitz. Die Seniorchefin empfängt uns. Ihrem Blick nach zu urteilen, scheint sie nicht unbedingt auf uns gewartet zu haben. Um uns einen guten Einstand zu verschaffen, will ich ihr ein bisschen schmeicheln: »Die Dame in der Confiserie hat uns Ihr Haus empfohlen. Hier soll es …«

»Die kennt uns wohl nicht«, fällt sie mir ins Wort, ohne eine Miene zu verziehen. Robin sieht mich fragend an, hebt die Augenbrauen. Dann führt sie uns trotzdem in ein gemütliches Kämmerlein, in dem wir uns auf Anhieb zu Hause fühlen. Bevor sie geht, frage ich: »Können wir auch Abendessen bekommen?«

»Ab achtzehn Uhr.«

»Gut, dann kommen wir gegen sieben.«

»Das ist aber ganz schön spät!«

»Wann wäre es Ihnen denn recht?«

»Also, wenn Sie bis halb sieben kämen, das wäre gut.«

Kommt uns sogar entgegen. Ich kann mich kaum mehr auf den Beinen halten. Robin geht ins Bad, ich verkrieche mich in voller Montur unter die Bettdecke. Warm wird mir trotzdem nicht. Schüttelfrost! Mir ist hundeelend. Oberschenkel und Waden schmerzen höllisch, und meine Füße fühlen sich an, als würden sie in einem Schraubstock gequetscht.

Als Robin aus der Dusche kommt, sieht er mich ungläubig an, als würde ich nur schlecht Theater spielen. So will er seinen Vater nicht sehen.

Ich schaffe es nicht mal zu lächeln.

Das ist das Ende, denke ich. Alles aus!

6. Mai 2008 – Schauberg

Mitten in der Nacht. Jemand drückt die Klinke. Die Tür öffnet sich, obwohl ich abgeschlossen habe. Ein kurzes Quietschen. Nicht laut, werde trotzdem wach, öffne die Augen einen Spaltbreit. Diffuses Licht dringt von draußen durchs Fenster. Ich spüre, wie eine Gestalt durchs Zimmer huscht, rühre mich nicht. Atme, so leise ich kann, ohne zu riskieren, aus dem Rhythmus zu kommen, was mich verraten würde. Die Gestalt fummelt an unseren Rucksäcken, öffnet einen Reißverschluss. Dann dreht sie sich um. Sie hält etwas in der Hand. Eine glänzende Klinge … Ich schrecke hoch – und wache auf.

Das kommt davon, wenn ein völlig erschöpfter Geist mit Gruselgeschichten gefüttert wird. Vor lauter Schmerzen hatte ich gestern nicht einschlafen können und in einem Buch von Roald Dahl gelesen, das ich auf dem Regal neben der Tür entdeckt hatte.

Beim Frühstück erzähle ich Robin meinen Traum und ertappe mich dabei, wie ich die Wirtin beobachte und mit der Gestalt im Traum vergleiche. Eine frappierende Ähnlichkeit, rein äußerlich. Die reale Wirtin, die uns ein reichliches Frühstück mit Käse, Quark, hausgemachter Wurst, Marmelade, Eiern, Brötchen und Brot serviert, wirkt keineswegs gespenstisch, das nicht. Aber etwas Geheimnisvolles hat sie an sich. Sie verhält sich distanziert, und man wird das Gefühl nicht los, dass sie etwas bedrückt. Es ist schwierig, mit ihr ins Gespräch zu kommen. Immerhin verrät sie, dass die Geschäfte seit der Wiedervereinigung schlechter laufen. Früher sind die Leute nach Lauenstein gekommen, um sich die Grenze anzuschauen und in den Osten zu gucken. Viele ehemalige Thüringer, die getürmt waren und sehen wollten, wie es dort drüben inzwischen aussah, vielleicht auch Heimweh hatten.

Ich frage sie, ob von der Teilung noch viel zu spüren ist oder ob sich die Deutschen Ost und West hier, so dicht an der Schnittstelle, nach fast zwanzig Jahren vermischt haben? Ich erzähle ihr von Lichtentanne, wo wir gestern gestrandet waren. Die gute Fee hatte erzählt, dass sich kurz nach der Wiedervereinigung ein halbes Dutzend Frauen aus dem Dorf, oder sogar noch mehr, in Männer aus dem nächsten Ort im Westen verliebt und sie geheiratet hätten.

»Das haben wir in der eigenen Familie«, sagt die Wirtin, »mein Sohn hat auch eine von drüben geheiratet.«

»Und?«, will ich gerade fragen, doch da ist sie schon wieder in die Küche entwischt.

Ihr Sohn, der Koch des Hauses, kommt wie aufs Stichwort. Er dürfte ungefähr in meinem Alter sein. Auch er wirkt ein wenig scheu, doch im Gegensatz zur Mutter umspielt seinen Mund ein Lächeln. Er meint, bevor wir weiterziehen, müssten wir unbedingt die Burg besichtigen.

Burg Lauenstein ist vom Gasthof einen Steinwurf entfernt. Wir staunen: wie ein Märchenschloss! Das Tor steht weit offen, doch dahinter bremst uns ein Burgfräulein, das meint, wir seien zu spät, die Führung habe bereits begonnen.

»Können wir nicht noch schnell hinterher?«

»Nein«, sagt die Gestrenge, »ich kann hier nicht weg.«

»Wir brauchen nicht unbedingt eine Führung. Wir können uns auch so umsehen«, schlage ich vor und zücke meine Geldbörse, um Eintritt zu zahlen.

»Ohne Führung geht das nicht. Nur den Vorraum dürfen Sie sich anschauen«, sagt sie und führt uns durch eine Glastür in eine gewölbeartige Halle.

»Aber die Burg ist doch geöffnet?«

»Schon, von neun bis achtzehn Uhr. Aber nur mit Führung.«

Ich gebe auf: »Na gut, und wann startet die nächste?«

»Dreizehn Uhr. Steht draußen auf dem Schild.«

Der Burggeist ist unser Zeuge: Wir sind frisch geduscht und gekämmt, Robin hat sogar sein Haar gegelt, und unsere Kleidung stinkt auch nicht. Es gibt keinen Grund, uns wie zwei Strauchdiebe abzufertigen.

Als wir im Gasthaus von der Begegnung mit Madame Penibel berichten, sind die Wirtin und ihr Sohn noch verärgerter als wir. Aber so sollen wir ihr Dorf nicht in Erinnerung behalten. Als

Burg Lauenstein

Entschädigung will uns der Sohn unbedingt die Stelle zeigen, von der man den schönsten Blick auf die Burg hat.

Im Auto frage ich nach seiner Frau, wie er sie kennengelernt hat, ob eine deutsch-deutsche Ehe schwierig ist bei derart unterschiedlichen Biografien? Das interessiert mich wirklich. Doch er weicht aus. Erst als wir aussteigen, sagt er: »Ach, einfach ist es doch nie. Wir versuchen's halt.«

Wir stehen auf dem Ratzenberg, knapp sechshundertachtzig Meter hoch, neben einer Bank. Hinter uns Wald, vor uns auf weich geschwungenen Abhängen Wiesen. Doch unser Führer ist enttäuscht. Dort, sagt er und zeigt zum Talkessel, steht die Burg. Normalerweise kann man sie von hier wunderbar sehen. Im Moment sehen wir nur den dichten Morgennebel.

Wir wollen schon umkehren, doch dann lüftet sich der Dunstschleier, kaum merklich, man muss ein Weilchen hinsehen, um das Schauspiel zu erkennen. Es ist wie bei einem Papierfoto, das in der Entwicklerlösung allmählich Konturen annimmt. Zuerst sehen wir nur schemenhaft dunkle Umrisse, im Hintergrund einen gewaltigen Berg, links einen Zipfel Wald, im Tal die ersten Häuser, die wie Pappkartons wirken. Ein Stück darüber die Silhouette der Burg, als Scherenschnitt in der Landschaft.

Der Sohn der Wirtin muss los, die Arbeit wartet. Wir bleiben, kauern uns auf die Bank und beobachten, wie das Bild weiter aufklart. Machen wir es mal umgekehrt: beginnen gleich mit einer Pause. Doping für die Seele und zusätzliche Schonzeit für die Knochen. Ich wundere mich ohnehin, dass ich nach dem gestrigen Abend wieder auf dem Damm bin.

Körperlich. Im Augenblick macht mir meine mentale Verfassung auch mehr zu schaffen. Ich war so weit aufzugeben. Nach nur vier Tagen! Bin nur froh, dass Robin einigermaßen fit ist. Wir sind schließlich nicht losmarschiert, um unsere Gesundheit zu ruinieren. Da wir aber auch nicht ewig unterwegs sein können, sollten wir jeden Tag ein bestimmtes Pensum schaffen. Vielleicht gehen wir zu ambitioniert heran. Aber es liegt auch eine gigantische Wegstrecke vor uns.

Ich glaube, unser Problem ist: Nicht wir beherrschen die Strecke, wir lassen uns von ihr beherrschen, sind zu sehr aufs Ziel fixiert. Wir treiben uns gegenseitig an und vergessen mitunter, den Weg zu genießen.

Insofern aber spiegelt die Wanderung nur das Leben. Ich kenne das von mir, dieses ständige Zielansteuern, dieser Tunnelblick, dieses Leben auf einen bestimmten Zustand hin und nicht im Moment, diese Rastlosigkeit, eine unerquicklich ewige Suche.

Da ist solch ein Morgen genau das Richtige, um wieder halbwegs ins Lot zu kommen. Wie hypnotisiert verharren wir auf der Bank, können uns an dem Blick auf das dunstverschleierte Tal nicht sattsehen. Jetzt lässt sich auch die Sonne blicken, überzieht die Landschaft mit einem silbrigen Schimmer.

Erst nach zehn brechen wir auf. Im Wald hinter uns versteckt sich die Thüringer Warte, ein Aussichtsturm, der 1963 gebaut wurde, um Touristen anzulocken. Außer uns ist niemand da. Holzstufen führen nach oben. An den Wänden Tafeln, die über den Grenzaufbau informieren, über Grenzzwischenfälle, Schicksale, illustriert mit Schwarz-Weiß-Fotos, Zeitungsausschnitten und Kopien von Einsatzberichten der Grenztruppen und Stasi-Akten. Von der Aussichtsplattform sehen wir, wo sich Grenzzaun und Spurenstreifen einst durch den Wald wanden. Eine riesige hellgrüne Narbe im dunkelgrünen Fichtenmeer.

Auf der Suche nach dem Kolonnenweg kommen wir zum Köchinnengrab. Im Gras liegen drei alte Steine mit nicht identifizierbaren Hieroglyphen. Wir wären glatt vorbeigelaufen, stünde daneben nicht eine Holztafel. Angeblich wurde an dieser Stelle im 16. Jahrhundert eine Köchin von der Burg wegen Kindsmordes bei lebendigem Leibe gepfählt und begraben.

Kurz dahinter die Lochplatten, es kann losgehen. Erst Wald, dann Wiesen und Felder, wieder Wald. Und hier verstecken sich die Lochplatten so gut, dass wir sie nicht mehr finden. Ehe wir auf allen Vieren durchs Dickicht kriechen und dabei völlig die Orientierung verlieren, suchen wir uns einen Waldweg.

Sind wir noch in Thüringen? Schon in Bayern?

Wir machen es wie immer: Wissen wir nicht weiter, beraten wir gemeinsam, folgen mal Robins Instinkt, mal meinem, laufen dann los und hoffen, dass wir richtig liegen. Mein Sohn schlägt sich prima als Pfad-Finder. Er kann gut Karten lesen, und mit seinem Gespür trifft er meist ins Schwarze. Gestern war's, er hatte mal wieder den richtigen Riecher, da ernannte er sich kurzerhand zum King of Orientation unseres kleinen Teams.

Der King und ich gehen also auf einem Asphaltweg aus dem Wald heraus, stoßen auf eine größere Straße. Einen Stapel Baumstämme am Rand nutzen wir als Sitzgelegenheit, schieben eine Pause ein. Wir gönnen uns jeder eine Banane, teilen Schokolade, trinken Wasser, in dem wir zuvor Magnesiumtabletten auflösen. Über meine Wehwehchen kein Wort. Aber jetzt ist auch Robin angeschlagen. Seine Achillessehne, dazu die Sache mit dem Spann, neu sind die Schmerzen in den Fußsohlen. Er quält sich, ich fühle mich verantwortlich, doch aus irgendeinem Grund wollen wir beide weiter.

Wir bleiben auf der Frankenwald-Hochstraße. Wie der Name sagt: Es geht nach oben. Drei Kilometer, elf Prozent Steigung! Serpentinen der fiesesten Sorte und jede Menge Autos, vor allem Lastwagen und Kleintransporter, die sich eine Gaudi daraus machen, humpelnde Wanderer in Panik zu versetzen. Robin ist mucksmäuschenstill, läuft mit schmerzverzerrtem Gesicht, wird immer langsamer. Eine Stunde schwitzen wir vor Anstrengung und Angst, dann können wir diese gottlose Straße verlassen.

Wir müssen uns dringend etwas Gutes tun! Kleintettau ist die nächste Ortschaft, die kleine Schwester von Tettau. Wir folgen keinem Muster, wonach wir die Orte auswählen. Mal sind wir neugierig, mal treiben uns Hunger und Durst, wie jetzt, dann wieder ergibt es sich zufällig so.

Kleintettau ist keine schlechte Wahl: Es gibt eine Landbäckerei, kombiniert mit einem Supermarkt. An der Backwarentheke bedient uns die Frau vom Bäckermeister, eine Österreicherin, die freundlichste, die mir jemals begegnet ist. Als sie mitkriegt, dass wir nicht mit Fahrrädern unterwegs sind, wie sie vermutete, sondern zu Fuß, schneidet sie uns zwei Kuchenstücke, jedes so groß wie vier, schiebt uns nach nebenan in die Familienküche: »Ruht euch erst mal aus, Jungs.«

Im Handumdrehen versammelt sich die Belegschaft am Küchentisch. Der Vater vom Bäckermeister sitzt neben mir. Er baute die Bäckerei 1949 als Achtzehnjähriger mit seiner Mutter und zwei Geschwistern auf. Obwohl er und seine Frau inzwischen längst Rentner sind, arbeiten sie noch mit. Er erzählt von den schweren, aber auch schönen Anfangsjahren, von der Zeit, als die Grenze gebaut wurde, der Ort plötzlich an einem hässlichen Zaun endete, und von dem ersten Beschäftigten aus dem Osten, den sie nach der Grenzöffnung einstellten.

Irgendwann frage ich die Runde, was es mit dem seltsamen Gebäude auf sich hat, an dem wir vorbeikamen. Mehr brauche ich gar nicht zu sagen, alle wissen sofort, welches ich meine. Das Glasmuseum. Ob wir denn nicht wüssten, dass die Gegend für ihre Glasproduktion berühmt sei? Mit einem Schulterzucken gestehe ich die Wissenslücke und höre, dass Heinz-Glas Flakons für beinahe jede Weltmarke der Parfümbranche herstellt, außerdem Glasbehälter für Kosmetika und Pharmaprodukte. Am bekanntesten, sagt der junge Mann aus der Backstube, sind die Odolflaschen aus milchweißem Opalglas. Allein davon werden jährlich zwanzig Millionen in alle Welt verschickt.

Es ist gemütlich in der Küche, doch ich merke, wie ich von der Riesenportion Kuchen träge werde. Könnte glatt ein Verdauungsschläfchen halten. Aber dann kommen wir heute nicht mehr weit.

Wir verlassen den Ort, biegen dann links in den Wald ab und sind für ein paar Schritte noch einmal auf dem Rennsteig. Den Kolonnenweg finden wir nicht, dafür einen Weidezaun. Widerwillig beschließen wir, nach Spechtsbrunn zu gehen, schwenken aber vorher nach Süden ab, passieren Tettau. Dahinter lockt uns der Weg doch über eine Koppel, ihr Tor steht sperrangelweit offen. Nach einigen Metern entdecken wir einen Grenzstein, der wie ein Pilz aus dem Gras lugt. Ein unscheinbarer Granitblock, auf dem »DDR« steht.

Noch mehr Grenzsteine tauchen auf, auch uralte, aus Zeiten, als Bayern und Preußen noch Königreiche waren. Orientierungspunkte. Vor uns schreckt ein Reh auf, das im Gebüsch lag, hechtet mit einem Satz zwischen zwei Drähten hindurch und trollt sich in den bayerischen Teil des Waldes.

Am Ende der Weide wünschte ich mir, selbst ein Reh zu sein. Doch der Rucksack erinnert mich: Bin bloß ein Wanderer mit Überlast. Wir robben unter dem Zaun hindurch. Ich voran. Richte mich aber zu früh auf und werde fast wieder niedergestreckt. Ein Schlag! Womit die ewige Frage, ob wirklich Strom durchfließt, geklärt wäre.

Wir irren durch den Wald, bis eine Landstraße kommt, die alte Heer- und Handelsstraße, die schon im Mittelalter von Nürnberg nach Leipzig ging. Praktischerweise steht am Waldrand eine Holzbank. Wir sind angefressen, haben keine Lust mehr, setzen uns hin und warten, ohne zu wissen, worauf.

Wo sind wir überhaupt? Auf der anderen Straßenseite steht's:

»Im Ortsteil Sattelpass stehen acht Häuser nicht mehr. Sie wurden abgebrochen, da aufgrund der Folgen des II. Weltkrieges sich an dieser Stelle zwei Weltsysteme gegenüberstanden … So wurden die Deutschen Spielball der Großmächte …«

Sattelpass also. War früher, ganz früher, Grenzstation, besetzt mit einem Korporal und vier Soldaten. Jede Woche mussten sie Vorkommnisse nach Meiningen melden, schriftlich. Einige Notizen sind erhalten geblieben. Im Oktober 1806 etwa schrieben sie: »In den verflossenen 8 Tagen ist nichts Neues vorgefallen. 25 000 Franzosen sind bloß durch den Pass gezogen und haben übrigens Mönchröden in Brand gesteckt …«

Hoffentlich verflucht uns der Radfahrer nicht, der gerade Schwung holt, um die Straße hochzustrampeln. Aber er ist nun mal der Erste, der nicht im Auto vorbeikommt. »Kein Problem«, sagt der etwa Fünfzigjährige, steigt vom Rad und strahlt uns an. Ich spule mein Verslein herunter, dass wir an der Grenze unterwegs sind und so weiter, und frage ihn, wie wir nach Schauberg kommen. Unser Tagesziel. Er erklärt uns die Strecke. »Fünf Kilometer sind es aber bestimmt noch.«

Fünf ungeheuer lange Kilometer. Anfangs läuft es sich noch entspannt. Aber dann finden wir uns an einem Waldwegknotenpunkt wieder. Fünf Wege, nirgends ein Hinweisschild. Wir raten fröhlich drauflos. Erst als wir die Tettau, jetzt der Fluss, rauschen hören, sind wir erleichtert.

Nach zwei Stunden dann Schauberg und gleich ein Gasthaus. Doch an der Tür zur Gaststube heftet ein Zettel: »Geschlossene Gesellschaft!« Es ist kurz nach neunzehn Uhr. Wir sind seit neun Stunden unterwegs, haben siebenunddreißig Kilometer zurückgelegt. Egal, wer da feiert – sie müssen uns was abgeben!

Ein großer Raum voll heller Bauernmöbel. Übersichtlich dagegen die Festgesellschaft: zwei Frauen und vier Männer, die am Tisch neben der Tür Bier trinken. Die jüngere Frau springt auf. Auf ihrem mintgrünen Kapuzenshirt strahlt uns *Get ready Cutie* entgegen. Die »Süße« heißt Petra und ist die Frau des Wirts. Sie hält die Stellung, ihr Mann liegt im Krankenhaus.

Ich frage, was denn gefeiert wird? »Geburtstag«, tönt es mehrstimmig aus der Ecke. Doch als ich wissen will, wem wir gratulieren können, druckst die Runde. Schließlich klärt uns einer auf: Der Zettel ist nur ein Trick, damit sie rauchen dürfen. Ich bin zwar gegen das Rauchen, aber für unkonventionelle Ideen. Diese Leute sind mir auf Anhieb sympathisch.

Wir würden gern bleiben, aber Petra und ihr Mann vermieten seit Ewigkeiten keine Zimmer mehr. Die Straße hoch gibt es eine Pension. Ob wir wollen oder nicht, wir müssen unsere erschöpften Glieder noch einmal in Bewegung setzen.

Ein alter Mann mit traurigen Augen öffnet die Tür. Hinter mir höre ich Robin seufzen. Wir mögen nicht erschrecken, sagt der Mann, noch bevor wir eintreten. Er spricht leise und stockend, scheint jedes Wort erst suchen zu müssen. Ein Schlaganfall, sagt er, wir sollten Geduld mit ihm haben.

Seine Frau und er haben lange keine Gäste beherbergt. Es ist nichts vorbereitet. Aber wir können in ihrem Schlafzimmer im Obergeschoss übernachten. Das benutzen sie nicht mehr, seitdem auch seine Frau schwer krank ist. Er pflegt sie.

Das Schlafzimmer ist gut, sage ich, obwohl ich die Vorstellung, in seinem Bett zu schlafen … Aber, ach! Es ist gut, sage ich noch mal. Seine Gastfreundschaft rührt mich, dass mir nichts einfällt, was ich sonst noch sagen könnte.

Mit Bärenhunger kehren wir später ins Gasthaus zurück. Die fröhliche Runde sitzt noch beisammen: Wirtin Petra, ihre Schwiegermutter, gegenüber Bernd, der Hobbyjäger, und Käppi-Man, den ich jetzt mal so taufe, weil er dermaßen nuschelt, dass ich ihn einfach nicht verstehe. Die schmale Seite vom Tisch teilen sich Detlef aus dem Münsterland, der seit dreißig Jahren einmal im Jahr nach Schauberg kommt, und ein junger Mann, den sie Easy nennen. Er wohnt im benachbarten Heinersdorf und ist der Einzige aus dem Osten. Nach dem Essen setzen wir uns zu ihnen. Wir werden gewissermaßen genötigt – mit der freundlichen, aber auch bestimmten Aufforderung, gefälligst noch nicht zu verschwinden. Und mit einem großen Glas kühles, frisch gezapftes Bier.

Was die Truppe alles wissen will! Ob wir Vater und Sohn sind? Warum der Junge nicht zur Schule muss? Wo denn seine Mutter steckt? Wie wir darauf kommen, die alte Grenze abzuwandern?

Eigentlich nur gerecht. Sonst sind wir es, die Leute ausfragen. Ich erzähle also von meinem Traum, dann hecheln wir im Schnelldurchlauf durch unsere Vater-Sohn-Biografie, irgendwann landen wir in der Jetztzeit – und bei der nächsten Frage: Wieso wir so viel Zeit haben, diese Tour zu machen? Freiberufler, sage ich, und Robin erklärt, dass er Musiker werden will, sein Studium aber erst in einem halben Jahr beginnt.

Kaum erwähnt er, Gitarre zu spielen und eigene Songs zu schreiben, da verschwindet Petra nach nebenan und kramt eine alte Gitarre hervor. Die ist angestaubt, mit falschen Saiten bespannt und völlig verstimmt, Robin versucht es trotzdem. Die feinen Misstöne überhört die Runde, er wird begeistert gefeiert. Petra ist ganz aus dem Häuschen: »Ich krisch rischtig Gänsehaut!«

Nach Robins kleiner Darbietung meinen alle am Tisch, wir zwei Fremden müssten uns im Goldenen Buch verewigen. Das Goldene Buch ist wirklich golden, ungefähr zehn Zentimeter dick und eine Art Orts- und Gasthauschronik. Für Heimatforscher ein Schatz, der einfach so im Nebenzimmer liegt. Die ältesten Einträge von vor über vierzig Jahren.

Wir blättern uns durch Schaubergs Geschichte. Und da der Ort an der Grenze lag, ist es auch eine Geschichte der Grenze, von dieser Seite betrachtet. Im geteilten Deutschland wurde das Dorf regelmäßig, besonders um den 17. Juni herum, zum Wallfahrtsort für Politiker, vom Bundespräsidenten bis zum Ortsgruppenmitglied, Künstler und bekannte Sportler, die herkamen, um Freiheit für die Brüder und Schwestern in der »Zone« zu fordern. Selbst Karl Carstens und Franz Josef Strauß hinterließen persönliche Widmungen.

Ich finde nicht, dass wir da hineingehören. Es ist auch viel zu spät, um noch einen klaren Gedanken zu formulieren. Wir sind alle müde und ein bisschen beschwipst. Ich schlage vor, dass wir uns erst mal aufs Ohr hauen und morgen weitersehen. Petra hat auch keine Lust mehr, uns die Rechnung zu schreiben. Sie weiß jetzt zwar einiges über uns, kennt aber nur unsere Vornamen. Vertrauensvoll, wie wir aussehen, lässt sie uns trotzdem ziehen, meint, wir können morgen früh zahlen.

7. Mai 2008 – Haig

Heute bewundere ich uns mal ein bisschen. Wir sind beide anständig verkatert. Unsere Köpfe brummen, und in unseren Mägen finden kleine Revolutionen statt. Trotzdem sind wir wieder auf den Beinen.

Wir waren auch schon bei Petra, haben unsere Zeche beglichen und doch noch ein Sprüchlein ins Goldene Buch geschrieben. Sie hatte es extra bereitgelegt und meinte, sie lasse uns sonst nicht weg. Detlef, der mit seiner Frau in einem Wohnwagen vorm Gasthaus campiert, rückte gleich mit seiner Kamera an, damit sie auch ein Foto von uns reinkleben können. Und Petra hat es sofort gelesen und gesagt: »Toll, das hascht aber rischtig poppisch eingeschrieben.«

Als Belohnung, dass wir uns trotz Brummschädel früh aus dem Bett gequält haben, verzichten wir für die ersten Kilometer auf den Kolonnenweg. Wir laufen durch den Wiesengrund im Tettautal. Die Strecke verläuft nahezu parallel zur Grenze, ist aber der einfachere Weg, asphaltiert und eben.

Anscheinend haben wir die Sonne gepachtet und den blauen Himmel dazu. Wir sind gleich in T-Shirts losgelaufen, so warm ist es schon.

Schade nur, dass wir das nicht richtig genießen können. Unsere Knochen meinen, sie müssten uns den Tag gleich von Anfang an schwer machen. Ich dachte, meine Achillessehne hätte sich mit ihrem Schicksal abgefunden. Pustekuchen! Robins Körper zeigt sich in dieser Hinsicht kreativer. Bei ihm sind die Schmerzen zur Abwechslung in die Leistengegend gewandert. So gesehen, ergänzen wir uns prächtig: Wir hinken beide, er rechts, ich links, und legen ein Wandertempo hin, dass ideal ist, um jedes Blatt an den Bäumen einzeln zu betrachten.

Wir haben aber noch ein Problem: Unser Bargeld ist aufgebraucht. Und in den meisten Gasthäusern nehmen sie keine Scheck- oder Kreditkarten.

Hinter Schauberg überqueren wir die Tettau, sind jetzt wieder in Thüringen. Wir schleichen Kilometer um Kilometer dahin. Als wir vor Heinersdorf das Ortsschild sehen, hoffen wir, dass nicht das ganze Dorf aussieht wie das Gelände neben der Straße. Dort verfällt ein grauer Betonblock, die Scheiben sämtlicher Fenster eingeschlagen, die Rahmen zerstört, die doppelflügelige Eingangstür aus den Halterungen gezerrt. Nachdem wir die Grenzkaserne in Blankenstein gesehen haben, können wir uns zusammenreimen, wer hier früher Herr im Hause war.

Die größte Straße im Ort ist gesperrt. Baustelle. Wir entscheiden, dass das für uns nicht gilt. Ein Stück weiter ein Lebensmittelgeschäft. Schon seltsam, welchen Stellenwert die Dinge beim Wandern bekommen. Essen, trinken, schlafen – darüber mache ich mir sonst kaum Gedanken. Der Kühlschrank ist leer, also ab zum Supermarkt. So wie man schlafen geht, wenn man müde ist. Aber jetzt und hier? Wir stehen vor dem Geschäft und überlegen: Wie lange reicht das Wasser noch? Brauchen wir wieder Müsliriegel? Sollten wir Schokolade kaufen? Wird es im nächsten Ort ein Geschäft geben?

Auf jeden Fall sollten wir uns den Laden ansehen. Die Verkäuferin wird wissen, wo wir Geld ziehen können. Einrichtung und Ausstattung sind etwas für Liebhaber des Spartanischen: wenige Regale und in den Regalen wenig. Trotzdem müssen wir die Bananen erst suchen. Wir nehmen vier, zwei für jetzt, die anderen für morgen. Obwohl ich an der Waage zögere. In unserem Zustand wiegt jedes Gramm doppelt.

Der Preis auf dem Etikett fällt mir erst an der Kasse auf: eine Mark dreiundfünfzig. Kein Irrtum. Ich sage zur Kassiererin: »Mark habe ich leider nicht dabei. Wir können die Summe ja einfach halbieren.« Aber darauf lässt sie sich nicht ein.

Zu uns gesellen sich zwei ältere Frauen. Mit der Kassiererin sind wir zu fünft. Nachdem geklärt ist, dass wir in Heinersdorf lange nach einem Geldautomaten suchen können, eröffne ich ungewollt eine Diskussionsrunde, an der sich alle anwesenden Damen beteiligen. Dabei werfe ich nur die Frage in den Raum, wie wir zum Kolonnenweg kommen. Jede erklärt uns einen anderen Weg. Möglich, dass sie alle den gleichen meinen, wir sie nur nicht richtig verstehen. Wie ich es jedoch deute, weiß keine mit Sicherheit, ob die Lochplatten überhaupt noch da sind.

Am Ortsrand jedenfalls nicht. Dort finden wir nur ein Stück Mauer. Heinersdorf lag in der Sperrzone und war zwischen erstem und zweitem Grenzzaun eingeschnürt. Eine einzige Straße führte ins Dorf, eine Sackgasse. Und am Kontrollposten kam nur vorbei, wer einen gültigen Passierschein besaß. Zusätzlich wurde die Mauer errichtet, um den Fluchtweg, aber auch die Sicht in den Westen zu versperren. Nur wenige hundert Meter entfernt liegt das bayerische Dorf Welitsch.

Der Mauerrest ist Teil der Gedenkstätte *Ehemalige Grenze*, die Heinersdorfer und Welitscher gemeinsam eingerichtet haben. Der dunkelbraune Holzbau auf der anderen Straßenseite gehört auch dazu. Sieht aus wie eine Landbushaltestelle mit Schaufenster. Hinter der Glasscheibe hängt ein Transparent: »Vergesst uns im 500-Meter-Schutzstreifen nicht!« Darunter das Schild: »Achtung! Betreten und Befahren verboten!« In der Gedenkstätte ist eine Dokumentation zu sehen, die die DDR mit der Nazizeit vergleicht: »Zwei deutsche Diktaturen: Entstehung, Gemeinsamkeiten, Scheitern.«

Wir setzen uns auf die Holzbank neben dem Häuschen, verdrücken die D-Mark-Bananen.

»Ich würde die DDR niemals verteidigen«, sage ich zu Robin, »aber ich finde, manche machen es sich zu einfach. Dieser DDR-Drittes-Reich-Vergleich: Die DDR mag eine Diktatur gewesen sein. Sie mit dem Nationalsozialismus auf eine Stufe zu stellen, ich weiß nicht.«

Schwieriges Thema. Ich könnte sagen, ich bin in dieses System hineingewachsen, war für vieles einfach blind, wusste vieles nicht. Was ja irgendwie stimmt. Nur klingt das wie eine nachträgliche Rechtfertigung. Ich will mich aber nicht rechtfertigen. Ich suche eine Erklärung, auch für mich.

Ich versuche, es für Robin anschaulich zu machen, er soll mich verstehen. Ich erzähle, dass ich es in der Schule zum Beispiel überhaupt nicht schlimm fand, Pionier zu werden. Die Pionierorganisation war in der DDR eine große Sache, fast jeder Schüler machte da mit. Gleich in der ersten Klasse wurde ich, wie alle meine Mitschüler auch, Jungpionier und bekam einen Ausweis, in dem mein Passbild klebte. Darunter musste ich unterschreiben, wie ein Erwachsener. Mit der Unterschrift versprach ich, ein guter Jungpionier zu sein und nach den Geboten zu handeln. Zehn Gebote gab es, wie in der Bibel. Jungpioniere sollten die Deutsche Demokratische Republik, ihre Eltern und den Frieden lieben, Freundschaft mit den Kindern der Sowjetunion und allen Ländern halten, fleißig, ordentlich und diszipliniert lernen, alle arbeitenden Menschen achten, gute Freunde sein und einander helfen, gern singen, tanzen und spielen, Sport treiben, den Körper sauber und gesund halten und mit Stolz das blaue Halstuch tragen. Das fand ich alles in Ordnung. Und in der vierten Klasse freute ich mich darauf, das blaue endlich gegen ein rotes Halstuch zu tauschen, weil das bedeutete, dass ich kein kleiner Pionier mehr war, sondern ein großer, ein Thälmannpionier. Später gefielen mir weißes Hemd und Halstuch nicht mehr so gut. Die älteren Schüler waren in der FDJ, der Jugendorganisation, trugen blaue Hemden, ohne Halstuch, und ich wollte auch gern älter sein. Doch das FDJ-Hemd war eine Enttäuschung. Ich bekam eines aus Dederon, so nannte man bei uns Perlon. Es lud sich ständig elektrisch auf und klebte eklig auf der Haut.

Die FDJ wurde als Kampfreserve der Partei, der SED, gesehen. Das Ziel bestand darin, möglichst viele auf eine zukünftige Parteimitgliedschaft einzuschwören. Aber nach der Zeit am Gymnasium, das in der DDR Erweiterte Oberschule hieß, fühlte ich mich auch ohne FDJ und Partei erwachsen genug.

Mich hat die Zeit als Pionier und als FDJler nicht zu einem Parteikader gemacht. Auch später zwang mich niemand, Genosse zu werden. Ich wurde ein paarmal gefragt, weigerte mich aber, ohne dass ich deswegen schikaniert wurde. Ich leistete auch nur den Grundwehrdienst von achtzehn Monaten und bekam trotzdem einen Studienplatz, und zwar genau den, den ich wollte. Ohne Beziehungen und obwohl immer gesagt wurde, wer studieren will, muss dem Staat etwas zurückgeben, sich mindestens für drei Jahre Armee verpflichten. Ich durfte Journalistik studieren, ohne Mitglied irgendeiner Partei zu sein (es gab ja auch andere Parteien, die aber alle auf SED-Kurs mitschwammen), obwohl das gar nicht vorkommen sollte. Alle Medien waren parteigebunden, also sollten es auch alle Journalisten sein.

Auch mein älterer Bruder verwirklichte seinen Jugendtraum, fuhr mit der Handelsflotte zur See und kam in der ganzen Welt herum. Meine Schwester ließ sich in einem evangelischen Krankenhaus zur Krankenschwester ausbilden, und mein jüngerer Bruder wurde ein geschickter Handwerker.

Vielleicht hatte ich nur Glück. Ich will nichts schönreden. Was ich sagen will: Wir waren eine ganz normale Familie. Als die Wende kam, war ich fünfundzwanzig. Ich hatte das Abitur, die Armee hinter mir und gerade das Studium abgeschlossen. In meinem Leben war bis dahin nichts schiefgelaufen.

»Verstehst du, was ich sagen will?«, frage ich Robin.

»Ich glaube schon.«

Erzählt man heute, man habe in der DDR ein schönes Leben gehabt, klingt das verharmlosend. Wie kann das Leben schön gewesen sein, wenn man eingesperrt war und nicht sagen, schreiben und lesen durfte, was man wollte? Dass man das vielleicht nicht so empfand, kann sich niemand vorstellen, der es nicht erlebt hat. Zeitungen und Fernsehen berichteten, wie gut es uns ging, aber nicht, dass Leute eingesperrt wurden, die etwas gegen den Staat sagten oder versuchten, über die Grenze zu türmen. Wir lebten wie unter einer großen Glocke.

Das Verrückte ist, dass ich mir das selbst auch kaum noch vorstellen kann. Als wäre ein Teil meines Lebens gar nicht wahr gewesen.

Robin sieht immer noch ziemlich blass aus. Er würde noch Stunden zuhören, bloß damit er sitzen bleiben und die Füße hochlegen kann. Aber wir müssen weiter.

Wir laufen einen Kilometer, dann sehen wir eine Doppelspur Lochplatten, die einen Berg hinaufführt. An anderen Tagen hätte uns der Anstieg den Schweiß aus den Poren getrieben, heute stehen wir kurz vorm Kollaps, beide. Wir schnappen nach Luft wie zwei Ertrinkende. Kurze Pause. Ein Schluck Wasser. Weiter.

Auf dem Kamm sind wir uns einig: Es ist an der Zeit, uns die erste Abkürzung zu gönnen. Soll nicht zur Gewohnheit werden. Aber der Weg sieht auf der Karte auch zu verführerisch aus. Während der Grenzverlauf zahlreiche Kurven und Haken macht, führt er schnurgerade durch den Wald, bis kurz vor Neuhaus-Schierschnitz. Und das scheint ein größerer Ort zu sein, in dem wir bestimmt eine Bank finden. Also, hinein in den Wald. Da steht schon das erste Wanderschild: »Schloss Neuhaus«.

Leider ist es auch das letzte Schild, das wir sehen. Und der Weg verläuft doch nicht so gerade. Plötzlich gabelt er sich sogar. Der Himmelsrichtung nach müssten wir geradeaus. Es geht aber nur nach rechts oder links. »Links!«, entscheidet Robin. Zwei Kurven, dann bremst uns Gestrüpp, dahinter liegen umgestürzte Birken. Noch weiter dahinter fragen wir uns, ob die Birken vielleicht gefällt wurden, um Wanderern zu signalisieren: Hier ist Schluss!

Etwas Wegartiges gibt es jedenfalls nicht mehr. Wir sollten umkehren, aber das mit dem Umkehren ist beim Wandern so eine Sache. Wenn man ohnehin schon leicht verzweifelt ist, und das bin ich gerade, zieht einen das noch mehr runter. Auch Robin denkt nicht daran. Doch im Gegensatz zu mir strahlt er Gelassenheit aus. Ihm gefällt die knifflige Aufgabe, uns aus diesem Dickicht wieder herauszubringen.

Er ist es auch, der nach einer Weile unter einer Fichte einen alten verwitterten Grenzstein entdeckt, zwischen Gras, Steinen, wildem Klee und vermodernden Ästen. Das Wappen: ein quer gestreiftes Eichenblatt. Darunter ist die Jahreszahl »1612« eingraviert. An der Seite steht »156«, anscheinend wurden die Steine durchnummeriert. Brauchen wir also nur den nächsten zu finden, den übernächsten und so weiter.

Irgendwie schaffen wir es, an Neuhaus-Schierschnitz vorbeizulaufen. Als wir endlich aus dem Wald herausfinden und einen richtigen Weg erspähen, liegt auch Stockheim bereits hinter uns. Wir verdrängen, dass wir nur noch ein paar Euro in der Tasche haben, laufen weiter.

Dann kommt eine Wiese, und wir werden gleich wieder leichtsinnig. Vielmehr ich werde es, denn ich will unbedingt über diese Wiese, wohin sie auch führt, und Robin muss mit. Er hält mich wahrscheinlich für total bescheuert, aber ich kann mich gerade sehr gut verstehen. Welch ein Anblick! Ein Meer aus Löwenzahnblüten, bis zum Horizont, und darüber hellblauer Himmel mit ein paar draufgetupften Schönwetterwolken. So eine Wiese habe ich mir die ganze Zeit gewünscht.

Gras und Löwenzahn reichen fast bis zu den Knien. Ich genieße jeden Schritt, vergesse die Schmerzen, spüre das Gewicht meines Rucksacks nicht mehr. Ich lasse los, bin eins mit der Natur. Klingt furchtbar kitschig, aber genau so empfinde, so erlebe ich es.

Als ich wieder zu mir komme, ist komischerweise auch der Kolonnenweg wieder da. Er führt über mehrere Hügel und endet kurz vor Burggrub, einem Dorf in Bayern. Am Ortsschild halten wir. »Fällt dir etwas auf?«, frage ich Robin. Er schüttelt den Kopf. »Lies mal Burggrub von hinten«, sage ich. Das Wort ist ein Palindrom. Man kann die Buchstaben von vorn oder von hinten lesen, sie ergeben stets das Gleiche.

Ansonsten hat Burggrub eine alte evangelische Kirche mit gotischem Flügelaltar zu bieten, und das im katholischen Bayern, einen Dorfplatz mit Brunnen und ein schönes Gasthaus mit angeschlossener Metzgerei, aber keine Pension.

Ein Stück weiter, in Haig, bekommen wir das letzte Zimmer in einem Landgasthof, das auch nur frei ist, weil Gäste abgesagt haben. Ein kleiner Tanzsaal unterm Dach, blitzsauber, zwei Duschen und eine Sauna, die zurzeit nicht in Betrieb ist. Inklusive Frühstück soll dieser Luxus fünfzig Euro kosten, ein Schnäppchen, das uns daran erinnert, dass wir noch etwas vorhaben.

Ich frage die Gasthofchefin gleich, ob sie uns Fahrräder leihen könnte, wir wollten Neuhaus-Schierschnitz besichtigen, müssten aber unsere Beine schonen. Ich kann ihr ja schlecht erzählen, dass sie das Zimmer gerade zwei Typen gegeben hat, die keinen Cent mehr im Portemonnaie haben.

Wie schnell man mit dem Rad doch fünf Kilometer zurücklegt! Wir treten kräftig in die Pedalen und brauchen keine fünfzehn Minuten. Allerdings geht es die meiste Zeit auch bergab. Der Fahrtwind ist herrlich erfrischend. Wir haben den wärmsten Tag, seit wir unterwegs sind. Fünfundzwanzig Grad.

Am Ortseingang von Neuhaus-Schierschnitz wundern wir uns über eine Werbefläche: »Selbsthilfewerkstatt – Oldtimervermietung«. Die weinrote Plane ist mit Stricken an einem hellblauen Auto festgebunden, das aussieht, als stünde es seit fünfzig Jahren an diesem Platz. Daneben ein grauer Trabi und dahinter ein andersgrauer Wartburg, alles Kombis, die zum Verkauf angeboten werden. Wir kombinieren: Man soll diese Schrottkisten also kaufen, damit zur Werkstatt fahren, um sich dort dann selbst zu helfen?

Jetzt werde ich uns erst einmal selbst helfen – am Bankautomaten auf der anderen Straßenseite.

Neuhaus-Schierschnitz besitzt streng genommen drei Sehenswürdigkeiten. Da wir einmal hier sind, klappern wir sie der Reihe nach ab. Zuerst die Dreifaltigkeitskirche, ein Renaissancebau aus dem Jahr 1593. Dann über den Schlossbergring auf den Burgberg zum Schloss Neuhaus. Etwas verwirrend. Burgberg heißt der Berg, weil auf dem Gelände auch eine Burg steht, viel älter als das Schloss. Und das Schloss ist auch kein richtiges Schloss. 1580 als Amtsgebäude für die Ortsverwaltung errichtet, wurde es etliche Male umfunktioniert, war Forsthaus und Polizeistation, bis es vor gut hundert Jahren ein adliger Bankier aus dem thürin-

Der Blick täuscht: eine Ruine

gischen Sonneberg kaufte und zu einer Art Neorenaissance-schloss veredeln ließ. Nach mehrmaligem Besitzerwechsel zog der Deutschnationale Handlungsgehilfenverband ein, eine Angestelltengewerkschaft, deren Mitglieder zumeist völkisch-antisemitisch dachten und sich während der Nazizeit zur NSDAP hingezogen fühlten. In der DDR dann wurde der Bau ein Sanatorium für lungenkranke Kinder, später ein Kindergarten. Jetzt nutzt ihn das Deutsche Rote Kreuz als Mutter-Kind-Kurheim. Mehr Geschichte geht kaum.

An der Einfahrt ein Schild, das uns den Zutritt nicht gestattet. Also steigen wir auf die Räder und fahren bis zum Schloss. Die Burg steht nebenan, versteckt hinter alten Laub- und Nadelbäumen. Ein Pfad führt uns hin. Das nächste Schild: »Betreten des Grundstücks verboten!« Wie das Schloss ist auch die Burg eine Miniaturausgabe von dem, was man sich für gewöhnlich darunter vorstellt: ein Bürgchen mit Türmchen und Balkönchen und Treppchen, wie ein verwunschenes Märchenschlösschen. Nur kaputter – ein Ruinchen.

Gegenüber, im Garten eines Mehrfamilienhauses, genießen zwei ältere Ehepaare die späte Nachmittagssonne. Wir fragen, was es mit der Burg auf sich hat. Wie auf Kommando schütteln alle vier mit dem Kopf. Nur einer findet Worte: »Ein Jammer! Niemand kümmert sich darum. Gehört alles dem DRK. Das Schloss wurde saniert, aber die schöne Burg sich selbst überlassen. Angeblich will die Gemeinde sie zurückkaufen, um sie zu erhalten. Aber wer soll das bezahlen? Eines Tages werden wir hier sitzen, es krachen hören, und dann wird nur noch ein großer Schutthaufen da liegen.«

An der nächsten Ecke zweigt eine Straße ab. Häuser und Gärten sind picobello gepflegt. Auf dem Straßenschild steht »Straße zur Neuen Welt«. Wir radeln in die alte zurück. Für heute wollen wir uns nur noch ausruhen.

8. Mai 2008 – Effelder

Wieder herrliches Wetter! Noch vor acht Uhr machen wir uns auf den Weg, gut erholt, ohne Schmerzen, unser Schonprogramm scheint gewirkt zu haben. Die ersten drei Kilometer bis Bächlein legen wir auf der Straße zurück. Es sind kaum Autos unterwegs. Ich staune jedes Mal, dass es solch leere Straßen in Deutschland gibt.

Wir ziehen gleich mit einer Geschwindigkeit von sechs Stundenkilometern los. Das kann ich so genau sagen, weil wir einen Schrittzähler dabeihaben.

Zur Abwechslung ist heute mal Kiefernwald dran, hatten wir noch gar nicht. Kiefern riechen anders, aromatischer, intensiver nach Harz. Die Strecke ist nur leicht hügelig, der Kolonnenweg lässt sich bequem laufen. Ehe wir uns versehen, sind wir aus dem Waldstück wieder heraus. Links von uns Wiesen, weiter hinten ein Streifen Raps. Sein Gelb leuchtet in der Sonne, als hätte jemand mit einem Neonstift einen Strich durch die Landschaft gezogen. Noch immer keine Wolke am Himmel.

Vor uns unterbricht eine asphaltierte Straße den Weg. Zwei Radler kommen uns entgegen, ein Ehepaar aus Neuhaus-Schierschnitz. Wir plaudern ein bisschen mit den beiden. Bevor wir weitergehen, warnen sie uns: Auf keinen Fall sollten wir den Kolonnenweg verlassen! An manchen Stellen könnten noch Tretminen vergraben liegen.

Ungefähr zwei Kilometer weiter tatsächlich ein Schild am Wegrand: »Achtung! Erhöhtes Restrisiko von Minen. Betreten und Befahren auf eigene Gefahr!«

Ich hatte mich vor unserer Wanderung informiert, wie groß die Gefahr ist, auf Minen zu stoßen. Theoretisch dürften seit Mitte der Achtzigerjahre keine mehr im Boden liegen. Damals hatte Erich Honecker der Bundesrepublik garantiert, die Selbstschussanlagen und Minenfelder an der Grenze abzubauen, um von bundesdeutschen Banken einen Milliardenkredit zu bekommen, den die marode DDR-Wirtschaft dringend benötigte. Doch als nach dem Fall der Mauer der Grenzstreifen nach Minen abgesucht wurde, kamen noch eine Menge zum Vorschein. Und bis heute sollen von über einer Million, die einst verbuddelt wurden, noch etwa zwanzigtausend verschwunden sein.

Das Radlerpärchen hatte auch gesagt, dass wir nach einer Weile an zwei Gedenksteinen vorbeikämen, die an ein geschleiftes Dorf erinnern. Die Granitblöcke sind auch nicht zu übersehen. An einem ist eine Marmorplatte angebracht: »Hier stand das Dorf Liebau …« Gäbe es Liebau noch, es wäre heute fast siebenhundert Jahre alt.

Der Untergang Liebaus wurde im Mai 1952 besiegelt, zog sich allerdings in aberwitzigen Etappen über dreiundzwanzig Jahre hin. Damals erließ der Ministerrat der DDR die »Verordnung über Maßnahmen an der Demarkationslinie«. Entlang der Grenze wurden ein zehn Meter breiter Kontrollstreifen, ein Fünfhundert-Meter-Schutzstreifen und eine Fünf-Kilometer-Sperrzone angelegt. Liebau lag mit seinen zwölf Gehöften im Schutzstreifen, die Grenzlinie schlängelte sich um das Dorf herum. Nur ein Ausgang blieb, nach Norden hin. In westlicher, östlicher und südlicher Richtung lag Bayern.

Als das Gerücht aufkam, sie sollten zwangsumgesiedelt werden, packten die Dörfler alles zusammen, was sie transportieren konnten, nahmen auch Maschinen und Vieh mit und setzten sich nach Bayern ab. Sogar der Bürgermeister türmte. Von einundsiebzig Einwohnern blieben nur fünf. Ein Bauer soll in seiner Verzweiflung Selbstmord begangen haben, ein anderer in der Nervenheilanstalt gelandet sein.

Danach sollten auf einmal doch wieder Menschen so dicht an der Grenze wohnen. Neue Familien zogen in das Geisterdorf. Von denen flohen allerdings fünf Jahre später auch einige in den Westen, andere wurden vorsorglich ins Hinterland zurückgeschickt. Dafür wurden wieder Neu-Liebauer angesiedelt. Die werden die Welt nicht mehr verstanden haben, als Anfang der Siebzigerjahre Bauarbeiter mit Bagger und Lastwagen anrückten. Aber nicht, um Bauernhöfe abzureißen, sie setzten einen Kulturpalast mitten ins Dorf, mit einem Saal für hundertsechzig Zuschauer, obwohl nur halb so viele hier lebten. Dazu kamen ein Kinoraum, eine Gaststube und ein *Konsum*-Lebensmittelladen. Gleichzeitig spendierte der Staat eine halbe Million Ostmark, um aus Liebau ein Vorzeigedorf zu machen. Wasser-, Abwasser- und Stromleitungen wurden erneuert, Plumpsklos durch moderne Sanitäranlagen ersetzt. Selbst die Ferkel der LPG kriegten Heizungen in ihre Buchten, damit sie schneller wuchsen.

Was dann geschah, ist noch weniger nachzuvollziehen. Im Frühsommer 1975, keine drei Jahre nach den kostspieligen Investitionen, mussten alle Einwohner ihre Häuser räumen. Panzer der NVA rollten ins Dorf, ebneten es ein, Liebau verschwand für immer von der Landkarte.

Wir laufen auf dem Kolonnenweg weiter. Die Strecke verwandelt sich zusehends in unwegsames Gelände. Was für uns nach wild wucherndem Gestrüpp aussieht, nennt sich Renaturierung, und die ist beabsichtigt. Seit der Wiedervereinigung sind Umweltschützer unter Führung des Bundes für Umwelt und Naturschutz dabei, entlang der einstigen Grenze einen durchgehenden Grüngürtel, das sogenannte *Grüne Band*, zu erhalten beziehungsweise dort wieder zu schaffen, wo Tier- und Pflanzenwelt unter dem Grenzverlauf gelitten haben. Viel Geld wird investiert, unter anderem, um Flächen, die sich inzwischen in Privatbesitz befinden, aufzukaufen. Auf den Flurstücken leben seltene, teilweise vom Aussterben bedrohte Tiere. Braun- und Blaukehlchen, Dorngrasmücke und Grasfrosch, Feldlerche, Schwarzstorch und Wendehals. Und es gedeihen Pflanzen, die es anderswo kaum noch gibt. Die geschützten Flächen berühren neun Bundesländer, und wie es aussieht, verfolgen die Naturschützer der verschiedenen Regionen ihre Ziele auf unterschiedliche Weise. Wir haben den Kolonnenweg als gepflegte Wanderstrecke erlebt. Doch diese Gegend hier, einst von Feuchtwiesen, Mooren und Sümpfen geprägt und nach der Entwässerung vor allem landwirtschaftlich ausgebeutet, soll allem Anschein nach in von Menschen unberührtes Brachland rückverwandelt werden.

Der Ort Mupperg beginnt hinter einem Rapsfeld, das prächtig blüht. Das erste Haus duckt sich neben der Straße, als schäme es sich. Wer genauer hinsieht, ahnt, wofür vielleicht. Ziegel liegen schief auf dem Dach, die Regenrinne hängt verbogen unter der letzten Reihe. Risse durchziehen die Wände, an einigen Stellen bröckelt Putz. Auf dem Briefkasten pappt ein Aufkleber mit dem trotzigen Slogan: »Freies Wort – Ich bleib' dabei.«

Wir lesen beide das Gleiche, assoziieren damit aber Unterschiedliches. Robin glaubt, dass gemeint ist, was da steht: Man sagt, was man denkt, und ist frei in dem, was man sagt. Er weiß nicht, dass mit *Freies Wort* eine Zeitung gemeint ist, die zu DDR-Zeiten als *Organ der Bezirksleitung Suhl der Sozialistischen Einheitspartei Deutschlands* so tituliert war. Ich erkläre ihm, dass solche SED-Verlautbarungspostillen flächendeckend in jedem Bezirk erschienen. Jetzt weiß er nicht, was er unter einem Bezirk verstehen soll, und ich erkläre ihm auch das. Der Aufkleber bekommt für ihn eine andere Bedeutung.

In der DDR eine Zeitung *Freies Wort* zu nennen war schon – sagen wir – realitätsfern. Aber die meisten Tageszeitungen trugen Titel, die ihren Inhalt verkleisterten und heute wie Hohn klingen, nicht nur die der SED: *Volkszeitung* und *Volksstimme*, *Freie Erde* und *Freie Presse*, *Volkswacht* und *Freiheit*.

Das trostlose Gebäude ist eine Gärtnerei. Mupperg hat aber auch Schönes zu bieten. Herrlich blühende Obstbäume, dichte Hecken, ein Haus mit eigentümlichem Fachwerk, in dem der Kindergarten untergebracht ist, ein ehemaliges Schloss und die Heilig-Geist-Kirche.

Ihre schiefergedeckte Turmspitze sehen wir noch, als wir Mupperg längst verlassen haben, das Flüsschen Steinach überqueren und dahinter wieder keinen anständigen Weg finden. Wir müssen auf eine Straße ausweichen, die eine Rennstrecke für Lastwagen zu sein scheint. Ich frage mich, ob wir unsichtbar geworden sind, so dicht, wie die an uns vorbeidonnern.

Bis eben war alles okay, jetzt schlägt die Stimmung um. Robin ist genervt. Ich bin es auch. Als der Wald neben uns sich lichtet, setzen wir uns etwas abseits der Straße auf gefällte Baumstämme, um die zwei übrig gebliebenen D-Mark-Bananen zu futtern. Schmecken aromatischer als gestern. »Rucksackgereift«, bemerkt Robin lakonisch.

Schon die ganze Zeit sehen wir den Muppberg vor uns, einen fünfhundertsechzehn Meter hohen Zeugenberg, der wie ein riesiger schlafender Dinosaurier auf einer sanften Hügelebene liegt. Wir laufen halb um ihn herum und kommen nach Ebersdorf. Auf einer Wiese, keine hundert Meter von den ersten Wohnhäusern entfernt, stecken wieder Holzpflöcke mit Minen-Warnschildern im Boden.

Eine Stunde später sind wir froh, aus einem waldigen Sumpfgebiet herauszukommen, in dem Mücken und Fliegen uns um-

Todesgefahr neben dem Dorf

schwirrten wie Geier das Aas. Eine Straße. Links geht es nach Neustadt bei Coburg, rechts das Ortsschild von Hönbach, einem Stadtteil von Sonneberg: »Willkommen in der Spielzeugstadt!«

Gleich dahinter wird diese Einladung von einem klotzigen Einkaufszentrum revidiert: schmucklose Hallen in Gelb, Grün, Blau und Lila, denen man ansieht, dass sie möglichst wenig kosten und schnellstmöglich aufgebaut sein sollten. Architektursünden, die mich an die ersten Monate der Wendezeit erinnern, als Supermarktketten auf jede freie Fläche, die in der untergehenden DDR zu haben war, Behelfsfilialen setzten, um wie Hunde ihre Reviere zu markieren.

Der Anblick löst bei Robin und mir den gleichen Reflex aus: Wir drehen uns weg, gehen nach Wildenheid. Hinter der Kirche, an einem Fischaufzuchtteich, finden wir ein lauschiges Plätzchen, um vor dem letzten Abschnitt noch einmal durchzuatmen.

Ein Dutzend aufgeregter Frösche im Teich begrüßt uns. Sie recken die Köpfe zwischen Seerosenblättern aus dem Wasser, plustern ihre Schallblasen auf und quaken los. Dann, mit einem Mal, tauchen alle ab, und es wird ganz still.

Vom Fischteich sind es wenige Schritte bis zur Grenze. Wir klettern einen kleinen Hang hinauf und stehen wieder auf thüringischem Boden. Als wir am Waldrand den Plattenweg entdecken, weiß ich nicht, ob ich mich freuen soll. Denn hinter der ersten Kurve erwartet uns ein gewaltiger Anstieg. Es geht hoch, dann höher und oben noch höher.

Während ich völlig außer Puste gerate, merke ich, dass wir den Aufstieg sehr unterschiedlich erleben. Robin scheint gerade die richtige Betriebstemperatur zu erreichen. Als wäre sein Rucksack mit Schaumstoff gefüllt, zieht er überlegen lächelnd an mir vorbei. Ich keuche hinterher.

Am höchsten Punkt, dem Generalsblick, haben wir es immer noch nicht geschafft. Die Aussicht ist toll – Neustadt, Sonneberg, der Muppberg, die umliegenden Dörfer. Nur können wir uns nicht so recht daran erfreuen, da sich augenblicklich hungrige Mücken auf uns stürzen. Wenn stimmt, dass Mückenmädels nach der Befruchtung besonders verrückt nach Blut sind, weil sie Protein brauchen, um Eier zu bilden, muss hier oben ganz schön was los sein. Um die Vermehrung der Biester nicht auch noch zu unterstützen, ziehen wir schleunigst weiter.

Dann sind wir in Rückerswind. Gleich neunzehn Uhr, höchste Zeit, ein Quartier zu suchen. Ein Blick auf den Schrittzähler: Verdammt! Schon wieder die Vierzig-Kilometer-Marke überschritten. Dass wir es immer übertreiben müssen!

In Rückerswind wurden die Bürgersteige schon hochgeklappt. Wenigstens hat die Dorfgaststätte geöffnet. Aber der Wirt und seine zwei Gäste geben sich maulfaul. Immerhin rücken sie das Kneipentelefonbuch heraus. In einer Pension im Nachbardorf ist auch ein Zimmer frei. Die Dame am Telefon hat nur keine Lust, es für zwei Wanderer herzurichten, die bloß eine Nacht bleiben. Zumindest kann ich ihr Herz erweichen, uns eine andere Pension zu vermitteln in Effelder.

Auf dem Ortsausgangsschild steht, dass wir noch drei Kilometer laufen müssen. Das ist ärgerlich, besonders da wir praktisch zurücklaufen. Jeder Schritt ein Stich in die Seele.

Die Schmerzen in den Beinen kehren zurück. Und heute sind auch unsere Füße wundgescheuert. Die ersten Blasen! Wir sind stehend k. o. Unsere Laune sackt in den Keller. Wir verwünschen jedes Auto, das an uns vorbeirauscht. Keines hält an, um uns mitzunehmen. Gottverfluchte Gegend!

Die Sonne ist fast untergegangen, als wir Effelder endlich erreichen. Um uns für die letzten Meter aufzumuntern, jubele ich: »Hey, wir haben es gleich geschafft!«

Woraufhin Robin nach rechts zeigt, zu Gräbern auf einer kleinen Anhöhe: »Mmh, da ist schon der Friedhof.«

9. Mai 2008 – Heldritt

Beim Frühstück sind wir die einzigen Gäste. »Kommt nur selten jemand«, sagt Wilhelm Krannich. Die Stimme des Pensionswirts klingt so traurig wie gestern Abend, als er uns hereinließ. Vor fünf Jahren sei das anders gewesen. Damals haben er und seine Schwester hier noch eine Gaststätte geführt. Ach, die Schwester, schluckt er schwer, sie war die geborene Gastwirtin, mit Leib und Seele. An der Wand hängt ein Foto von ihr und daneben der Spruch: »Beurteile nie einen Menschen nach seiner Fröhlichkeit. Ich habe oft gelacht, um nicht weinen zu müssen.« Den mochte sie.

»Sie ist gestorben?«, frage ich.

»Überfahren«, sagt der Wirt mit leiser Stimme, »auf der Straße vorm Haus.«

»Wie ist das passiert?«

»Es war Kirchweih. Wir standen am Fenster und schauten uns den Umzug an. Auf einmal sah sie auf der anderen Straßenseite einen Verwandten, der an dem Tag Geburtstag hatte. Sie wollte nur kurz rüber, ihm gratulieren. Rannte einfach los. Da kam das Auto.«

Seitdem wohnt Wilhelm Krannich allein in dem großen Haus an der Bundesstraße. Die Schwester war seine Familie. Verheiratet war er nie. »Hat sich eben nicht ergeben.« Die Gastwirtschaft musste er nach ihrem Tod schließen. Jetzt bietet er nur noch Fremdenzimmer an.

Für heute haben sich keine neuen Gäste angemeldet. Und da Wilhelm Krannich erst gegen Mittag zum Arzt muss, schlägt er vor, uns nach Roth zu fahren. So würden wir die Kilometer, die wir gestern zurücklaufen mussten, wiedergutmachen.

Roth, das in der DDR eingeschlossen im Sperrgebiet lag, ist heute ein kleines Dorf mit gepflegten Einfamilienhäusern und Bauerngehöften, in dem achtzig Menschen leben. Aber der Pensionswirt will uns nicht das schmucke Dorf zeigen, sondern eine gigantische Baustelle.

Für uns ist deren Anblick ein Schock. Kraterlandschaft. Eine fünfzig Meter breite Schneise, vielleicht auch hundert, wie eine riesige Wunde, ein Riss durch die Natur. Rechts Wald, links Wald und dazwischen nichts als Erde und Sand und Staub.

Die längste Baustelle der Republik. Bis zum Jahr 2017 soll eine ICE-Trasse von Erfurt nach Ebensfeld entstehen, die Lücke auf dem Bahnweg von Berlin nach Nürnberg schließen. Das »Verkehrsprojekt Deutsche Einheit Schiene Nr. 8«, 1991 von der Bundesregierung beschlossen. Fünf Jahre später begannen die Bauarbeiten, die 1999 dann von der neuen, nun rot-grünen Bundesregierung gestoppt wurden. Seit 2002 wird doch wieder gebaut. Sollte die Strecke jemals fertig werden, wird sie hundertsieben Kilometer lang sein, dreiundsiebzig Kilometer in Thüringen, vierunddreißig in Bayern.

Im Minutentakt donnern Lastwagen an uns vorüber und ziehen dichte Staubwolken hinter sich her. Wir laufen ein Stück über den mit Schotter befestigten Boden, bis wir am Rand Lochplatten aufgestapelt liegen sehen. Die letzten Spuren der ehemaligen Grenze, die quer zur Bahntrasse verlief. Zum ersten Mal sehen wir, wie dick der Beton der Platten ist: ungefähr zwanzig Zentimeter. Ab hier gehen wir alleine weiter.

Fängt ja prima an! Wir kommen genau bis zur nächsten Straße. Weichen nach Norden aus, weil dort Häuser stehen. Vor dem ersten Grundstück fegt ein Mann den Gehsteig. Er weiß, wo

An der ICE-Trasse: Platten des Kolonnenwegs

der Kolonnenweg verlief. »Unmöglich«, sagt er, »da kommt ihr niemals durch! Alles zugewachsen. Außerdem fließt da die Itz, und eine Brücke gibt es nicht.«

Die Itz ist ein achtzig Kilometer langer Fluss. In Almerswind, wo wir uns mit dem Mann unterhalten, wird die Itz von der Grümpen gespeist. Die zählte einst zu den goldreichsten Flüssen Deutschlands. Noch heute sollen im Wasser winzige Goldanteile zu finden sein. In Theuern, acht Kilometer von hier, steht ein Goldmuseum. Man kann sich für Schürftouren anmelden. Klingt verlockend, aber das würde uns einen Tag kosten.

Ohne die Itz würde es den Froschgrundsee, zu dem wir laufen, um nach Weißenbrunn vorm Wald zu gelangen, in seiner jetzigen Größe nicht geben. Der See ist ein Wasserrückhaltebecken, gebaut, um die Stadt Coburg vor Hochwasser zu schützen. Er liegt in einem schönen Tal, das durch die ICE-Trasse regierungsgenehmigt verschandelt wird. Am Nordufer, dort kommen wir an, wird eine achthundert Meter lange Brücke gebaut. Auf beiden Uferseiten ragen Betonmasten siebzig Meter in den Himmel. Stahlseile halten die ersten Teile des Betonbogens, der einmal den See überspannen wird.

Bis Emstadt bleiben wir auf der Straße. Hinter dem Dreißigeinwohnerdorf liegen die Lochplatten noch. Als Kolonnenwegexperten, die wir inzwischen sind, erkennen wir sofort: Hier werden sie noch genutzt. Und als sollte unsere Vermutung umgehend bestätigt werden, blockieren ein Stück weiter zwei Traktoren den Weg. Im Schatten entasten zwei Männer Holzstämme, die auf dem Boden liegen. Beide tragen Latzarbeitshosen und kurze Hemden. Sie schwitzen. Dem Jüngeren gehört das Waldstück. Eine Erbschaft von den Schwiegereltern.

Wilder Wald. »Durfte ja niemand hierher«, erklärt er. »Die Grenzer hielten die Fläche immer schön frei – als Sicht- und Schussfeld.« Was heute hier wächst, siedelte sich in den letzten neunzehn Jahren durch Flugsamen an, vor allem Kiefern und Birken. »Damit ist nicht viel anzufangen«, sagt der Ältere. »Brennholz.« Er zeigt auf den dicksten der Baumstämme am Boden. Wir sehen Millionen winziger Löcher. Das Werk von Borkenkäfern, die ganze Wälder vernichten können.

Wir passieren Truckendorf, laufen nach Görsdorf weiter und kommen an einer Stelle vorbei, auf der früher eine Mühle stand, deren Besitzer in den Sechzigerjahren auch zwangsumgesiedelt wurden. Und auf einmal frage ich mich wieder, was eigentlich meine, was Robins Heimat ist. In letzter Zeit grübele ich öfter darüber nach, finde aber nie eine Antwort. Kann man ohne Heimat leben? Glücklich sein? Ist Heimat heutzutage, in Zeiten der Globalisierung, nicht sowieso ein altmodischer Begriff, längst überlebt? Und würde ich das womöglich anders sehen, hätte ich Wittenberg nie verlassen, oder wäre ich zumindest in Ostdeutschland geblieben?

Robin unterbricht meine Gedanken. Er fragt, woran ich denke. Ihm ist der Begriff Heimat zu abstrakt, damit kann er nichts anfangen. Er sagt: »Dort, wo du bist, ist mein Zuhause.«

Manchmal sind die einfachen Wahrheiten die schönsten.

Und es stimmt ja: Heimat sind eher Menschen, nicht Orte.

Aber bleibt das ein Leben lang so? Werde ich noch seine Heimat sein, wenn es einen anderen Menschen gibt, der ihm nähersteht? Wird es Menschen geben, die ihm näherstehen? Eine Frau, seine Frau, seine Kinder?

Hinter den letzten Grundstücken Görsdorfs geht es einen Hang hinauf. Hier endete früher die Straße. Oben auf dem Damm stand der Grenzzaun. Davor, westwärts, wurde auch hier eine Mauer errichtet, 1981 noch. Angeblich als Sichtblende, dabei konnten die Einwohner vorher höchstens einen Fetzen westdeutscher Straße sehen, ansonsten nur Wald.

Wir kommen etwa fünfzig Schritte voran, dann stehen wir vor einer Herde Merinoschafe, die zwischen Besenginsterbüschen abwechseln blöken und nach Fressbarem suchen. Ihr Schäfer ist damit beschäftigt, die Koppel zu vergrößern, rammt Plastikstäbe in den Boden, die mit einem Netz verbunden sind, und flucht dabei: »Eine Plage, diese Ginsterbüsche! Aber roden darf ich sie nicht. Naturschutzgebiet!«

Der Mittfünfziger ist kein Görsdorfer. Er lebt in dem Ort hinterm Wald, im Westen, und erzählt, dass die Mauer dreihundert Meter lang war und es auch einen Wachturm gab. Früher beobachtete er manchmal, wie die Grenzer mit Ferngläsern in den Westen guckten. »Aber dass gleich hinter der Mauer ein Dorf ist, erfuhr ich erst, als sie abgerissen wurde. Verrückt, nicht?«

Die Dörfer an der Grenze sind ungleichmäßig verteilt. Erst streifen wir alle zwei Kilometer eine Ortschaft, jetzt liegt eine lange Strecke ohne vor uns. Auch gut, kommen wir schneller voran. Das Nächste, was uns aufhält, ist eine Autobahn, die A 73, auch ein »Verkehrsprojekt Deutsche Einheit«. An unser Wanderprojekt Deutsche Einheit hat dabei natürlich niemand gedacht. Der Kolonnenweg ist weg.

Wir klettern und hangeln uns ein bisschen durchs Gelände, geraten auf einen Autobahnzubringer, springen am Ende von einer zwei Meter hohen Mauer, landen auf einer kleinen Straße und haben das Problem gelöst. Ich schwitze aus allen Poren. Was bringe ich meinem Sohn bloß bei?

Hinter der Autobahn geht es sofort einen Berg hinauf. Auf dem Gipfel ein vier Meter hohes Wander- und Gedächtniskreuz. Und ein schöner Platz zum Innehalten. Die Luft ist klar, wir können kilometerweit über Wiesen und Felder und Wälder sehen. Scheinbar endlose Hügellandschaft.

Die Sonne brennt. Wir kommen in einen Wald, trotzdem kein Schatten, die alte Grenzschneise ist zu breit. Dort, wo der Wald endet, stehen Kreuze auf einer Wiese, drei hölzerne, das vierte aus Stahlrohren. Im Gras liegen welke Blumensträuße und ein verdorrter Kranz. Zwischen den Kreuzen steht, an einem Pfahl befestigt, eine Holztafel. Hinter der Glasscheibe der Text:

»Am 19. Dezember 1970 erschoss hier der fahnenflüchtige
NVA-Soldat Werner Weinhold die beiden Grenzsoldaten
Gefreiter Klaus-Peter Seidel, geb. 22.10.54
Soldat Jürgen Lange, geb. 08.12.55
bevor er über das zum Tatzeitpunkt hartgefrorene Minenfeld
in die Bundesrepublik flüchtete …«

Darunter zwei Zeilen der DDR-Nationalhymne: »Glück und Frieden sei beschieden Deutschland, unserm Vaterland! … Lasst das Licht des Friedens scheinen, dass nie eine Mutter mehr ihren Sohn beweint!« Ein Text übrigens, der seit den Siebzigerjahren nicht mehr gesungen werden durfte. Zu häufig kommt das Wort »Deutschland« darin vor. Und gleich in der ersten Strophe heißt es: »Deutschland, einig Vaterland.«

Die Jahreszahl ist falsch. Auf zweien der Holzkreuze steht die richtige: »19.12.1975«. Ich erinnere mich, dass die Lehrer in der Schule mit uns darüber sprachen. Und 1970 ging ich noch nicht zur Schule. Normalerweise wurde der Öffentlichkeit verschwiegen, wenn jemand über die Grenze getürmt war. Grenzzwischenfälle jeglicher Art galten als Staatsgeheimnis und waren in den Medien tabu. Überhaupt wurden schwere Kriminalfälle verschwiegen. Mord und Totschlag kamen in der DDR offiziell nicht vor. In diesem Fall jedoch berichteten *Neues Deutschland*, das

Zentralorgan der SED, und *Aktuelle Kamera*, die Hauptnachrichtensendung des DDR-Fernsehens, groß darüber. Und die Generalstaatsanwaltschaft brachte Steckbriefe in Umlauf, auf denen sie für Hinweise zur Ergreifung des Täters einhunderttausend Mark Belohnung auslobte.

Weinhold, der Flüchtige, der Killer, diente in einem Panzerregiment der NVA. Er war wegen Autodiebstahls mehrfach vorbestraft, aber davon wussten die Vorgesetzten angeblich nichts. Als seine Frau sich von ihm trennte, soll in ihm der Entschluss gereift sein, die DDR zu verlassen. Im Dezember 1975 brach er in seiner Kompanie eine Munitionskiste auf, bewaffnete sich mit einer Kalaschnikow und dreihundertsechzig Schuss Munition, stahl einen Trabant und desertierte Richtung Grenze. Während achttausend Soldaten und Polizisten ihn suchten, drang er bis hierher vor und feuerte in jener Nacht hinterrücks auf die Grenzsoldaten, die nicht mehr dazu kamen, auch nur einen einzigen Schuss abzugeben. Seidel trafen vier, Lange sieben Geschosse. Beide waren auf der Stelle tot. Der Geflüchtete tauchte bei Verwandten im westfälischen Marl unter, wurde nach der Berichterstattung in den DDR-Medien aber verhaftet und vor Gericht gestellt. Im ersten Prozess mangels Beweisen freigesprochen, verurteilte ihn die nächste Instanz zu fünfeinhalb Jahren Gefängnis. Die Stasi entwarf danach verschiedene Mordpläne, um ihn zur Strecke zu bringen. Umgesetzt wurde keiner.

Während ich Robin das alles erzähle, sind wir nur noch von Raps- und Getreidefeldern und braunen Ackerflächen umgeben. Sechs oder sieben Kilometer laufen wir, ohne ein Haus zu sehen oder jemandem zu begegnen, dann empfängt uns Heldritt, mit Glockengeläut. Achtzehn Uhr. Und hier finden wir Frau Wollinger, die eine Nichtraucherpension betreibt. Ihre freundlichen Worte umarmen uns. »Klar«, sagt sie, »ich hab bestimmt was für euch.« Es gibt nichts Schöneres, als nach einer anstrengenden Wanderung so herzlich aufgenommen zu werden.

Das Zimmer liegt unterm Dach. Die Sonne hat es über den Tag aufgeheizt. Die Wärme ist ideal. Bevor wir zum Dorfgriechen abendessen gehen, ist große Wäsche angesagt. Diesmal müssen wir uns keine Sorgen machen, dass die Sachen bis zum Morgen nicht trocknen.

Später öffnen wir das Fenster und lassen die Nacht herein. Wie eine goldene Sichel hängt der Mond am sternenklaren Himmel.

10. Mai 2008 – Ummerstadt

Bei strahlender Sonne treibt es uns früh am Morgen zum Kolonnenweg zurück. Hinter Lempertshausen sind die Lochplatten unübersehbar, allerdings nach knapp einem halben Kilometer auch wieder verschwunden. Direkt an der einstigen Grenze ist ein kleines Gewerbegebiet entstanden, dem sie weichen mussten. Die erste Firma auf Thüringer Boden ist ein bayerisches Familienunternehmen, das Fruchtsäfte herstellt.

Das nächste Stück führt durch sumpfiges Gebiet. Zwischen hohem Schilfrohr erschrecken wir einen Mann um die vierzig, der so konzentriert mit seinem Fernglas die Gegend absucht, dass er uns erst bemerkt, als ich spaßeshalber frage: »Ist da hinten etwa ein FKK-Strand?« Aber er versteht den Witz nicht.

»Was für ein Strand?«, fragt er zurück, mit dem Gesichtsausdruck eines strengen Lehrers.

Offenbar sind wir an einen Ornithologen geraten. Ob wir nicht wüssten, fragt er flüsternd, und ich erkenne einen Vorwurf in seiner Stimme, dass wir uns in einem bedeutenden Feuchtbiotop aufhalten? Eines der wichtigsten Feuchtbiotope – der Gegend oder Thüringens oder ganz Deutschlands, so genau bekomme ich das nicht mit, weil ich mich darauf konzentrieren muss, meine Lachmuskeln im Zaum zu halten.

Hinter dem einzigartigen Feuchtbiotop geht es aufwärts. Der Boden wird trockener, die Vögel zwitschern weiter. Nach ungefähr acht Kilometern müssen wir anhalten.

Ich hatte mir vorgenommen, nicht mehr jedes Wehwehchen zu erwähnen. Aber jetzt kann ich mein linkes Knie plötzlich nicht mehr durchstrecken. Versteh ich nicht. Ich zippe den Reißverschluss meines linken Hosenbeins auf und denke: Das soll mein Knie sein? Sieht aus, als hätte sich ein Schwarm Wespen darüber hergemacht.

Und nichts hilft, weder Voltaren-Gel noch amerikanische Muskelsalbe und auch keine Schmerztabletten.

Die nächsten Stunden erlebe ich wie im Fieber. Die Sonne knallt, blendet mich. Ständig läuft Schweiß mit Sonnencreme vermischt in die Augen, brennt fürchterlich. Ich bekomme noch mit, dass wir immerzu Berg hoch und Berg runter müssen. Für mein Knie ist das eine so schmerzhaft wie das andere.

Wir ignorieren Streufdorf und Roßfeld, Rudelsdorf und Seidingstadt (dort wurde 1792 Prinzessin Therese geboren, die spätere Gattin des Bayernkönigs Ludwig). Unmöglich, in diesem Zustand Umwege zu machen. Die ganze Zeit bringe ich kein Wort heraus. Robin spricht manchmal, aber ich vergesse vor lauter Schmerz sofort wieder, was er sagt. Als wir einen Ort sehen, der nur ein paar Schritte vom Kolonnenweg entfernt beginnt, beschließen wir, ein Gasthaus zu suchen.

Es ist Holzhausen. Eine Wirtschaft? Gibt es hier nicht. Um nicht unnötig umherzuirren, erkundigen wir uns gleich am ersten Haus. Die junge Frau hat Mitleid und verkauft uns eine Flasche Wasser. Sie möchte zwanzig Cent dafür. Aus lauter Dankbarkeit gebe ich ihr zwei Euro.

Zurück auf dem Kolonnenweg, setzen wir uns unter den ersten Baum, an dem wir vorbeikommen. Eine halbe Stunde hocken wir schweigend im Schatten und beobachten die Ameisen, die auf den Platten herumkrabbeln.

Warum brechen wir nicht ab? Warum gehen wir nicht einfach nach Heldburg und suchen uns ein Zimmer? Die Frau in Holzhausen hatte gesagt, in Heldburg gebe es mehrere Pensionen. Und bis dorthin sind es nur drei Kilometer.

Was tue ich stattdessen? Ich schaue aufs Display unseres Schrittzählers und sage trotzig: »Reicht noch nicht, los, wir müssen weiter!«

Zum ersten Mal ist der Weg vernünftig ausgeschildert. Gerade heute hilft das ungemein. Mein Ziel ist immer nur der nächste grüne Wegweiser. Ich schleppe mich in Etappen voran.

Dann steht »Billmuthausen« auf dem Schild – »2,1 Kilometer«. Die schaffe ich auch irgendwie. Ich lege zwei Schmerztabletten nach, ein bisschen scheinen sie zu wirken.

Billmuthausen gehörte wie Liebau zu den Orten, die der DDR-Regierung zu dicht an der Grenze standen. Einige Familien setzten sich 1952 nach Bayern ab. Denen, die blieben, wurde Mitte der Siebzigerjahre nahegelegt, sich andere Bleiben zu suchen. Da war die Dorfkirche schon abgerissen. Es folgten die Mühle und 1978 der Rest. Das Gelände wurde komplett mit Muttererde überdeckt. Im Arbeitsbericht hieß es hinterher: »Gewinnung von einem Hektar landwirtschaftlicher Nutzfläche ...«

Aus dem Gottesacker wäre wahrscheinlich auch Acker geworden, hätten sich die Hinterbliebenen nicht geweigert, ihre Begrabenen exhumieren zu lassen. Wenigstens vor den Toten zeigten die Behörden Respekt.

Wir öffnen die Holzpforte, betreten den Friedhof. Der schmale Weg führt zu einem Holzkreuz, das bis unter die Äste eines Baumes ragt. Auf einem Hügel gegenüber ein alter Grenzwachturm, stehen gelassen als Mahnmal (später erfahren wir, dass Naturschützer den Turm als Unterschlupf für Fledermäuse hergerichtet haben). Neben dem Kreuz eine Engelsfigur aus Sandstein. Das Grab von Ernst Leuthäuser, der ziemlich genau vor hundert Jahren starb, mit zwanzig.

Am Rand des Friedhofs steht eine Gedächtniskapelle. An einer Tafel finden wir die Kopie eines Schreibens, das das DDR-Ministerium des Innern an Menschen verschickte, die im Zuge der »Aktion Ungeziefer« zwangsausgesiedelt wurden und sich dagegen zu wehren versuchten: »Die Regierung der Deutschen Demokratischen Republik hat vom Tage ihres Antritts an eine Politik der friedlichen demokratischen Entwicklung zum Wohle der Menschen ... und darüber hinaus des ganzen deutschen Volkes geführt. Demgegenüber haben die Machthaber in Westdeutschland alle großzügigen Angebote auf Durchführung freier demokratischer Wahlen und Abschluss eines demokratischen Friedensvertrages abgelehnt und so gegen den Willen des gesamten deutschen Volkes gehandelt … Ein großer Teil unserer werktätigen Bevölkerung erkannte die große Gefahr und wandte sich mit der Bitte an unsere Regierung, Maßnahmen zur Sicherung der Grenze zwischen der Deutschen Demokratischen Republik und den westlichen Besatzungszonen einzuleiten …«

Danach gehen wir nicht zum Kolonnenweg zurück, folgen stattdessen auf der Straße dem Lauf des Flüsschens Rodach. Eine leichte Strecke, die trotzdem schwerfällt. Auf kürzestem Weg steuern wir Bad Colberg an.

Noch bevor wir den Ort erreichen, staunen wir über einen futuristischen Gebäudekomplex, der so gar nicht zu den schlichten Fachwerkhäusern passen will. Der terrassenförmige Bau ähnelt einem Raumschiff. Sonnenlicht bricht sich funkelnd in einigen Fenstern, als sende uns jemand zur Begrüßung Signale. Der neueste Teil der Kurklinik samt Thermenlandschaft und Unterkünften für dreihundert Patienten. Würden alle Bad Colberger einziehen, die Klinik wäre nicht mal zur Hälfte besetzt.

Gekurt wird hier seit 1910. Auf der Suche nach Kalisalz wurde damals in vierhundertsiebzig Meter Tiefe zufällig eine Thermalquelle angebohrt, sechsunddreißig Grad warm. Später wurden drei weitere Quellen erschlossen. In der DDR, dem Arbeiter-und-Bauern-Staat, in dem angeblich alles dem Volk gehörte, durften nur ausgesuchte linientreue Patienten von den Heilwassern profitieren. Der Ort lag im Sperrgebiet. Die Klinik unterstand dem Ministerium des Innern. In den Kurlisten des DDR-Gesundheitswesens tauchte sie gar nicht erst auf.

Medizinische Bewegungsbäder – das wäre jetzt das Richtige. Ich fürchte nur, ohne Überweisung lässt mich dort keiner ins Heilwasser. Probieren wir es mit einer Verschnaufpause im Biergarten eines Gasthauses. Von sechs Tischen sind zwei besetzt. Fast schon Trubel. Allerdings werden die anderen Gäste zunehmend ruhiger. Und bald sind nur noch die aufgeregten Stimmen im Radio zu hören, das der Wirt ins Fenster gestellt hat. In Konferenzschaltung berichten sie aus den Stadien der Fußball-Bundesliga. Der vorletzte Spieltag, die letzten Minuten. Für die beiden ostdeutschen Vereine, Rostock und Cottbus, geht es um alles. Rostock liegt eins zu zwei gegen Leverkusen zurück, Cottbus führt eins zu null gegen den HSV. Bliebe es dabei, würden die Osthanseaten absteigen, die Spreewälder wären gerettet. Fünf Minuten vor Schluss schießen die Cottbuser ihr zweites Tor. Die Leute am Nachbartisch jubeln. In Rostock passiert nichts mehr. In der nächsten Saison, im zwanzigsten Jahr nach der deutsch-deutschen Wiedervereinigung, wird nur ein einziger Verein aus dem Osten in der obersten Liga spielen.

Unsere Glieder können wir in Bad Colberg leider nicht pflegen: Zwei Pensionen, aber kein Zimmer frei. Also doch noch nach Ummerstadt.

Kaum setzen wir einen Fuß auf Ummerstädter Boden, beginnen Kirchenglocken zu läuten, wie gestern. Wir laufen dem Glockenklang entgegen, ins Zentrum hinein, bis wir vor der Stadtkirche St. Bartholomäus stehen. Wie eine Trutzburg thront der barocke Bau zwischen den niedrigeren Fachwerkhäusern. Sollten wir hineingehen und beten, dass wir ein Zimmer finden? Die schwere Eingangstür ist leider verschlossen.

Unser Wunsch wird auch so erhört. Ein Stück die Straße weiter, die Viehmarkt heißt, weil hier früher, auch noch zu DDR-Zeiten, mit Kühen, Schweinen, Schafen und allerlei Federvieh gehandelt wurde, ein Gasthof, der seinen Namen verdient: mit Gästezimmern. Das Fachwerkgemäuer, das einige hundert Jahre auf dem Buckel hat, wurde gerade aufwendig restauriert. In unserem Zimmer riecht es noch leicht nach Farbe.

Am liebsten würde ich sofort das neue Bett einweihen, aber es wäre eine Schande, sich Ummerstadt nicht anzusehen. Keinen schöneren Abend könnte es dafür geben. Noch immer zwanzig Grad, am Himmel kaum eine Wolke, und die letzten Sonnenstrahlen tauchen alles in ein rötlich gelbes, warmes Licht.

Ummerstadts Ursprünge gehen bis ins Jahr 837 zurück. Um

1394 erhielt der Ort seinen heutigen Namen und die Stadtrechte, die er immer noch besitzt, obwohl gerade mal fünfhundertzwanzig Menschen hier leben. In der DDR war Ummerstadt die kleinste Stadt, und auch in Gesamtdeutschland existiert nur eine, die noch kleiner ist.

So altertümlich Ummerstadt mit seinen windschiefen Fachwerkhäusern auch scheint, im Rathaus sind längst moderne Zeiten angebrochen. Nicht nur, dass eine Frau den alten Bürgermeister abgelöst hat. Die Stadtchefin ist nicht mal eine Einheimische. Sie stammt aus Bayern, hat mehrere Jahre in den USA gelebt und ist mit einem amerikanischen Unternehmer verheiratet.

Das alles erfahren wir, während wir über das Kopfsteinpflaster der engen Gassen humpeln, mal hier, mal dort anhalten, um mit Ummerstädtern zu klönen. Nur eine alte Frau, die in der Schäfergasse mit verschränkten Armen am offenen Fenster sitzt, kann uns nicht viel erzählen. Wie das Leben hier so ist? »Ach«, sagt sie, »früher war's besser.«

»Wann früher?«

»Doch, früher war alles besser.«

Wir lassen ihr ihren Frieden, als ein Mann Mitte dreißig daherkommt, der eine Schubkarre mit Schrott schiebt. Es geht auf zwanzig Uhr zu. Ich frage ihn, ob er nicht längst Feierabend hat. Da lächelt er: »Muss nur noch aufräumen.« Doch bevor er seine Arbeit zu Ende bringt, erzählt er uns, dass seine Familie über dreihundert Jahre die Schmiede im Ort betrieb. Selbst als im Dreißigjährigen Krieg die meisten Häuser angezündet und zerstört wurden, blieb die Schmiede unversehrt. Die Truppen des Schwedenkönigs Gustaf Adolf, die das Unheil anrichteten, brauchten sie zum Herstellen von Waffen.

Der Mann gibt uns ein paar Tipps für unseren Stadtrundgang: Das Brauhaus, in dem noch immer nach überlieferter Rezeptur Bier gebraut wird. Und das Rathaus auf dem Marktplatz natürlich und den Marktbrunnen. Hier wurden im Sommer 2002 Szenen für den Luther-Film mit Joseph Fiennes gedreht. Ummerstadt sollte Luthers Wirkungsstätte, das mittelalterliche Wit-

Ummerstadts Filmkulisse

tenberg, darstellen. Zuletzt empfiehlt er uns, auf den Berg zum Friedhof hinaufzusteigen.

Vom Marktplatz gehen wir durch den Kirchhofsweg bis zu einem kleinen Torbogen, den eine dunkle, fast schwarze Holztür versperrt. Auf Augenhöhe ist ein Informationskasten angebracht. Darin der Termin für die »Kirchgeld-Kassierung« – vor zwei Wochen. Und daneben die Zeiten der Gottesdienste. Der nächste findet morgen statt, Pfingstsonntag, neun Uhr in der Stadtkirche.

Wir schieben die Tür auf. Zwölf Stufen führen zum Eingang der Friedhofskirche, deren Fundamente aus dem 8. Jahrhundert stammen. Hinter der Kirche eine sorgfältig gemähte Wiese mit alten Grabsteinen. Auf der rechten Hälfte mehrere Reihen jüngerer Gräber. Vor der Friedhofsmauer, in zwei Feldern, weiße Holzkreuze. Die Erde ist mit Blumen bepflanzt, die noch nicht blühen. Auf einem Kreuz lese ich: »Rudolf Schlatter ... Arb. Mann ... Arb. Gau 32 ... Geb. 19. 1. 25 ... Gest. 16. 1. 45 ... Res. Laz ... Bad Colberg«. Daneben wurden ein Hauptmann beerdigt, ein Ober-

gefreiter, ein Unteroffizier. Sie alle starben in den letzten Kriegs-
monaten im Bad Colberger Lazarett. In der Reihe dahinter liegen
die Opfer von Tieffliegerangriffen auf Ummerstadt. Einige der
Toten stammten nicht von hier. Von ihnen sind nur die Namen
und der Tag ihres Todes bekannt, im April 1945, wenige Tage bevor das Schlachten aufhörte.

Stille. Schweigen. Wir verlassen den Friedhof. Ich ziehe die
Holztür hinter uns zu.

11. Mai 2008 – Zimmerau

Träume ich? Was für ein Lärm! Verschlafen taste ich nach meinem Handy – sechs Uhr! Am Sonntag!

Die Glocken der Stadtkirche scheppern, verursachen einen
Lärm, als würde unser Bett im Kirchturm stehen. Der Gottesdienst sollte doch erst um neun beginnen. Im Halbschlaf zähle
ich die Gongschläge. Drei Minuten lang, vielleicht fünf. Bis ich
hellwach bin. Robin rührt sich nicht mal. Ich lasse ihn bis zum
Frühstück schlafen.

So lange schreibe ich und denke über den gestrigen Tag nach.
Mein Knie macht mir Sorgen. Nicht so sehr, dass es geschwollen
ist. Wird schon wieder abschwellen, die anderen Schmerzen haben sich auch verflüchtigt. Ich frage mich, ob man beim Wandern
in eine Art Sog geraten kann: Man läuft und läuft und verpasst
dabei den Punkt, an dem man aufhören sollte, weil es nicht mehr
gut für einen ist. Das ist im Leben doch oft so. Man verrennt sich
in etwas und merkt ewig nicht, dass man auf dem Holzweg ist.
Und dann geht man trotzdem weiter, weil man sich den Fehler
entweder nicht eingestehen will oder weil einem der Mut oder
die Kraft fehlen, etwas zu ändern.

Je länger wir unterwegs sind, desto mehr habe ich das Gefühl,
bei der Wanderung wird uns bewusst gemacht, worauf es im Leben letztlich ankommt. Die Aussage, die über allem steht, lautet:
Weitermachen! Nur nicht resignieren, ganz gleich, was einem zu-

stößt. Und daraus ergibt sich die nächste Aussage: Solange man weitermacht, geht immer irgendwas.

Die heutige Strecke beginnt so ähnlich wie die gestrige: Blühende Obstbäume säumen die Straße, auf der wir Ummerstadt verlassen. Wie gestern begleitet uns ein vielstimmiger Vogelchor. Und wie gestern ist am Himmel keine einzige Wolke zu finden. Für mich die schönsten Augenblicke eines Tages. Wir sind ganz allein mit der Natur und mit uns.

»Ist das nicht toll!«, schwärme ich.

»Was meinst du?«, fragt Robin.

»Na, alles hier, die Bäume, die Rapsfelder, der Himmel ... sieh dich doch um«, versuche ich, meine Begeisterung auf ihn überschwappen zu lassen.

Aber er sagt unbeeindruckt: »Ach so, ja.«

Sieht er die Schönheit wirklich nicht? Oder bedrückt ihn etwas? Er war beim Frühstück so still. Ich dachte, er sei müde.

»Hast du was?«, frage ich.

»Nein, es ist nichts«, sagt er, aber seine Stimme klingt anders. Ich frage nicht weiter. Er muss selbst entscheiden, ob er mich an seinen Gedanken teilhaben lässt.

Später, auf dem Kolonnenweg, unternehme ich noch einen Versuch, ein Gespräch anzufangen, aber Robin ist weiterhin einsilbig. Dann bekommt eben jeder Zeit für sich.

Zur Abwechslung versuche ich mal, an nichts zu denken, einfach nur zu laufen. Ich wusste gar nicht, dass das so schwierig ist. Irgendwelche Gedanken habe ich immer. Nicht mal einen Baum nehme ich einfach nur so wahr. Gleich überlege ich: Was ist das eigentlich für ein Baum? Und schon reiht sich eine ganze Kette von Gedanken aneinander. Warum weiß ich das nicht? Wie könnte ich es herausbekommen? Robin wird das auch nicht wissen. Und dann: Dass die Kinder in der Schule so etwas aber auch nicht mehr lernen! Damit ist der Baum auf einmal vergessen, und ich bin bei der Schule – ein unerquickliches Thema. Wie oft bin ich deswegen mit Robin aneinandergeraten! Weil ich fand, er bemühte sich zu wenig.

Das Wandermeditieren kann ich jetzt vergessen. Junior wusste ziemlich genau, wie viel er büffeln musste, um eine Klassenarbeit nicht zu verhauen. Ich dagegen verlangte, dass er das Bestmögliche herausholt. Mich musste in der Schule keiner motivieren, mir waren schlechte Noten einfach peinlich. Von meiner Schule durften pro Klasse nur ein oder zwei Schüler aufs Gymnasium, das in der DDR erst mit der achten Klasse begann. Ausgewählt wurden die mit den besten Noten. Möglicherweise trieb mich das an, ich weiß es nicht mehr. Aber wer so gestrickt ist, dem fällt es schwer, mit der Laisser-faire-Haltung seines Sohnes entspannt umzugehen. Am Ende überraschte er mich dann doch mit einem recht guten Abitur. Aber wie viele Nerven habe ich gelassen! Und er wahrscheinlich auch.

Schon verrückt, wie die Gedanken beim Laufen abschweifen. Da Robin weiter vor sich hin brütet, erzähle ich ihm, was mir durch den Kopf schwirrt. Schwer abzuschätzen, ob ihn das interessiert. Ein flüchtiges Lächeln huscht über sein Gesicht. Er sagt aber nichts.

Heute kann ich unsere Auseinandersetzungen gelassener sehen. Meine Maßstäbe, die mir in der DDR anerzogen wurden, und Robins, der ein völlig anderes Schulsystem erlebte, waren einfach nicht kompatibel. Deshalb waren seine Noten immer wieder ein heikles Thema. An eine Begebenheit erinnere ich mich gut. Robin war auf dem Gymnasium, sechste oder siebte Klasse. Ein Elternsprechtag stand an. Ich bat seinen Mathematiklehrer um ein Gespräch. Robins Noten hatten sich innerhalb kurzer Zeit verschlechtert, und ich befürchtete, sie könnten weiter absacken. Der Lehrer war dafür bekannt, dass er im Unterricht unkonventionelle Wege ging. Seine Schüler sollten nicht nur stur Formeln und Lösungswege pauken, sondern auch die Logik dahinter begreifen. Er galt als streng. Robin mochte ihn trotzdem. Ich rechnete damit, dass auch er mit der Entwicklung meines Sohnes unzufrieden sein musste. Aber was bekam ich zu hören? Ich sollte stolz auf meinen Jungen sein! Solch ein Sonnenschein! Seine Noten schienen ihn nicht im Geringsten zu beunruhigen.

Dreien seien doch akzeptabel, meinte er. Das Gespräch war ziemlich schnell beendet. Ich fühlte mich nicht verstanden. Nur eines beruhigte mich ein wenig: Robins Leistungsabfall lag offenbar nicht an seinem Unvermögen, sondern an seiner lässigen Einstellung. Das sagte ich ihm auch. Die Lobeshymne seines Lehrers schwächte ich etwas ab.

Robin bleibt wortkarg. Ich fühle mich ein bisschen erschöpft vom Reden. Meine Blicke schweifen über Raps- und Getreidefelder, von denen wir schon zig Quadratkilometer gesehen haben. Ich bemerke das leise Plätschern des Baches neben uns und sehe mich am Himmelsblau satt. Nehme das alles irgendwie auf – aber jetzt denke ich tatsächlich mal an nichts.

Am Rand eines Feldes, das braun mit tief gepflügten Furchen vor uns liegt und die Lochplatten verschluckt zu haben scheint, müssen wir anhalten und uns neu orientieren. Einmal quer über eine Wiese – dann stehen wir auf der Straße, die uns nach Poppenhausen führt.

Warum wir ständig durch Dörfer kommen, in denen kein Mensch zu sehen ist! Wir haben gehört, dass viele frühere Grenzregionen, demografisch gesehen, Notstandsgebiete geworden sind, weil die Bevölkerung unablässig schrumpft, im Osten wie im Westen. Hundertzehn Menschen sollen in Poppenhausen noch leben. Einer würde uns schon genügen, damit wir herauskriegen, wie der Ort zu seinem Namen kam. Wir suchen den Pfarrer, der müsste das wissen, finden ihn aber nicht.

Als wir weiterwollen, kommt doch jemand, ein alter Mann auf einem Fahrrad. Er wohnt im Nachbardorf und erzählt uns, dass im Mai 1942 auf der Straße nach Einöd, die sind wir gekommen, zwanzig polnische Kriegsgefangene von Hitlers Geheimer Staatspolizei gehängt wurden. In Poppenhausen befand sich damals ein Lager mit »fremdvölkischen« Zwangsarbeitern, die auf den Höfen und Feldern der Landwirte schuften mussten, beaufsichtigt von einem Gendarmeriewachtmeister, der sie dauernd schikaniert haben soll. Eines Nachts lauerten zwei Zwangsarbeiter ihm in dem Waldstück an der Straße auf, rammten ein Messer in seine Kehle und zertrümmerten ihm den Schädel. Ein Täter wurde gefasst, der andere konnte fliehen. Zur Abschreckung ordnete die Gestapo eine »Sühnemaßnahme« am Tatort an. Vor den Augen Hunderter Landsleute ließ sie neunzehn polnische Häftlinge aus dem KZ Buchenwald, die mit dem Vorfall nichts zu tun hatten, an einem Galgen exekutieren – und zum Schluss den einen Täter.

Der gelynchte Oberwachtmeister kam in jener Nacht von einer Kontrollfahrt mit dem Fahrrad aus Käßlitz. Die Ortschaft liegt hinter dem nächsten Hügel. Wir laufen die gleiche Strecke, nur in die entgegengesetzte Richtung. Mit Käßlitz erreichen wir den südlichsten Punkt unserer Wanderung. Dass im denkmalgeschützten Straßendorf ein Wirtshaus steht, das trotz des Feiertags geöffnet ist, kommt uns gerade recht.

Fünf Jungs in Robins Alter sitzen um einen Tisch, rauchen und trinken Bier. Mittags halb eins. Und reden über Fußball. Ihre Mannschaft hat sich gestern eine Null-zu-drei-Klatsche eingefangen. Also ein Prost auf den Frust!

Einer von den Fußballern will wissen, woher wir kommen, wohin wir wollen. Nach meiner Antwort fragt er nicht weiter, guckt aber, als würde er uns für Volltrottel halten. Dafür meint der Wirt: »Warum macht man das? Muss man das unbedingt haben?« Aber ich verstehe das absichtlich nicht als Frage. Diese verstaubten Plastikblumen auf den Tischen, wie zu DDR-Zeiten in der letzten Bahnhofskaschemme, wozu sind die denn nütze?

Warum rege ich mich eigentlich so auf? »Lass uns gehen«, sage ich zu Robin. Vor der Tür empfängt uns eine Windböe, pustet die schlechten Gedanken weg. Wir saugen die frische Luft ein.

Bis zur Kirche habe ich mich wieder beruhigt. Robin drosselt das Tempo und verdreht theatralisch die Augen. Er weiß, dass ich daran nicht vorbeikomme, ohne ein Foto zu schießen. Sie ist aber auch schön. Mit dem kräftig blauen Himmel könnte das Bild ebenso gut in Spanien oder Italien aufgenommen sein.

Hinter Käßlitz erwartet uns Mischwald. Die Gegend ist ein bisschen eintönig. Es passiert nichts, nicht einmal Rehe springen über den Weg. Anscheinend, weil alle paar Meter Hochsitze stehen. Dieser Abschnitt hier ist mit Abstand der mit der höchsten Hochsitzdichte. Also ehrlich: Man sieht den Wald vor lauter Hochsitzen kaum noch! Muss ausgerechnet auf dem ehemaligen Todesstreifen wieder herumgeballert werden?

Obwohl wir die meiste Zeit durch Wald laufen oder direkt am Waldrand entlang, macht uns die Hitze zu schaffen. Achtundzwanzig Grad und wieder kein Schatten. Die Sonne saugt erbarmungslos die Kraft aus uns. Wir verlieren mehr Flüssigkeit, als wir nachschütten können, fühlen uns schlapp, die Fußsohlen brennen.

Das thüringische Gompertshausen sollte heute unser Ziel sein. Doch als wir die Straße zwischen Rieth im Osten und Zimmerau im Westen erreichen, disponieren wir kurzfristig um. Wir haben

Bayernturm – der vergessene Riese

beide keine Lust mehr weiterzulaufen. Und wer weiß, ob wir in Gompertshausen ein Quartier fänden. Den Berggasthof in Zimmerau sehen wir schon.

Er liegt etwas außerhalb auf dem Büchelberg. Der Bayernturm steht direkt daneben. Wenn man so will, das Wahrzeichen Zimmeraus. Der achtunddreißig Meter hohe Aussichtsturm ist bekannter als der Ort selbst. Früher wurden busseweise Grenztouristen aus der ganzen Welt hierhergekarrt.

Dass heute kaum noch einer kommt, macht es uns leichter. Die Wirtsleute scheinen sich ehrlich zu freuen, dass sie noch ein Zimmer vermieten können. Von den fünfzig, die sie haben, sind jetzt nur noch einundvierzig frei. Dabei ist ihr Gasthof für Nachwendeverhältnisse schon gut besucht. Eine Reisegruppe hat sich übers Pfingstwochenende eingenistet.

Der Wirt erinnert mich irgendwie an Herbert Grönemeyer und ist mir auf den ersten Blick sympathisch. Macht wahrscheinlich seine unkomplizierte vertrauensselige Art. Er will weder unsere Namen wissen, noch müssen wir uns irgendwo eintragen. Er sagt einfach: »Ihr könnt Zimmer dreiundzwanzig nehmen, der Schlüssel steckt.« Mehr nicht.

Über das Zimmer schweige ich lieber, es sei denn, jemand interessiert sich für langbeinige Krabbeltierchen oder gesprungene Badezimmerlampen.

Zum Essen sage ich aber wirklich nichts. Der Reisegruppe scheinen Thüringer Klöße mit Roulade und Rotkraut zu schmecken. Und die Maggisauce mit Maggisauce und Maggisauce. Während wir aufs Essen warten, sehe ich mich im Saal um. Neben der Theke hängen merkwürdige bunte Bilder, naive Malerei, sagt mir nichts. Den Clou aber entdecke ich vor der Glastür zur Terrasse: ein Schäferhund als Polizist verkleidet, aus Plastik oder Ton, in blauer Uniform, mit weißem Hemdkragen und roter Krawatte. Steht da auf seinen Hinterpfoten, die Vorderpfoten lässig hinterm Rücken verschränkt, auf jeder Hüftseite ein Holster mit Pistole. Als würde er den Ausgang bewachen. Oder auch das Keyboard, das neben ihm aufgebaut steht. Nachher wird für die Reisegruppe zum Tanz aufgespielt, erzählt die Bedienung, die das Essen bringt. Wir sollen ruhig dazukommen, die Damen suchen fleißige Tänzer. Gewiss!

Wie im Pfadfinderlager erheben sich die Pfingstausflügler am Nebentisch, alle gleichzeitig, und verziehen sich in ihre Zimmer. Ehe sie zurückkehren, um das Tanzbein zu schwingen, liegen wir schon in unseren Betten.

12. Mai 2008 – Behrungen

Was ist los mit uns? Haben wir einen Kolonnenwegkoller? Oder war es in den letzten Tagen einfach zu viel Natur für uns? Wir waren gestern Abend nach dem Essen schon schlecht gelaunt. Robin hatte nicht mal Lust, seine Zeitschriften durchzublättern. Und ich habe auch nur eine Ewigkeit an die Decke gestarrt, ohne ein Wort zu sagen. Uns war beiden nicht nach Konversation zumute. Manchmal ist Schweigen wirklich das Beste. Ich war gereizt, er war es auch, das konnte ich spüren. Wir kennen solche Situationen. Hätten wir versucht, miteinander zu reden, wahrscheinlich hätten wir uns nur in die Haare gekriegt.

Heute ist unsere Laune kaum besser. Wären wir zu Hause, würden wir in ein nettes Café gehen, uns ein leckeres Frühstück gönnen. Danach würde ich mir ein Buch schnappen, mich an die Elbe setzen und lesen. Das hilft immer gegen kleine Alltags-depressionen. Robin würde sich garantiert seine Gitarre greifen und so lange spielen, bis ihm die Finger wehtäten. Hier müssen wir uns ein anderes Verwöhnprogramm ausdenken.

Das Frühstück macht uns nicht glücklich, aber satt. Der Wirt ist auch schon wieder auf den Beinen, obwohl es letzte Nacht bis zwei Uhr ging. Sogar die fröhlichen Pfingstwanderer trudeln nacheinander ein. Ausgeschlafen sieht anders aus, doch im Gegensatz zu uns scheinen sie bester Stimmung.

Im Radio dudelt der gleiche Oldie-Sender wie gestern Hits der Siebziger- und Achtzigerjahre, als wäre die Zeit hier oben stehen geblieben. Gerade läuft Boney M.'s Version von *Rivers of Babylon*. Dabei können wir froh sein, dass keiner auf die Idee kommt, die Jukebox neben der Tür anzuschmeißen, die noch aus der Schallplattenepoche stammt. Sonst müssten wir uns die Flippers anhören, Marianne und Michael oder Detlef Engels *Rote Rosen* – wer ist das überhaupt?

Wahrscheinlich ist es nicht besonders feinfühlig, den Wirt zu fragen, warum sein Berggasthof so unglaublich großräumig angelegt wurde, wo doch …? Aber da ist die Frage schon rausgeflutscht. Dem Saal, in dem wir frühstücken, schließt sich ein zweiter an und gegenüber noch ein dritter. Darin spielt gerade der Sohn des Wirtsehepaares, bemalt große Zeichenblätter mit bunten Stiften und verteilt sie auf den Tischen.

Falls der Wirt beleidigt ist, lässt er sich das nicht anmerken. »Weil früher richtig viel los war«, erzählt er und schenkt aus einer großen Kanne Filterkaffee nach. An manchen Tagen sind zwei volle Busse mit Touristen angekommen, die sich die Grenze anschauen wollten und versorgt werden mussten. Dazu noch Urlauber, die auf dem Weg nach Bayern oder Italien waren oder in den Norden an die Ost- oder Nordsee. »Für die lag der Bayernturm ideal, war bloß ein kurzer Abstecher.«

Anfangs gab es nur den Turm. Irgendwann stellte sein Vater, Zimmeraus früherer Bürgermeister, eine Würstchenbude auf. Später baute er einen Gasthof, der Besucherandrang wuchs, der Gasthof auch. Bis die drei Säle da waren und all die Gästezimmer. Nach der Wende blieben plötzlich die Gäste weg. »Tja, es muss auch Verlierer der Wiedervereinigung geben.«

Während wir unsere Sachen packen, kommt mir eine Idee: Wir gönnen uns heute einen kolonnenwegfreien Tag! Riskieren keine bösen Überraschungen, laufen einfach von einem Dorf zum nächsten! Vielleicht hilft das ja. Robin ist sofort einverstanden.

Alsleben scheint ein sehr christliches Dorf zu sein. Gleich zwei Kirchen und auf dem nahen Kapellenberg noch eine dritte, die Kapelle zu heiligen Ursula, die einst ein bekannter Wallfahrtsort war. Außerdem erinnert ein Bildstock daran, dass Alsleben auf

Himmlischer Beistand unterwegs

dem Pilgerweg zur Basilika Vierzehnheiligen bei Bad Staffelstein liegt, die seit dem 15. Jahrhundert und bis heute Wallfahrer aufsuchen, um sich den Schutz der Vierzehn Nothelfer zu erbitten.

Dass ich keine der Kirchen im Ort fotografiere, liegt nicht daran, dass sie mir nicht auffallen. Besonders die St.-Kilian-Kirche, in der eine der seltenen Seuffert-Orgeln aus dem 18. Jahrhundert steht – durchaus sehenswert. Doch bin ich zu sehr in eine Erzählung vertieft, die auch noch ausgerechnet von einem Teufel handelt.

Angefangen hatte alles mit einer dieser Gedankenketten. Der Auslöser: ein Schild, das den Weg nach Trappstadt anzeige, dem Nachbardorf. Irgendwie kam mir der Ortsname bekannt vor. Ich hatte im Internet nach Informationen über diese Gegend ge-

sucht. Dabei war ich auf einen Bericht im Gemeindeblatt gestoßen, der von Rudolf Pleil handelte. Ein Serienmörder, der sich
einst selbst als »Deutschlands berühmtester Totmacher« bezeich-
nete. Gleich am Anfang stand, dass Pleil seine Opfer an der »Zo-
nengrenze« gesucht hatte.

Während wir also ohne Stopp durchs christliche Alsleben
laufen, erzähle ich, was mir vom »Teufel« Pleil im Gedächtnis geblieben ist: Pleil verdingte sich nach dem Zweiten Weltkrieg als
Grenzgänger. Er schmuggelte Waren von West nach Ost oder
umgekehrt und bot vor allem Frauen an, sie gegen Geld über die
Grenze zu schleusen. Wie viele Menschen ihm vertrauten und
dafür mit ihrem Leben bezahlten, konnte nie geklärt werden.
Neun Morde wurden ihm nachgewiesen. Er selbst behauptete,
mindestens sechsundzwanzig begangen zu haben, sprach später
sogar von vierzig. Im September 1946 lockte er ganz in der Nähe
eine junge Frau in die Falle, die nach Schlechtsart in Thüringen
wollte. Diesmal hatte er einen Komplizen dabei. In einem Waldstück hinter Trappstadt fielen die Männer über sie her. Pleil
schlug ihr den Schädel ein und verging sich an ihrer Leiche, sein
Kumpan schnitt ihr den Kopf ab. Verhaftet wurde Pleil erst im
Frühjahr darauf, nachdem er an der Grenze im Harz, wo er sich
meistens herumtrieb, einen Hamburger Kaufmann mit einem
Beil zerhackt hatte. Da das Gericht die Tat als Totschlag wertete,
wurde er zu Zuchthaushaft verurteilt. Bei einem Mord hätte
ihn die Todesstrafe erwartet. Dann wäre Pleil vermutlich nicht
mehr dazu gekommen, seine makabren Memoiren zu verfassen,
die er *Mein Kampf* nannte. Drei Schulhefte schrieb er voll, ich
glaube, es waren insgesamt knapp hundertdreißig Seiten, schil-
derte in kindlicher Sütterlinschrift seine Taten und die seiner
Mittäter. In der Zwischenzeit wurde die Todesstrafe abgeschafft.
Pleil bekam lebenslänglich, erhängte sich später aber in seiner
Zelle.

Wir sind fast in Eyershausen, sehen schon wieder die nächste
Kirche, da fällt mir ein, dass ich über Trappstadt noch etwas anderes gelesen hatte. Damals hatte ich noch gedacht, das wäre mal eine

Frage für Günther Jauchs Millionärs-Quiz: Woher stammt der Gründer der weltbekannten amerikanischen Großbank Goldman Sachs? Außer einem Heimatforscher aus der Gegend käme wahrscheinlich niemand darauf, dass Marcus Goldman in Trappstadt geboren wurde, 1821, als Sohn eines Bauern und Viehhändlers.

In Trappstadt wurde übrigens noch ein Mann geboren, der berühmt werden könnte, obwohl er seit hundertachtzig Jahren tot ist: ein gewisser Joseph Brunner, der um 1706 geboren wurde und fast hunderteinundzwanzig Jahre alt geworden sein soll. Wäre das nachzuweisen, wäre er einer der ältesten Männer gewesen, die jemals gelebt haben. Dreimal soll er verheiratet gewesen sein und im Alter von achtundneunzig Jahren sogar noch eine Tochter gezeugt haben.

Wir bleiben fast eine Stunde in Eyershausen, weil wir einen Gasthof mit Biergarten entdecken, in dem es schön schattig ist. Wir sind wieder die ganze Zeit durch die pralle Sonne gelaufen. Als wir weiterziehen, nimmt sich jeder ein Waffeleis mit. Wir wollen uns ja ein bisschen verwöhnen.

Dazu passt die Route bestens. Wir benutzen nur Radwanderwege. Hinter jedem Dorf geht es einen lang gezogenen Hügel hinauf. Die Anstiege sind so sanft, dass wir sie kaum spüren. Ein kräftesparender Schongang.

Das Schöne an der flachwelligen Landschaft ist, dass wir den nächsten Ort schon aus der Ferne sehen. Wir laufen nicht ins Ungewisse, wie das sonst häufig der Fall ist, sondern quasi mit dem Ziel vor Augen.

Am Kirchturm von Irmelshausen orientieren wir uns fast eine Stunde, bevor wir ihn erreichen. Praktisch, dass am Kirchplatz gleich das Gasthaus steht. Kaffeezeit. Auf dem Hof sitzen die Angestellten, machen Pause. Wir setzen uns dazu. Sie sagen, wir haben das Beste um eine halbe Stunde verpasst. Pfingstmontag findet immer das Spitzenreiten statt, ein jahrhundertealter Brauch. Bei dem Pferderennen treten die jungen Burschen des Dorfes gegeneinander an. Sie tragen Tracht, müssen aber ohne Sattel reiten.

Auf diese Weise erfahren wir auch, dass in Irmelshausen ein echter Baron lebt, Hans Freiherr von Bibra. Er übernahm nämlich, auch das in alter Tradition, die Siegerehrung. Der Baron entstammt einer Adelsfamilie, die im Mittelalter einflussreich war. Einer der Vorfahren war Fürstbischof von Würzburg, geistlicher und weltlicher Herrscher zugleich, damals ein hoher Posten. Sogar Maximilian I., Kaiser des Heiligen Römischen Reiches, ließ sich von ihm beraten.

Der Baron lebt in dem wunderschönen Wasserschloss, an dem wir vorhin vorbeigelaufen sind. Und genau aus diesem Grund ist es für Fremde nicht zugänglich, was schade ist.

Da es nach Behrungen keinen Rad- oder irgendeinen anderen Wanderweg gibt und wir nicht auf der Straße laufen wollen, nehmen wir die letzte Etappe doch wieder auf dem Kolonnenweg in Angriff.

Vor Behrungen, auf weitläufigem Brachland, stehen wir wieder vor Überbleibseln der ehemaligen Grenzanlagen. Noch ein deutsch-deutsches Freilandmuseum. Wachturm, vorderer und hinterer Grenzsignalzaun mit Durchlasstor, Erdbeobachtungsbunker, schwarzrotgoldene DDR-Grenzsäule, Kfz-Sperrgraben, Panzersperren – alles da, wie vor zwanzig Jahren. Zumindest fast, denn die Zäune sind nur zwei statt drei Streckmetallfelder hoch und nicht annähernd drei Meter. Offenbar handelt es sich um Nachbauten aus Originalrelikten.

An einem kleinen bemoosten Stein bleiben wir stehen. Die darauf angebrachte Tafel erinnert an einen Vorfall aus dem März 2001. Damals gab es das Freilandmuseum noch nicht. Aber einer der Initiatoren aus der Nähe von Schweinfurt war mit seiner Familie viel im früheren Todesstreifen unterwegs, um Reste der Grenzanlagen zu dokumentieren. An diesem Tag begleitete ihn sein Sohn zu einem Treffen mit Behrungens Bürgermeister. Während die beiden Männer ein Waldstück inspizierten, stromerte der Zehnjährige durch die Gegend. Und fand etwas, womit andere Kinder seines Alters wahrscheinlich gespielt hätten: einen runden schwarzen Plastikkörper, ungefähr so groß wie sein Handteller. Doch der Junge war von seinen Eltern oft genug gewarnt worden. Wie sich herausstellte, handelte es sich um eine Antipersonensprengmine, gefüllt mit hundertzehn Gramm TNT – noch scharf!

Dann Behrungen. Fußpflege, Kosmetiksalon, Fahrschule, Blumenladen, Landeinkaufscenter – und direkt neben dem Rathaus ein Gasthof. Vergangenheit und Gegenwart: das Rathaus eines der schönsten Fachwerkhäuser im Dorf, der Gasthof im neumodischen Stil, ein Bauwerk des Sozialismus, einst das Kulturhaus. Die erste Gaststätte auf unserer Wanderung, die gut besucht ist. Gleich zwei Stammtische treffen sich heute. Wir gesellen uns auf der Terrasse zu zwei Bikern aus Basel, die seit einer Woche durch Deutschland touren.

Bevor es dunkel wird, wollen wir uns noch im Dorf umschauen. Ich möchte vor allem die Kirche sehen. Das sage ich Robin nur nicht, sonst bleibt er noch hier.

Wie lange mögen diese Mauern schon stehen? Und vor allem: Wie sieht diese uralte Dorfkirche von innen aus? Das will ich jetzt wissen. Wir klingeln am nächsten Haus, um den Pfarrer ausfindig zu machen. »Es gibt in Behrungen keinen Pfarrer mehr«, erklärt der junge Mann, der die Tür öffnet. Die Kirchengemeinde wird von einem Pfarrer betreut, der in Queienfeld wohnt und sich um die Gläubigen in vier Dörfern kümmert. Gottesdienste finden deshalb nur alle zwei Wochen statt.

Schauen wir uns wenigstens noch den verwunschenen Garten an, der sich im warmen Abendlicht wie ein kleines Paradies hinter der Kirche erstreckt. Obstbäume, darunter Gras, das lange nicht gemäht wurde. Dann gehen wir zum Gasthof zurück. Mit diesem Bild vor Augen möchte ich einschlafen.

13. Mai 2008 – Fladungen

Irgendetwas stimmt nicht. Robin zieht sich immer mehr zurück. Wir sprechen kaum noch miteinander. Von allein fängt er nie ein Gespräch an. Und wenn ich ihn frage, was ihn beschäftigt, antwortet er kurz angebunden, zwei, drei oberflächliche Sätze. Ich werde nicht schlau aus ihm. Anfangs war oft er es, der uns vorantrieb, jetzt läuft er nur noch mit, scheinbar lustlos.

Sonst konnte ich es genießen, mit ihm schweigend durch die Natur zu wandern. Es machte mir nichts aus, wenn jeder seinen eigenen Gedanken nachhing. Mir genügte, ihn an meiner Seite zu haben. Jetzt liegt über dem Schweigen eine seltsame Spannung. Es ist kein einvernehmliches Schweigen. Wir schweigen nicht miteinander, sondern gegeneinander. Und ich bin ratlos. Wie soll ich seiner Verschlossenheit begegnen?

Vielleicht liegt es daran, dass ich die Landschaft gerade selbst ziemlich öde finde. Wir laufen auf einem asphaltierten Weg zwischen Feldern. Behrungen liegt hinter uns. Durch einen kleinen Tunnel unterqueren wir eine Autobahn. Und geradezu sehen wir den nächsten Ort.

»Wollen wir uns Berkach ansehen?«, frage ich ihn.

»Mir egal«, antwortet er in einem Ton, der mir sagt, dass er sich im Moment nichts Unangenehmeres vorstellen könnte.

Wir lassen es bleiben, suchen stattdessen den Kolonnenweg. Nach der Pause gestern sind wir wieder bereit für die Patrouillenstrecke der DDR-Grenzer. Das heißt, ich bin bereit. Heute kann ich nur für mich sprechen.

Robin scheint schon zu stören, dass ich kurz stehen bleibe, um einen alten Grenzwachturm zu fotografieren. »Der sieht doch aus wie die anderen«, mosert er.

Dass er schlechte Laune hat, werfe ich ihm nicht einmal vor. Ich bin sicher, dafür gibt es einen triftigen Grund. Er ist kein trotziger Junge. Er macht das nicht, um mich zu ärgern. Es muss etwas geben, womit er selbst nicht klarkommt, das ihn im Moment gefühlsmäßig überfordert.

Was ich ihm allerdings ankreide: seinen Egoismus. Dass er sich gehen lässt, keine Rücksicht auf mich nimmt und es auf diese Weise uns beiden schwerer macht. Wir sind hier auf uns allein gestellt, müssen das untereinander austragen. Dabei würde schon helfen, ließe er seinen Frust heraus. Dann wüsste ich wenigstens, woran ich bin, und wir könnten darüber reden, eine Lösung suchen. Aber so weit ist er noch nicht.

Vom Kolonnenweg keine Spur.

Was Robins Problem angeht, sollte ich mir nichts vormachen. Ich fürchte, mit seinem Verhalten hält er mir gerade einen Spiegel vor. Mir fällt es auch schwer, Probleme gleich auf den Tisch zu bringen. Lieber schleppe ich sie ein Weilchen mit mir herum. Man kann sich dabei so herrlich selbst quälen.

Das hat unser Verhältnis in letzter Zeit ziemlich stark belastet. Und es war mit ein Grund, weshalb ich die Wanderung unbedingt gemeinsam mit ihm unternehmen wollte. Ich kann nicht mal sagen, was ich mir in dieser Hinsicht konkret davon versprach. Ich dachte nur, es wäre gut und wichtig, mehr Zeit füreinander zu haben. Zeit ist immer das größte Problem.

Es macht keinen Spaß, so durch die Gegend zu irren. Wir trampeln immer noch zwischen Feldern umher. Sieht aus, als hätten auch hier tüchtige Bauern die Spuren der deutschen Teilung in Ackerfläche verwandelt. Nur die Wachtürme konnten sie nicht einfach umpflügen.

Später, an der Straße nach Schwickershausen, die ersten Häuser greifbar nah, frage ich Robin wieder: »Wollen wir nicht …?« Der Rest bleibt mir im Halse stecken. Schon gut, wir laufen weiter – in die andere Richtung.

Wer sich beim Wandern mal richtig quälen möchte, sollte auf einer Straße laufen, auf der in kürzester Zeit möglichst viele Autos an einem vorbeirauschen. Genau das tun wir auf den nächsten zwei- bis dreitausend Metern. Robin kocht. Und mault: »Wir sind wie Schnecken in der Landschaft!« Langsam ahne ich, was ihm zusetzt.

Erst kurz vor Unterharles kommt wieder eine Lochplattenstrecke. Noch sehen wir sie nur. Zunächst müssen wir einen Abhang hinunter, der weder für Wanderer noch für andere menschliche Wesen gedacht sein kann. Ich hätte mich ja erst einmal nach einem Weg umgesehen, aber Robin stürzt sich gleich missmutig ins Gestrüpp.

Der ganze Abhang ist ein einziges Gebüsch. Zweige schlagen mir in die Augen, Dornen zerkratzen meine Arme. Ein paarmal rutsche ich aus. Fange an zu fluchen. Wieso kommt Robin so zügig voran? Er steht bereits unten auf der Wiese. Genervt rufe ich, er könne ruhig weitergehen, ich würde ihn einholen. Aber ich bin froh, als ich sehe, dass er wartet.

Dann haben wir wieder das vertraute Bild vor uns: Rechts fängt sofort der Wald an. Auf der linken Seite, nach Westen, liegt eine Wiese, erst dahinter wachsen Bäume. Es geht fast ebenso steil wieder nach oben. Die lauffreundliche Hügellandschaft ist zu Ende. Die Rhön beginnt. Uns erwarten Berge.

Einen Kilometer später, auf einer Lichtung, der Skulpturenpark Deutsche Einheit. Die größte Skulptur, wenn man sie so bezeichnen will, soll eine Brücke darstellen, die zwei alte Grenzsteine überspannt. Eine Hälfte steht auf bayerischem Boden, die andere auf thüringischem. Exbundeskanzler Helmut Kohl ist Schirmherr der Brücke. Verstehe, deshalb die goldene Farbe. Gold wie goldene Zeiten. War er es nicht, der den wiedervereinten Deutschen blühende Landschaften versprach?

Der Platz ist reich an Symbolen und Botschaften. Vor der Brücke, auf einem Betonsockel, ein Bundesadler aus silberfarbenem Stahl. Ein Stück weiter grüßt eine sechs Meter hohe Stahl-Glas-Konstruktion, die wie eine riesige Kinderzeichnung aussieht, mit erhobenem Arm. Soll Barbarossa darstellen, den Römisch-Deutschen Kaiser Friedrich I. Ihm läuft eine ähnliche, etwas kleinere Figur entgegen, sein Knappe, die Deutschlandfahne geschultert. Man muss die Barbarossa-Sage kennen, um erahnen zu können, was der Künstler mit seiner Brücke-Adler-Barbarossa-Komposition ausdrücken will. Er scheute sich auch nicht, die Sage auf einer Informationstafel bis in die Gegenwart fortzuschreiben.

Mir sind Kunstwerke verdächtig, die epische Texte benötigen, um verstanden zu werden.

Eine andere Stahlinstallation hätten wir beinahe übersehen: Ein stilisiertes Haus mit umgestürztem Stuhl soll das Thema Vertreibung versinnbildlichen. Auch Dörfer dieser Region waren betroffen. In Berkach wurden allein 1952 einundzwanzig Familien umgesiedelt, weil sie Westsender hörten, Verwandte in der Bundesrepublik hatten, Post oder Pakete von »drüben« erhielten oder einfach diffamiert worden waren. In Hermannsfeld waren es sechzehn, in Nordheim und Bettenhausen fünfzehn, in Helmershausen zehn. Dazu passen zwei Stahltafeln mit dem Ausspruch: »Man kann einen Menschen aus der Heimat vertreiben, aber nicht die Heimat aus dem Menschen.«

Die eindringlichste Skulptur benötigt kein Wort der Erklärung: Die stählerne Nachbildung eines Menschen, der, vor Schmerz schreiend, auf die Knie sackt. In seiner linken Brust klafft ein Loch. Aus der richtigen Perspektive betrachtet, sieht man im Hintergrund das Gerippe des alten Grenzturms, der neben der Bundesstraße steht. Diese Straße gehört zu den wenigen, die auch im geteilten Deutschland schon von hüben nach drüben führten.

Aber das erfahren wir erst, als wir weitergehen und neben der Fahrbahn alte Sperranlagen finden, die zum Grenzübergang Eußenhausen – Henneberg gehörten. Diese Passierstelle diente ausschließlich dem Kleinen Grenzverkehr. Beide deutschen Regierungen hatten vereinbart, den Bewohnern grenznaher Landkreise gegenseitige Besuche zu erleichtern. So stand es auf dem Papier. In der Umsetzung geriet es zu einer recht einseitigen Angelegenheit. Sechsundneunzig Prozent der Grenzüberquerer kamen aus der Bundesrepublik. Von den wenigen DDR-Bürgern, die in den Westen reisen durften, waren bis auf drei Prozent alle Rentner, Menschen, die nicht mehr für den Sozialismus rackerten, den Staat nur noch kosteten.

Hier begreifen wir auch, was es mit der Tafel auf sich hat, die wir vorhin neben dem Kolonnenweg gesehen hatten. Sie erinnert an den Grenztruppengefreiten Manfred Weiß, der im Mai 1962 während eines nächtlichen Streifengangs hinterrücks erschossen wurde, von seinem Posten, der danach in den Westen floh. Diese Tafel ist eine von vierzig Erinnerungstafeln, die entlang des Friedensweges aufgestellt wurden, einer Wanderstrecke, die vierzig Kilometer entlang der ehemaligen Grenze bis nach Birx führt.

Auf den nächsten Tafeln erfahren wir etwas über einen der letzten DDR-Flüchtlinge (ein Zweiundsechzigjähriger aus Meiningen, der Ende Mai 1989 die Grenzübergangsstelle mit einem Kehrfahrzeug säubern sollte, einfach Gas gab, bis er auf bayerischem Boden ankam), über den Stützpunkt des Geheimdienstes der US-Armee auf einer nahen Bergkuppe und über einen DDR-Grenzer, der im Oktober 1985 bei Stedtlingen desertierte.

Wir bleiben auf dem Friedenswanderweg, der allerdings eher einem Trampelpfad gleicht. Durch ein kleines Waldstück und über ein Feld führt er zum Dachsberg. Dort der nächste Grenzturm, der sechste heute, und das acht Meter hohe *Weltfriedenskreuz*. Auf dem Querbalken steht: »Frieden sei dieser Welt beschieden«, die Anfangszeile eines Liedes des Chorpatriarchen Gotthilf Fischer, dessen Idee die Errichtung des Kreuzes auch war. Ursprünglich stand es auf dem Feld eines Bauern, aber der wollte nach der Wende, dass es wieder wegkommt.

Später müssen wir unseren Kurs verlassen. Brauchen dringend Wasser, biegen deshalb nach Willmars ab. Davor, auf einem Getreidefeld, unter zwei Kiefern, wieder ein Gedenkstein: »Gerd Palzer – Zollgrenzassistent – 29. Juli 1952 – in treuer Pflichterfüllung.« Im Dorf erzählt eine alte Frau, der Zöllner wurde auf dem Feld, auf bayerischem Boden, von DDR-Grenzpolizisten erschossen. Mehr weiß sie auch nicht.

Wir müssen einmal durch den Ort, um die einzige Tränke zu finden. Und da wir nun in Bayern sind, bleiben wir auch. Betrachten wir es als Abschiedsmarsch. Wenn nichts schiefgeht, werden wir das Bundesland morgen hinter uns lassen.

Wir haben die Fahrbahn für uns alleine. Ruhig hier, nur die weißen Rinder auf der Weide muhen. Und zwischendurch blöken welche wie Schafe, das sind wohl die Kälber.

Im Handumdrehen erreichen wir Filke. Das Dorf lag so nah an der Grenze, dass ein Gebäude zur Hälfte auf DDR-Territorium stand. Allerdings stritt sich niemand darum. Es musste auch nicht abgerissen werden, es war bereits eine Ruine. Heute wird sie Ruine Mauerschädel genannt, offenbar weil die Reste des Kirchenturms an einen Totenschädel erinnern. Im Mittelalter soll es eine stattliche Kirchenburg gewesen sein.

Eigentlich wollten wir von Filke nach Weimarschmieden weiter. Nachdem uns allerdings drei Frauen sagen, dort würden wir nirgends unterkommen, schlagen wir den Weg nach Fladungen ein. Heute ist nicht der Tag für Experimente. Fladungen, die nördlichste Stadt Bayerns, ist ein Touristenort – dort sollten wir ohne Probleme eine Unterkunft finden.

Die letzte Anhöhe vor dem Ziel erreichen wir völlig durchgeschwitzt. Wir sehen auf Fladungen hinunter, verschnaufen ein Weilchen. Bis uns das Geräusch eines Autos aus den Gedanken reißt. Ein grauer VW bremst und wirbelt Staub auf. Am Steuer sitzt eine Frau um die sechzig, die uns mitnehmen will. Wie bitte? Seit zwölf Tagen sind wir unterwegs, und sie ist die Erste, die uns fragt.

Auf dem kurzen Stück hinunter erzählt sie, wie sie als Kind immer die Kühe der Eltern auf die Wiese trieb, an der sie uns aufgelesen hat. Sie liebte es, dort oben zu sitzen und zu träumen. Noch heute fährt sie mindestens einmal die Woche hinauf, um sich an ihre Kindheit zu erinnern.

Als wir vor einem Gasthof im Zentrum aussteigen, hören wir das Grollen eines nahenden Gewitters.

14. Mai 2008 – Simmershausen

Gestern Abend habe ich nichts mehr aufgeschrieben. Ich dachte, es wäre sinnvoller, die Zeit mit Robin zu verbringen. Wir haben auf der Terrasse des Gasthauses ausgiebig gegessen und sind hinterher durch den Ort spaziert, durch die schmalen Gässchen, über den Marktplatz und an der Stadtmauer entlang, die den Kern noch vollständig umschließt wie im Mittelalter, als sie gebaut wurde.

Nachdem wir einmal fast herum waren, sind wir zum Freilandmuseum gelaufen. Wie ein kleines Dorf von vor zweihundert Jahren: Tagelöhnerhäuser, Schäferei, Ölschlagmühle, Dorfschule, Brauhaus und Gastwirtschaft, sogar eine Dorfkirche. Und alles Originale. Jedes Haus stammt aus einem anderen Dorf Unterfrankens, drohte dort zu verfallen oder sollte abgerissen werden. Das Gasthaus stand vorher in Alsleben, wo wir vorgestern waren, die Kirche in Leutershausen, eines der Bauerngehöfte in Trappstadt, die Ölmühle in Wiesthal.

Bevor wir heute los können, müssen wir warten, bis die Apotheke öffnet. Unsere Blasenpflaster sind aufgebraucht. Die Dinger gehen ganz schön ins Geld. Momentan verbrauchen wir jeden Tag eine Packung. In der Anleitung steht, man soll die Pflaster mehrere Tage drauflassen, dann heilen die Blasen besser. Wir haben verschiedene Sorten probiert, bei allen dasselbe: Nach jedem Marsch scheint sich ein Teil aufgelöst zu haben, und der Rest klebt wie Kaugummi an den Socken.

Wir verlassen Fladungen nach Norden. Neben der Straße gibt es Gott sei dank einen Radweg. Ich denke vor allem an Robin. Der Tag muss gut laufen, dann ist er wieder besser drauf. Hoffe ich.

Am Ortsrand ein gekreuzigter Jesus. Auf dem Sockel die Inschrift: »Es ist vollbracht!« Na, ich weiß nicht.

Wir durchqueren Oberfladungen, gehen nach Melpers. »In Melpers hab ich viel Vergnügen gehabt«, schrieb Goethe einst an Charlotte von Stein. In seiner Zeit als Weimarer Minister soll er mehrmals hier gewesen sein. Vermutlich deshalb gibt es auch einen Johann-Wolfgang-von-Goethe-Weg. Sonst heißen die Straßen nur Untere Dorfstraße, Obere Dorfstraße, Hintere Dorfstraße.

Wir folgen dem Goethe-Weg aus dem Dorf hinaus, bis Fichtenwald beginnt und kurz darauf Lochplatten zu sehen sind. Es geht gleich einen Berg hinauf. »Zum Warmwerden«, kommentiert Robin. Huschte da ein Lächeln über sein Gesicht?

Schnell sind wir auf einer Höhe von fast siebenhundert Metern. Noch schneller vergeht uns der Spaß. Und daran sind wir selbst schuld. Als der Weg plötzlich aufhört, weichen wir nicht auf eine schmale Schotterstraße aus, stattdessen stapfen wir weiter wie zwei trotzige Kinder, über eine wilde Wiese in das nächste Waldstück. Schlagen uns durchs Unterholz, obwohl es nicht so aussieht, als wäre hier jemals einer langgekommen. Auf dem Boden wuchern Gras und allerlei Unkräuter. Astbruch knackt unter den Schuhen.

Irgendwann finden wir doch einen passablen Waldweg und schöpfen Hoffnung. Eine traumhaft schöne Strecke durch scheinbar unberührten Mischwald. Am Rand dominieren Laubbäume, die sehr dicht stehen. Es riecht nach feuchtem Moos. Zitronenfalter treiben ihre Spielchen mit uns. Aber dann hört der Weg plötzlich auf, ist einfach zu Ende, kein Schild, nichts, nur urwaldähnlicher Baumwuchs vor uns, undurchdringlich.

Also wieder zurück, die andere Richtung. Hier ist der Wald genauso idyllisch, aber dafür haben wir keinen Blick mehr. Nach zwei Kurven ist wieder Schluss. Wir sind nur noch genervt. Müssen aber irgendwie weiter, geraten immer tiefer in den Wald und verlieren völlig die Orientierung, da wir auch nicht mehr sehen, wo die Sonne steht.

Es dauert eine Ewigkeit, bis wir zu einer Lichtung mit gefällten Bäumen finden, die kreuz und quer auf dem Boden liegen. Von hier an folgen wir den Reifenspuren von Waldarbeiterfahrzeugen.

Erleichterung, als wir endlich Motorenlärm hören! Ein Waldarbeiter hievt mit einem Kran Baumstämme auf einen Sattelschlepper. Aber was der Mann sagt, trifft uns wie Messerstiche: »Wenn ihr den Weg weiterlauft, kommt ihr direkt nach Oberfladungen.«

Verflucht, die ganze Zeit im Kreis gelaufen! Ich könnte heulen!

Im selben Moment prescht ein dunkelgrüner Jeep heran. Der Revierförster. Er hält uns für Kurzzeitwanderer und denkt, wir wollen zum Heimatblick auf dem Salkenberg. Als wir nach dem

Kolonnenweg fragen, geht er in die Hocke und zeichnet mit einem kleinen Stock eine Wegskizze auf den Boden.

Ich weiß auch nicht, was uns sticht. Sofort schlagen wir ein Tempo an, als müssten wir die Zeit, die wir verloren haben, auf den nächsten hundert Metern wieder einholen. Und obwohl das letzte Stück verdammt steil ist, drosselt keiner die Geschwindigkeit. Oben japsen wir nach Luft, als hätten wir eben den Weltrekord im Langstreckentauchen gebrochen. Unsere T-Shirts triefen, die Hosen kleben an den Oberschenkeln.

Der Salkenberg, den wir wie zwei Flüchtende erklommen haben, ist mit siebenhundertfünfundsiebzig Metern einer der höchsten in der Umgebung. Wie für Berge der Rhön typisch, ist sein Gipfel keine Spitze, sondern ein an den Rändern leicht abschüssiges Plateau.

Wie soll ich den Blick beschreiben? Atemberaubend? Überwältigend? Aber es geht nicht allein um den Blick. Sowieso sind es mehrere Blicke, unzählige Blicke. Das hier oben hat sehr viel mit Gefühl zu tun, mit einer ganz besonderen Stimmung, die einen erfasst. Ich will nicht sagen, es wäre ein religiöser Moment, aber er geht schon sehr tief. Wir stehen ganz allein auf der riesigen Fläche. Ein Meer aus winzigen Blüten, blaue und weiße und gelbe. Dazu diese Aussicht!

Keine fünf Minuten, und die Strapazen der letzten Stunden sind vergessen.

Auf dem Bergplateau liegt auch jener Heimatblick, den der Förster gemeint hatte: eine kleine Gedenkstätte, ein Aussichtspunkt, in den Sechzigerjahren von früheren Einwohnern des thüringischen Dorfes Kaltensundheim errichtet, die von hier auf die von ihnen verlassene Heimat schauen konnten.

Plötzlich geht alles ganz einfach: Der Weg nach Frankenheim ist ausgeschildert. Und der Kolonnenweg verläuft jetzt auch genau dort, wo er auf unserer Karte eingezeichnet ist. Als wäre der Vormittag bloß ein schlechter Traum gewesen.

Frankenheim, der höchstgelegene Ort der Rhön. Jahrhundertelang soll es auch der ärmste gewesen sein. Das kann man sich heute schwer vorstellen. Die vielen großen und gut erhaltenen Wohnhäuser, mit Fachwerk und ohne, fallen einem sofort auf. Mir zumindest, Robin nicht, er hat heute keinen Blick dafür, ist nur genervt, wirkt ungeduldig.

Anfangs übersehe ich seine Miene noch absichtlich. Am Ortsausgang frage ich: »Was ist?«

»Nichts.«

»Du hast doch was?«

»Quatsch, komm jetzt«, knurrt er, verdreht die Augen und läuft einfach weiter.

Manchmal sind wir uns so nah, dass ich zu wissen glaube, was in ihm vorgeht. Aber dann gibt es Situationen, da verschließt er sich völlig, und ich weiß dann nie, wie ich mit ihm umgehen soll. Eine Konfrontation scheint mir im Moment nicht die Lösung. So weitermachen können wir auf Dauer aber auch nicht.

Wir schweigen. Fast eine Stunde fällt zwischen uns kein Wort. Zwischendurch beobachte ich Robin aus den Augenwinkeln. Er starrt nur geradeaus, zeigt keine Regung.

Irgendwann halte ich die Spannung zwischen uns nicht mehr aus, versuche, ihn doch in ein Gespräch zu verwickeln. Aber er lässt sich nicht darauf ein. Wieder herrscht Stille.

Dann auf einmal bricht es aus ihm heraus: »Mich kotzt diese verdammte Wanderung an!«, faucht er. »Ich habe einfach keinen Bock mehr, ständig durch diese Einöde zu latschen! Das ist doch völlig unnormal, was wir hier machen. Alle fahren mit dem Auto, und wir? Was macht das für einen Sinn? Es ist nur langweilig! Und was bringt uns das? «

Er flucht noch mehr, aber ich kann mir nicht alles merken.

Dann eine Pause. Minutenlange Stille.

Und dann der Abschluss: »Es steht mir bis hierhin ... hörst du?!«

Das also ist es, was er die ganze Zeit mit sich herumschleppt. Er glüht vor Wut. Und ich fühle mich wie vor den Kopf geschlagen, weiß nicht, wie ich mich verhalten, was ich ihm erwidern soll.

Wieder verstreichen Minuten, in denen keiner etwas sagt.

Ich brauche Zeit, um den Schock zu verdauen. Zwingen kann ich ihn nicht. Ich will mir aber auch nicht vorstellen, dass er hinschmeißt und mit dem nächsten Zug nach Hause fährt.

Es mutet fast komisch an, dass wir die ganze Zeit weiterlaufen, als könnten wir gar nicht mehr anders.

Mit seiner kleinen Schimpfkanonade hat Robin einen Graben zwischen uns aufgerissen, und ich suche nach einer Brücke, über die wir aufeinander zugehen können. Womit könnte ich ihn umstimmen? Er soll nicht nur mir zuliebe weitermachen. Wer läuft schon tausendvierhundert Kilometer für jemand anderen? Er muss es auch für sich selbst wollen.

Schließlich frage ich ihn einfach, was ihm gerade durch den Kopf geht. Soll er selbst entscheiden, worüber er sprechen will. Hauptsache, das Schweigen nimmt ein Ende.

Er reagiert erstaunlich offen. Ihn beschäftigt, warum er Situationen, die ihm unangenehm sind, ausweicht, vor ihnen wegläuft oder sie verdrängt. Obwohl er gerade ja nichts verdrängt hat, ist er darin sonst wirklich ein Meister. Und so sprechen wir über Freundschaften, die er nicht gepflegt hat, und über ein Mädchen, in das er verliebt war. Es wird ein langes Gespräch.

Ohne uns noch einmal zu verirren, erreichen wir Oberweid. Die ersten Gebäude sind Kuhställe. Daneben türmen sich Misthaufen. Doch der Gestank ist nicht das Schlimmste. Auf einmal attackiert uns ein Schwarm Bremsen und verfolgt uns. Erst im Dorf lassen die Biester von uns ab.

Dafür eine andere seltsame Erscheinung: Eine ältere Frau jenseits der sechzig schwebt in einem neonpinkfarbenen Kleid vor uns über die Straße, mit zu Schwingen ausgebreiteten Armen. Wie in Trance ruft sie mit einem eigentümlichen Singsang: »Bringt … ihr … das … gute … Wetter?«

Etwas verwirrt antworte ich: »Jedenfalls scheint die Sonne, seit wir unterwegs sind.«

Daraufhin ertönt ihre Stimme erneut: »Ja, ja, … so … ist … das, … wenn … zwei … süße … Engel … reisen.« Sie lächelt mit breitem Mund und tänzelt über die Fahrbahn. Robin und ich sehen uns an. Wir denken beide das Gleiche: Besser weg hier!

Dann Simmershausen. Hessen. Und das Gasthaus am Dorfplatz, das nicht anders aussieht als die in Bayern. Die Gastwirtin mustert uns streng. Etwas verunsichert schaue ich an uns herunter. Unsere Hosen sind von der Sonne verblichen, die Wanderschuhe nicht gerade poliert, und wahrscheinlich sieht man auch, dass wir unterwegs geschwitzt haben. Aber ansonsten finde ich unsere Erscheinung ganz akzeptabel.

Außerdem steht vor der Tür ein Schild: »Hier ist der Wanderer willkommen!«

Wir wollen jetzt auch hierbleiben. Ich gebe mein Bestes, breche mir vor Freundlichkeit fast einen ab, aber die Wirtin verzieht keine Miene. Alles, was ich erzähle, kommentiert sie mit: »Selbst schuld, wenn Sie sich das antun!« oder »Ich finde Wandern ja blöd!«

Ich versuche trotzdem zu lächeln und bin bass erstaunt, als sie uns auf einmal doch in den ersten Stock führt und ein Zimmer gibt. Und was für eines! Ein schöneres hatten wir noch nicht. Dann sagt sie streng: »Hier wird aber nicht geraucht!« und lässt uns allein.

Kaum ist die Tür zu, müssen wir lachen. Diese Frau hat sich kein bisschen verstellt, sodass ich ihre Ablehnung schon beinahe wieder sympathisch finde. Robin und ich beschließen, es einfach nicht persönlich zu nehmen.

Wir machen uns frisch und erkunden das Dorf. Auf dem Friedhof treffen wir eine Frau, die gerade ihren Mann – »Gott hab ihn selig« – gießt, wie sie es ausdrückt. Sie ist achtzig und sagt, sie habe viele Erinnerungen an ganz früher, als sie noch selbst in Thüringen lebte, bevor sie 1952 hierher zu ihrem Mann zog, und an früher, als sie mit der Grenze leben mussten. Sie habe oft gesehen, wie die Bauern hinter dem Zaun auf den Feldern arbeiteten und von Uniformierten bewacht wurden, die ihre Maschinenpistolen im Anschlag hielten. Sie erzählt auch, wie es war, als sich im Herbst 1989 wildfremde Menschen von hier und drüben in die

Simmershausen, am Dorfplatz

Arme fielen, vor Glück weinten. »Aber diese Begeisterung hat sich längst gegeben.«

Zum Abendessen sitzen wir wieder im Gasthaus. Im Nebenzimmer Musik. Begleitet von einem Klavier, probt der Männerchor des Dorfes *Only you*. Das Essen ist köstlich, der Gesang – sagen wir: mittelmäßig. Zum Schluss, beinahe hätten wir es vergessen, bestellen wir Sekt. Jedes Bundesland, das wir hinter uns lassen, wollen wir mit Sekt begießen. Die Wirtin bringt *Rotkäppchen halbtrocken*, ausgerechnet. Nach der Wende haben sich alle über diese DDR-Sektmarke lustig gemacht. Inzwischen hat das Unternehmen einige westdeutsche Hersteller aufgekauft und ist bundesweit Marktführer. Eine der seltenen Erfolgsgeschichten ostdeutscher Firmen.

»Prost!«, sage ich, halte Robin das Glas entgegen und seufze: »Was für ein Tag!« Wenigstens die strenge Wirtin ist jetzt schon viel freundlicher.

15. Mai 2008 – Ketten

Robin hat geträumt, mit Jack White von den White Stripes und Pete Doherty Songs geschrieben zu haben. Er saß mit ihnen im Studio und tüftelte an neuen Arrangements – als gleichberechtigter Partner, das war das Irre. Sonst ist er morgens immer ziemlich verschlafen, kommt schwer in die Gänge. Heute ist er mit einem Schlag hellwach und ganz aufgedreht.

Beim Frühstück ist die Wirtin wie ausgewechselt: »Jetzt erzählen Sie doch noch mal: Sie laufen also die alte Grenze ab?« Erkenne ich da ein Lächeln in ihrem Gesicht? Und wie aufmerksam sie mir zuhört.

Und bevor wir uns auf den Weg machen, sagt sie sogar noch mit fast sehnsuchtsvoller Stimme: »Ich würde auch gern mal wandern, habe aber leider keine Zeit, jemand muss sich ja ums Gasthaus kümmern.« Ich kann mir ein Grinsen nicht verkneifen. Wir verabschieden uns sehr herzlich von ihr.

Heute wollen wir einfach nur wandern und die Landschaft genießen. Ich will es Robin so angenehm wie möglich machen, aber laufen muss er schon. Insgeheim hoffe ich, dass die Strecke nicht so anstrengend wird, damit wir uns unterhalten können.

Robin wirkt nicht mehr so verbiestert wie gestern. Muss an seinem Traum liegen. Während wir nach Dippach laufen, malt er sich wortreich aus, wie es wäre, ein erfolgreicher Musiker zu sein. Ich muss an meinen Vater denken, der sich mit der Musik, die ich als Jugendlicher hörte, nie anfreunden konnte. Eine große Auswahl hatten wir in der DDR auch nicht. Im Radio brachten sie überwiegend Ostmusik. Westdeutsche Radiosender konnten wir mit unserem Transistorradio nur schlecht empfangen. Am besten kriegten wir noch *RIAS Berlin*. Meinen Eltern war das auch nicht so wichtig. Sie hörten meistens Schlager oder Volksmusik, da war der Unterschied zwischen Ost und West ohnehin nicht gravierend. Einen Kassettenrekorder hatten wir noch nicht. Und ein Plattenspieler kam erst ins Haus, als mir meine Großmutter einen schenkte, ein uraltes russisches Modell, das sie nie benutzt hatte. Dazu gehörte eine russische Schallplatte, *Die sechs Orden der Komsomolzen.* Auf dem Cover eine rote Fahne mit dem Bildnis von Lenin. Und darunter stand: »Literarisch-musikalische Kompositionen«, auf Russisch. Ich weiß nur noch, dass ein Orchesterstück von Schostakowitsch drauf war und ein Text von Juri Gagarin, dem ersten Menschen, der ins Weltall geflogen war.

Mit sechzehn oder siebzehn drängte ich meine Eltern, einen besseren Plattenspieler für die Familie anzuschaffen. Sie gaben mir Geld, und ich fuhr mit der Bahn nach Berlin, um einen zu besorgen. Ich wollte das beste Modell, und das kriegte man nur in Berlin.

Zufällig fiel mein Ausflug auf den 13. August. Ich hatte mir nichts dabei gedacht. Als ich abends zurückkam, später als vereinbart, da ich einen Zug verpasst hatte, wartete mein Vater schon aufgeregt. Jemand hatte ihn an seiner Arbeitsstelle angerufen und ausgequetscht, warum ich ausgerechnet an diesem Tag in die Hauptstadt fahren musste. Bis heute weiß ich nicht, wen das so brennend interessierte. Da ich aber nicht allein in Berlin war, sondern mit meiner Freundin, deren Familie Verwandte in der Bundesrepublik hatte, zu denen auch Kontakt hielt, konnte ich mir vorstellen, dass die Stasi dahintersteckte.

Der Plattenspieler funktioniert heute noch. Meine Schallplatten habe ich auch aufbewahrt. Zwei- oder dreimal im Jahr lege ich eine davon auf. Irgendwie hänge ich an ihnen. Vielleicht weil es in der DDR so mühsam war, an vernünftige Platten heranzukommen. Wenn im Plattenladen neue Ware ausgepackt wurde, stellten sich manche Leute einfach in die Schlange, auch wenn sie gar nicht wussten, wessen Musik sie da kauften.

Ich freue mich, dass ich Robin zum Schmunzeln bringe. Für ihn, der nie ohne seinen iPod aus dem Haus geht, muss das wie ein Märchen klingen. Wenn ich mir diese Entwicklung vor Augen führe, komme ich mir ziemlich alt vor. Trotzdem versuche ich, tolerant zu sein, was seinen Musikgeschmack angeht. Gelingt mir nicht immer und in letzter Zeit immer seltener. Wobei ich mich frage, ob das an der Musik liegt oder am Altersunterschied. Aber ein paar Bands gibt es, die mögen wir beide.

»Weißt du noch?«, unterbricht mich Robin. »Wir bei den Stones ...«

Gedankenübertragung! Gerade wollte ich davon anfangen. Für mich sind die Rolling Stones die Größten, und als Robin noch klein war, wünschte ich mir, sie einmal mit ihm zusammen zu erleben. Bis Robin elf oder zwölf war, geduldete ich mich, zitterte nach jeder Stones-Tour, es könnte ihre letzte gewesen sein. Dann bekam ich Karten für das nächste Deutschland-Konzert. Zufällig fand das in Leipzig statt. Bei der Gelegenheit konnte ich Robin gleich zeigen, wo er seine ersten zweieinhalb Lebensjahre verbracht hatte. Beim Konzert regnete es ein bisschen, aber das störte uns nicht. Robin saß die meiste Zeit auf meinen Schultern. Ich glaube, er war ziemlich überwältigt. »Warst du doch?«

Während wir in Erinnerungen schwelgen und alle Konzerte durchgehen, die wir gemeinsam besucht haben, kommen wir nach Kleinfischbach. Ein Junge auf einem Fahrrad meint, wir müssten auf den Berg hinauf, um den Kolonnenweg wiederzufinden, den wir unterwegs verloren haben, als wir über eine Kuhweide mussten. Tatsächlich liegen oben die Platten. Aus dem Weg könnte man ohne Weiteres einen Kräuterlehrpfad machen. Schafgarbe erkenne ich noch, wilde Erdbeeren, Windröschen und Brennnesseln auch, dann muss ich passen.

Es läuft sich gut, wir können reden. Robin ist immer noch beim Thema Musik. Ich würde lieber wissen, woran ich bin.

»Willst du immer noch aussteigen?«, frage ich.

Er lässt sich Zeit, bis er sagt: »Weiß nicht.«

»Ich kann dich nicht zwingen, aber überleg mal, wie viel wir schon geschafft haben.«

»Trotzdem wird es noch ewig dauern, bis wir am Ziel sind.«

»Einen Monat, vielleicht anderthalb«, schätze ich.

»Ist doch ewig.«

»Wollen wir einen Tag Pause einlegen, in eine größere Stadt fahren, mal was anderes sehen und einfach nur abhängen?«

Robin überlegt, dann sagt er: »Klingt verlockend. Aber dann dauert es noch länger.«

»Wann weißt du denn, ob du weitermachst oder nicht?«

»Wir laufen doch, oder?« Er macht es einem nicht leicht.

»Schon, aber gestern hörte es sich an, als würde dich alles ankotzen und …«

»Das war nicht alles so gemeint. Ich war einfach genervt. Tut mir leid. Aber ich bin froh, dass es raus ist. Heute geht's schon viel besser.«

»Du sollst auch sagen, wenn dir was nicht passt. Ich hatte auch schon schlechte Tage. Aber wir schaffen das nur, wenn wir uns aufeinander verlassen können. Ich meine, wenn für jeden von uns klar ist, dass er nicht aufgibt, egal, wie es gerade läuft.«

Er antwortete nicht. Ich halte das Schweigen einige Minuten aus. Dann versuche ich, ihn bei seiner Ehre zu packen: »Ich hab dich vorher gefragt, ob du mitkommst. Du hast es dir überlegt und eine Entscheidung getroffen. Dazu solltest du jetzt auch stehen. Man kann nicht alles hinschmeißen, nur weil es mal unbequem wird oder einem gerade nicht in den Kram passt. Das wird dir noch häufig passieren.«

»Tue ich doch gar nicht.«

»Manchmal schon, das weißt du auch.«

An der Landstraße, die Andenhausen mit Tann verbindet, treffen wir Martin. »Martin und seine Gulaschkanone«. So steht's auf dem armeegrünen Transporter, der quer auf dem Kolonnenweg parkt. Martin ist Mitte fünfzig, etwas untersetzt, er trägt unterm Kinn mehr Haare als auf dem Kopf und scheint ein Spaßvogel zu sein. Er steht an der Gulaschkanone, schenkt Soljanka aus, reicht Thüringer Rostbratwürste und Getränke und garniert alles mit launigen Sprüchen.

Es herrscht mehr Andrang als in den meisten Gasthäusern, in denen wir waren. Ein Truck und zwei Autos parken am Straßenrand. Ein drittes hält gerade. Ihm entsteigen zwei Frauen und ein Mann, junge Leute, etwa so alt wie Robin. Sie kommen aus Dresden und wollen zwei Dörfer weiter nach Empfertshausen,

Martin, seine Gulaschkanone und eine Bratwurst

zur Schnitzschule, an der sie eine Ausbildung zum Holzbildhauer beginnen werden.

Martin sabbelt in einer Tour. Als er von unserer Grenzwanderung hört, verkündet er, sein kleines Unternehmen stelle die Wiedervereinigung in Perfektion dar: Die Gulaschkanone, ein tschechisches Fabrikat, stammt aus alten NVA-Beständen. Und der VW-Transporter war früher bei der Bundeswehr im Einsatz. Auf die Frage, was sein Nummernschild WAK bedeute, witzelt er: »Kannste dir aussuchen: ›Waren alle Kommunisten‹ oder ›Wessi-Abwehr-Kommando‹.«

Wir haben also den Wartburgkreis erreicht. Das heißt, wir nähern uns der Wartburg in Eisenach – und ja irgendwie auch der Ostsee.

An seinem sächsischen Dialekt erkenne ich, dass Martin kein Einheimischer ist. Er kommt aus der Nähe von Chemnitz, ist in Leipzig aufgewachsen und hat dort bis 1993 gelebt. Aber seine Frau sei eine echte Andenhausenerin, erzählt er, und ich denke:

eine Grenzerliebe. Aber das stimmt nur indirekt. Dass er seine große Liebe in dem kleinen Grenzdorf fand, verdankt er seinem älteren Bruder. Der diente als Unteroffizier bei den Grenztruppen, war in der Kompanie am Katzenstein stationiert, dem Berg oberhalb von Andenhausen, und traf in dem Dorf tatsächlich seine spätere Frau. Als sich die zukünftigen Schwiegereltern kennenlernen sollten, besorgte er nicht nur für seine Eltern, sondern auch für seinen Bruder Martin eine Besuchserlaubnis fürs Sperrgebiet.

Im Haus der zukünftigen Schwiegereltern lebte noch ein anderes hübsches Mädchen. Allerdings war das erst dreizehn und Martin schon achtzehn. Sie verguckten sich trotzdem ineinander. Die ersten Jahre schickten sie einander Briefe. Sehen konnten sie sich so gut wie nie. Das änderte sich erst, als Martin zum Grundwehrdienst eingezogen wurde und ebenfalls bei den Grenztruppen landete. Zwar in Berlin, wo er das Ufer der Havel bewachte, doch als Grenzer durfte er zumindest seine Urlaube bei ihr im Sperrgebiet verbringen.

Als das erste Kind unterwegs war, später kam noch ein zweites, heirateten sie und gingen nach Leipzig. Er arbeitete in einer Kugellagerfabrik, sie bei einem Elektronikhersteller. Bis die Wende kam und beide Betriebe erst von westdeutschen Unternehmen geschluckt und dann abgewickelt wurden.

Arbeitslosigkeit und eine klamme Familienkasse trieben sie 1993 nach Andenhausen. »Das Haus gehört der Familie, wir konnten Miete sparen. Außerdem wollten wir nicht in Leipzig herumsitzen und Geld vom Staat kassieren. Dann lieber was Neues versuchen.« Martins Frau fand einen Job als Kanülenschleiferin in Fulda. Das sind vierzig Kilometer hin und nach der Schicht wieder zurück. Martin hatte nicht so viel Glück, arbeitete auf dem Bau – bis die Firma Pleite machte; bei einem Kampfmittelräumdienst – bis keine Aufträge mehr kamen; in einem Getränkehandel – bis der Besitzer jemanden aus der eigenen Familie für ihn einstellte.

Als ihm bei der Arbeitsagentur dann auch noch gesagt wurde,

in seinem Alter bräuchte er sich keine Chancen mehr auszurechnen, kam ihm die Idee mit der Gulaschkanone. Seitdem steht er hier an der ehemaligen Grenze, wenn das Wetter einigermaßen ist. »Manchmal läuft's gut wie heute, manchmal fahre ich auch mit zwei Euro fünfzig nach Hause. Aber immer noch besser, als Däumchen zu drehen. Da würde ich verrückt werden.«

Ich frage, was aus den Kindern geworden ist? Der Sohn verdient sein Geld als Industriekaufmann, die Tochter ist Bürokauffrau. Beide wohnen bei den Eltern. »Das Haus war früher eine Gastwirtschaft, ist groß genug für uns alle.« Die Tochter lebt sogar mit ihrem Freund dort, einem Duisburger. »Doch, der Junge ist in Ordnung«, sagt Martin und lächelt. »Wir sind jetzt eine richtige deutsch-deutsche Familie.«

Neue Kundschaft rollt an, wir verabschieden uns, überqueren die Straße und stehen wieder auf dem Kolonnenweg. Rechts erheben sich die Basaltfelsen des Katzensteins. Auf seinem Gipfelplateau steht ein Hotel, das etwas eigentümlich aussieht. Das Mauerwerk besteht hauptsächlich aus Basaltfindlingen, die auf dem Berg lagen. Gebaut wurde es in den Dreißigerjahren, im Auftrag der Nationalsozialisten, als Erholungsdomizil für verdienstvolle Parteigenossen. Nach dem Zweiten Weltkrieg zogen die Amerikaner ein, dann die Sowjetarmee und kasernierte Volkspolizisten. In den Fünfzigerjahren riss sich das Ministerium für Staatssicherheit die Anlage unter den Nagel, machte ein Ferienheim für Stasi-Offiziere daraus. Es heißt, auch das Ehepaar Honecker ließ es sich dort gut gehen und Hilde Benjamin, die Justizministerin der frühen DDR, die als Hardlinerin berüchtigt und für viele Todesurteile mitverantwortlich war.

Unser Ziel ist ein anderer Berg, der Roßberg, der weiter links liegt und ein Stück höher ist. Am Himmel dichte Wolken. Je höher wir steigen, umso dunkler wird es über uns. Als die ersten Tropfen fallen, schlagen wir uns gerade über eine Kuhweide, mal wieder. Zum Glück lässt uns die Herde in Ruhe passieren. Sie trottet lieber zum Waldrand, um sich einen trockeneren Platz zu suchen.

Am Ende der Weide ist uns der Weg allerdings durch eine meterhohe Barrikade aus aufgestapelten Lochplatten, alten Bäumen und Sträuchern versperrt. Links vorbei können wir nicht, da ist Dickicht, drüber geht auch nicht, bleibt rechts. Ein lichteres Waldstück, dessen Boden ein einziges hüfthohes Brennnesselfeld ist. Ich laufe vorneweg. Der Boden ist feucht und wie Wackelpudding. Bei jedem Schritt schmatzt es unter den Sohlen. Wir versinken immer tiefer. Langsamer! Stopp! Und zurück.

Teamarbeit. Ich suche auf dem Boden nach einem gehbaren Pfad, der uns zum Kolonnenweg zurückführt, taste mich vorsichtig voran. Robin läuft hinter mir, behält die Orientierung und sagt, in welche Richtung wir müssen. Ohne ihn wäre ich garantiert falsch gelaufen. So schaffen wir es, ohne uns zu verirren.

»Okay«, sage ich, als wir wieder Platten unter den Füßen haben, »du kriegst den Titel zurück: King of Orientation.« Zwischendurch war der nämlich an mich gefallen, aber vermutlich nur, weil Robin keine Lust hatte, sich anzustrengen.

Kurz darauf begegnen wir einem älteren Bauern, der dabei ist, neben dem Weg einen Koppelzaun zu reparieren. Zwei von den Elektrobändern wurden durchgerissen oder durchschnitten.

»Welche Tiere schaffen das denn?«, frage ich.

»Was denken Sie? Nur die zweibeinigen!«, antwortet er ernst und fügt mit derselben Stimme hinzu: »Wissen Sie eigentlich, dass Sie hier gar nicht laufen dürfen? Privatgelände. Wir haben uns den Grund und Boden nach der Wende zurückgeholt.«

Wissen wir nicht. Nirgends stand ein Schild.

Die nächsten Kilometer legen wir auf Fußwegen und Straßen zurück. Wir brauchen wieder Wasser und hoffen, in einem Ort ein Geschäft zu finden. Immer dieselbe Leier. Und fast jedes Mal die gleiche Erfahrung. In Günthers? Nichts. In Neuswarts? Nichts. Fünf Kilometer umsonst, eine Stunde verplempert.

Wir wollen es noch bis Spahl schaffen. Auf der Straße vielleicht eine Dreiviertelstunde. Wir nehmen aber den Kolonnenweg, mindestens die doppelte Strecke. Doch erst verkalkulieren wir uns mit dem Seelesberg. Der ist viel steiler, als wir dachten. Ich verausgabe mich völlig. Und dann bremst uns das Wetter. Die Schleusen am Himmel öffnen sich, gleich die ganz großen, weil wir das noch nicht hatten. Gegen den Regen schützen die Capes. Doch das Gewitter macht mir Angst. Riesige Blitze, Donnerkrachen. Noch in der Ferne, aber es treibt auf uns zu.

Ich bin dafür, schleunigst den Wald und den Berg zu verlassen. Wir legen einen Zahn zu, laufen, bis eine Straße kommt, folgen ihr hinunter ins Tal. Nach Walkes, der erste Ort. An einem Bauernhof fragen wir. Bauer Günther ist einer, wie er im Buche steht: groß, breitschultrig, Vollbart, wettergegerbtes Gesicht. Er meint, wir sollen bei ihm warten, bis das Schlimmste vorüber ist.

Bauer Günther sitzt mit seinen zwei halbflüggen Töchtern und einem Angestellten auf der überdachten Terrasse am Haus. Sie befestigen Plastikhalterungen an metallenen Koppelstäben, die später die Stromdrähte halten sollen. Wir lassen uns zeigen, wie das geht, und machen mit. Dafür spendiert er Wasser, einen Teller Knackwürste, eigene Schlachtung, und Brot.

Wir übernachten in Ketten, dem nächsten Dorf. Bauer Günther hatte im dortigen Gasthof angerufen und ein Zimmer für uns reserviert. Wäre gar nicht erforderlich gewesen. Wir sind mal wieder die Einzigen.

16. Mai 2008 – Buttlar

Unsere Schuhe sind über Nacht nicht getrocknet. Verstehe ich nicht. Der Verkäufer hatte behauptet, das Leder sei atmungsaktiv und leite die Feuchtigkeit von innen nach außen, sodass sie ruckzuck trocknen. Von wegen! So können wir jedenfalls nicht loslaufen. Mit unseren Turnschuhen aber auch nicht. Es regnet, und der Himmel hängt voller dunkler Wolken. Unsere Glückssträhne mit dem Wetter scheint vorbei zu sein.

Zwei Stunden später als geplant marschieren wir los. Richtig trocken sind die Schuhe immer noch nicht. Wir kraxeln den

Rößberg hinauf, dessen Hänge bis auf sechshundertvierzig Meter ansteigen. Auf dem Gipfel ein großes Holzkreuz, das die Einwohner von Ketten nach dem Zweiten Weltkrieg aufgestellt haben, um Gott für seinen Schutz während des Krieges zu danken, in dem das Dorf weitgehend verschont geblieben ist.

Jetzt fehlt nur noch der richtige Weg. Wir stapfen durchs Gras und finden keinen. Die Schuhe weichen gleich wieder durch. Jetzt müssen sich nur noch die Pflaster auf den Blasen lösen, dann kriegen wir richtig Spaß.

Also, alles zurück auf Anfang. Laufen wir doch lieber auf der Straße nach Spahl!

In Spahl leben ungefähr vierhundert Menschen. Vier davon treffen wir, als ein Bäckerauto hupend in den Ort gefahren kommt und in einer Sackgasse hält. Vier Frauen, zwei davon im Rentenalter, eine stützt sich auf einen Gehwagen. Die Älteste gönnt sich ein Stück Mohnkuchen, ausnahmsweise, weil morgen Wochenende ist. Eine andere kauft Brot für sich und ihren Mann, aber nur ein halbes, das genügt.

Das große Geschäft macht die Verkäuferin heute nicht. Sie ist trotzdem zufrieden. Vorher stand sie nur in der Backstube, erzählt sie. Die Touren mit dem Auto machen mehr Spaß. So kommt sie raus, kann mit Leuten reden. Zweimal die Woche, dienstags und freitags, fährt sie vier Dörfer ab, in denen es keinen Bäcker gibt. Alles nach einem festen Zeitplan, deshalb darf sie nicht lange plaudern. Wir nehmen jeder eine Quarktasche auf die Hand und essen sie gleich.

An der nächsten Kreuzung zücke ich den Fotoapparat. Am Straßenrand, zwischen zwei Linden, ist eine Jesusfigur ans Kreuz genagelt. Daneben steht das Halteschild für die fahrbare Zweigstelle einer Bank, die jeden zweiten Montag, immer in der geraden Woche, von acht Uhr dreißig bis zehn Uhr fünfzehn hier Station macht. Im Vergleich dazu ist Spahl nahverkehrstechnisch geradezu erstklassig erschlossen. Zweimal täglich fährt ein Bus ab, früh am Morgen und am frühen Nachmittag, allerdings nur werktags.

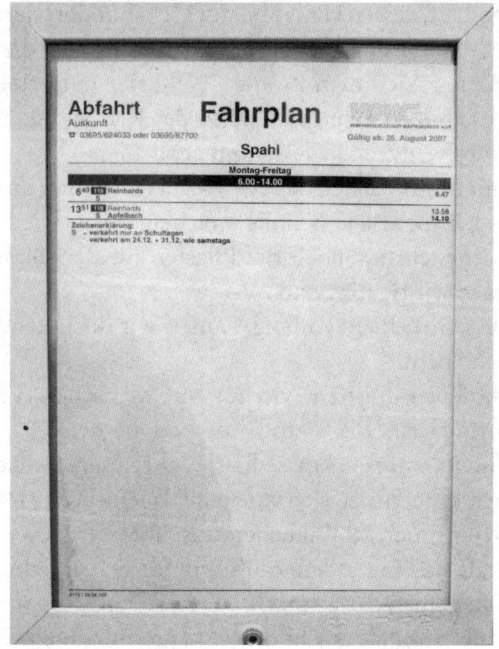

Last Exit Spahl

Nächste Station: Reinhards. Einst das westlichste Dorf der DDR, mit knapp dreißig Einwohnern wahrscheinlich auch eines der kleinsten. Hier lag nun wirklich der Hund begraben: auf drei Seiten vom Grenzzaun umgeben, die Sicht ins Hinterland von einem Berg versperrt. Mehr Abgeschiedenheit geht kaum.

Scheint sich auch nicht viel verändert zu haben. Bis auf einen Traktorfahrer, der mit einer speziellen Vorrichtung Kühe die Straße hinauftreibt, begegnen wir niemandem. Der Bauer hält, weil er wissen will: »Was macht ihr denn hier?« Ich sage es ihm. Daraufhin er: »Gut, wenn sich mal jemand für uns interessiert.« Aber anstatt uns zu erklären, warum, legt er einen Gang ein und lässt den Traktor vorwärtsrollen. Und beim Wegfahren ruft er noch über die Schulter: »Wir waren arme Schweine hier!«

Wir zählen ein Dutzend Bauerngehöfte. Fast alle in Reinhards leben von Ackerbau und Viehzucht. Und anscheinend vom Glauben an die eine himmlische Kraft. Schon dass die kleine Gemeinde über eine eigene Kirche verfügt, wunderte uns, als wir eben daran vorbeiliefen. Jetzt sehen wir in beinahe jedem Vorgarten auch noch eine Heiligenfigur. Kleine filigrane Kunstwerke, mit denen sie die heilige Maria, Mutter Gottes, anbeten oder den heiligen Josef um Beistand für sich und die Dahingeschiedenen bitten. Als wäre die Dorfstraße ein Pilgerpfad.

Gegenüber von Reinhards liegt der Lörnhof. Er gilt als das Gebäude, dass auf westlicher Seite am dichtesten an der ehemaligen Grenze stand. Ganze zwei Meter sollen die Außenmauer von der eigentlichen Grenzlinie getrennt haben. Überprüfen können wir das nicht, alles zugewachsen.

Kaum haben wir das Grundstück betreten, schiebt sich eine hagere Gestalt aus dem Haus. Misstrauische, böse Blicke. Der Mann, der wahrscheinlich älter aussieht, als er ist, hat eine von diesen seltsam gemusterten weiten Baumwollhosen mit Gummizug an, die man auch an Bodybuildern sieht. Sein Gesicht ist von Falten zerfurcht. Er trägt eine Brille mit starken Gläsern. Seine Vorderzähne sind braun, zwei fehlen.

»Leben Sie hier?«, frage ich.

»Wonach sieht es denn aus?«, erwidert er.

»Ist bestimmt einsam.«

»Mmmh.«

»Wird der Hof noch bewirtschaftet?«

»Ja.«

»Und wie war das früher hier, als die Grenze noch stand?«

»Wie soll's gewesen sein? Auch nicht viel anders.«

Der Kerl ist spröde wie ein verwitterter Sandstein.

Wir laufen zum Kolonnenweg zurück, der ist hier sogar als Wanderweg »Grünes Band Thüringen« ausgeschildert. Aber die Strecke ist schwer passierbar: ganze Kolonien von Weinbergschnecken auf Wandertag. In allen Größen. Wir wissen, dass sie unter Naturschutz stehen, und treten nicht blind irgendwohin.

Aber hin und wieder knackt es doch unter unseren Sohlen, unmöglich, allen auszuweichen. Etwas weiter kommen auch noch Nacktschnecken hinzu. Vor lauter Kriechtieren sehen wir den Beton kaum noch.

Längst ist eine Pause fällig. Doch es regnet weiter, und wir finden keine trockene Stelle. Die wenigen Hochstände, an denen wir vorbeikommen, sind verschlossen. Erst kurz vor Setzelbach hört der Regen auf. Wir biegen vom Weg ab, um uns in dem hessischen Dorf einen geeigneten Rastplatz zu suchen. Gleich am Ortseingang eine Sitzbank, die der Wind fast trockengepustet hat.

Danach führt der Weg direkt zum Point Alpha. Hier war bis 1991 das 11. Armored Cavalry Regiment Blackhorse der US-amerikanischen Streitkräfte stationiert, bis zu zweihundert Mann, darunter die Eliteeinheit Ironhorse. Der Beobachtungsstützpunkt war der östlichste Vorposten der NATO und gehörte zur Verteidigungslinie Fulda Gap, die sich entlang der Grenze von Herleshausen bis Bad Neustadt zog. In diesem Abschnitt rechnete die NATO am ehesten mit einer Invasion durch die Armeen des Warschauer Vertrages. Man kann sich vorstellen, dass NVA-Kommandeure und die der sozialistischen Bruderarmeen das mit der Bedrohung genau andersherum sahen. Aber gerade deshalb war der Bereich einer der sensibelsten während des Kalten Krieges.

Nach der Wende wurde der Observation Point auf dem Rasdorfer Berg überflüssig. Die Amerikaner rückten ab. Wie in ehemalige DDR-Grenzkasernen zogen auch hier Asylbewerber ein. Mitte der Neunzigerjahre sollte die Anlage abgerissen werden, wurde nach Bürgerprotesten aber unter Denkmalschutz gestellt. Auch der Beobachtungsturm, auf dem Abhör- und Funksendeanlagen und ein Raketenabschusssystem installiert waren. Heute gehört alles zu einem Grenzmuseum.

Nicht weit von hier, bei Wiesenfeld, ereignete sich im August 1962 ein Zwischenfall, der nie aufgeklärt wurde. Über den Hergang existieren zwei Versionen, eine in den Akten des Bundesgrenzschutzes, die andere in Unterlagen des Ministeriums für

Staatssicherheit. Tatsache ist, dass an jenem Tag ungefähr zweihundert Soldaten der Grenztruppen Löcher für Betonpfeiler des späteren Grenzzaunes gruben. Fünf Vorgesetzte kontrollierten sie. Einer davon war Hauptmann Rudi Arnstadt. Fakt ist auch, dass dieser von einem Geschoss tödlich in den Kopf getroffen wurde, das der Bundesgrenzschutzbeamte Hans Plüschke abfeuerte. Doch während die Bundesgrenzschützer behaupteten, sie seien von den Ostdeutschen beschossen worden, Plüschke habe in Notwehr gehandelt, wurde Arnstadt von der DDR-Regierung posthum zum Helden stilisiert, der wehrhaft sein Vaterland verteidigt habe. Die BGS-Beamten hätten sich auf DDR-Territorium befunden, es sei lediglich ein Warnschuss in die Luft abgegeben worden. Plüschke galt als Staatsfeind und wurde in Abwesenheit wegen Mordes zu fünfundzwanzig Jahren Zuchthaus verurteilt.

Die Sache schien längst vergessen, bis im März 1998 ein Mord für Schlagzeilen sorgte. Auf der Bundesstraße 84, keine zehn Kilometer von der Stelle entfernt, an der Arnstadt sechsunddreißig Jahre zuvor erschossen worden war, wurde um vier Uhr morgens die Leiche eines Taxifahrers gefunden. Das neunundfünfzigjährige Opfer: Hans Plüschke. Wie Arnstadt war er durch einen Kopfschuss getötet worden. Raubmord schied aus, Plüschkes Geldbörse befand sich im Auto. Auch dieser Fall liegt inzwischen bei den Akten – ungelöst.

Während wir uns hier oben mit dem Kalten Krieg beschäftigen, schweifen unsere Blicke immer wieder ins Tal, nach Geisa, ehemals westlichste Stadt der DDR. Die hellen Fassaden der Gebäude leuchten unter roten Ziegeldächern. Nur die Kirche fällt aus dem Rahmen, sie ist schwarz eingedeckt.

Wir gehen hinunter. Die Häuser im Ortskern sind hellgrün und rosa und altrosa und hellblau und ockergelb gestrichen. Auf dem Marktplatz ganze drei Geschäfte, die geöffnet haben. Beim Bäcker holen wir uns Schweinsöhrchen und fragen, warum die Innenstadt an einem Freitagnachmittag wie ausgestorben ist. »So tot ist es hier immer«, erklärt die Verkäuferin, »außer samstagmorgens, dann ist Markt. Die Leute kaufen nur noch im Supermarkt am Stadtrand ein, weil alles ein paar Cent billiger ist. Die meisten Einzelhändler im Zentrum mussten aufgeben.«

Seit einiger Zeit kreist ein Hubschrauber über dem Ort, fliegt so tief, dass wir die Aufschrift *POLIZEI* lesen können. Wir schnüren unser Päckchen und ziehen weiter, wandern auf einem einsamen Radweg an der Ulster entlang. Jemand erzählte, die Ulster sei einer der saubersten Flüsse Deutschlands, in dem noch Bachforellen, Äschen und Bachneunaugen schwämmen.

Kurz vor dem Dorf Borsch fällt uns ein Berg auf, der, noch weit entfernt, wie ein riesiges breit gestrecktes Trapez aus dem Boden ragt. Und noch mehr wundern wir uns über seine Farbe: weiß, wie eingeschneit.

Wir rätseln, bis wir vor einem Schrebergarten anhalten, in dem ein Rentner zugange ist. »Bin froh, wenn mal jemand vorbeikommt«, freut er sich über die Unterbrechung. Was es mit dem weißen Berg auf sich hat? »Das ist der Monte Kali, eine riesige Abraumhalde aus Salz. Wenn ihr weiter an der Grenze wandert, kommt ihr direkt dorthin.«

Robins Augen leuchten. Aber bis morgen muss er sich noch gedulden, heute schaffen wir die Strecke nicht mehr.

Der Hobbygärtner weiß auch, warum der Hubschrauber durch die Gegend fliegt: Seit zwei Tagen wird ein Mann aus Geisa vermisst. Er kennt ihn.

Der Schrebergarten des Rentners ist mit Streckmetallfeldern eingezäunt, sie stammen vom Grenzzaun. Das sehen wir nicht zum ersten Mal. Er erzählt, wie die Männer aus dem Dorf im Herbst 1989 mit Werkzeug loszogen und sich selbst bedienten. »Beste Qualität, unverrottbar. Und die Teile haben gute Maße. Immer drei waren übereinandermontiert. Die untersten einsfünfzig hoch, die beiden oberen ein Meter.«

»Aber erinnert das Streckmetall die Leute nicht ständig an die Grenze, durch die sie eingesperrt waren?«, frage ich.

»Ach wo, wir auf dem Land sind da praktisch veranlagt.«

Bis Buttlar laufen wir noch. Und bevor wir dort lange suchen müssen, kehren wir im Gast- und Logierhaus »Zum Schwarzen

Adler« ein, gleich am Ortseingang, direkt an der Bundesstraße. Schon vor über zweihundert Jahren, als das Haus gebaut wurde, eine günstige Lage, da die Straße von Frankfurt nach Leipzig führte und eine wichtige Boten- und Handelsstrecke war. Damals war hier eine Posthalterei untergebracht, die dem Adelsgeschlecht von Thurn und Taxis gehörte.

Das erzählt der Wirt, während er uns hinauf zu unserem Zimmer bringt. Auf der Tür klebt eine »3«. Nebenan, sagt er, in Zimmer eins, nächtigte einst Napoleon Bonaparte. Aber darüber könnten wir uns morgen beim Frühstück unterhalten. Im Saal wartet eine Festgesellschaft aufs Essen. Und der Gesangsverein hat sich auch angemeldet.

Im Zimmer drehe ich als Erstes die Heizung auf. Es gluckert kurz im Zuleitungsrohr, dann wärmt sich der Heizkörper auf. Hier werden unsere Schuhe endlich trocknen.

17. Mai 2008 – Dankmarshausen

Über den Kaiser der Franzosen, der bei seinem Rückzug nach der Völkerschlacht zu Leipzig im Herbst 1813 von seiner Armee Buttlar plündern und in Brand stecken ließ, um Verfolgern den Weg zu versperren, sprechen wir dann doch nicht mehr. Und auch nicht über Geheimrat von Goethe, der im Jahr darauf in der Posthalterei bewirtet worden sein soll. Wir machen uns früh auf die Socken und sind um halb neun bereits in Wenigentaft.

An einer Abzweigung verlassen wir die Ulster-Fahrradroute schweren Herzens, um dem Lauf des Kolonnenwegs zu folgen, der hier allerdings nicht mehr liegt, sondern durch Splitt ersetzt wurde. Gleich geht es so steil bergauf, dass uns heiß wird. Aber es ist ein gutes Gefühl, den Anstieg zu bezwingen: euphorisierend. Wir versichern uns gegenseitig, was für tolle Kerle wir sind, und bauen uns ein bisschen auf.

Ich liebe diese Momente des Einvernehmens, in denen wir uns als Team verstehen und unschlagbar fühlen. Das war in der letzten Zeit vor der Wanderung leider nicht immer so. Wir hatten uns ziemlich voneinander entfernt, und ich weiß auch gar nicht, wo wir gegenwärtig stehen. Ich hoffe, dass wir uns gerade wieder annähern. Er ist mein Sohn und ich liebe ihn über alles, das steht außerfrage. Und ich bin mir sicher, dass er sein Verhältnis zu mir ähnlich sieht. Dieses gewaltige Fundament ist nicht zu erschüttern. Und trotzdem haben wir zuletzt selten eine gemeinsame Sprache gefunden. Schwer zu sagen, wann es damit anfing. Ich glaube, es war in den Monaten vor seinem Abitur. Als mir klar wurde, dass er für die Zeit danach keinen Plan hatte. Ich wollte, dass er nach den Sommerferien zu studieren beginnt. Er dagegen hatte sich in den Kopf gesetzt, erst einmal gar nichts anzufangen. Er wollte Songs schreiben, mit seiner Band proben und ansonsten chillen. Mein Hasswort seit dieser Zeit. Sobald er damit kam, machte ich dicht. Erst später wurde mir klar, dass chillen für ihn auch bedeutete, Zeit für sich zu haben, um herauszufinden, was er mit seinem Leben anfangen will. Das finde ich an sich okay, wenn es damit verbunden ist, zu suchen und auszuprobieren. Wenn er sich um Praktika gekümmert hätte oder auch für ein paar Monate um die Welt gereist wäre, meinetwegen. Aber er machte keine Anstalten, und ich setzte ihn unter Druck, sich gefälligst einen Studienplatz zu suchen oder einen Job. Daraufhin kam er mit den aberwitzigsten Vorschlägen. Von Woche zu Woche wurde unser Verhältnis angespannter. Ich konnte nicht damit umgehen, dass er nicht zielstrebig war. Und er fühlte sich unverstanden. Irgendwann wurden wir müde, ständig Streitereien auszutragen, sprachen kaum noch miteinander, gingen uns immer mehr aus dem Weg.

Das änderte sich erst, als er sich an einem College in Boston bewarb und nach einem Eignungstest, bei dem er vorspielen und vorsingen musste, auch angenommen wurde. Die Zusage kam vor drei Wochen. Seitdem läuft es besser zwischen uns.

Robin stupst mich an. Ich tauche aus meinen Gedanken auf. Offenbar war ich so tief darin versunken, dass ich ihn nicht gehört habe. Wir sind inzwischen oben angekommen. Vor uns, mitten im Wald, von Bäumen getarnt, ein Wachturm. Auf den wollte er mich aufmerksam machen. Ein klares Indiz: Er interessiert sich wieder!

Wir hatten ganz am Anfang mal darüber gesprochen, als wir die ersten Türme gesehen haben. Robin hatte gehofft, irgendwann einen zu finden, der offen ist und dessen Inneneinrichtung noch so weit intakt, dass wir ihn besteigen können.

Dieser hier hat gar keine Tür mehr. Im Eingang liegt Bauschutt, aber der ist überwindbar. Die Leitern drinnen sind senkrecht angebracht. Über zwei Stockwerke klettern wir zur Aussichtsebene, und mit dem letzten Stück Leiter gelangen wir aufs Dach. Robin findet das aufregend. Für mich ist der Turm mit elf Metern eindeutig zu hoch. Meine Knie werden weich. Damit ich mich am Geländer festhalten kann, überlasse ich Robin das Fotografieren. Er macht auch ein Bild von uns. Ich werde es später vergrößern und ihm schenken, damit er sich immer an diesen Moment erinnern kann.

Vom Dach sehen wir auch wieder den Monte Kali. Weit sind wir nicht mehr entfernt. Aber wir wollen ganz dicht heran. Deshalb lassen wir jetzt den Kolonnenweg mal Kolonnenweg sein, schlagen eine Route ein, auf der wir die alte Grenze überschreiten und nach einer Weile direkt vor der zweihundert Meter hohen Abraumhalde ankommen.

Auch aus der Nähe wirkt der weiße Riese gigantisch, aber irgendwie nicht mehr so beeindruckend. Was vielleicht daran liegt, dass wir jetzt wissen, dass hier im großen Stil Natur zerstört wird. Auch die Vorstellung, dass tief unter uns auf einer Fläche, die ungefähr so groß wie das Territorium von München sein soll, die Erde ausgehöhlt ist, finde ich alles andere als beruhigend. Seit den Siebzigerjahren wird der Berg aufgeschüttet. Mittlerweile lagern hier über achtzig Millionen Tonnen Salzabfall, der zu sechsundneunzig Prozent aus Natriumchlorid besteht. Wie ein ewiger Strom fließt er Tag und Nacht ohne Unterbrechung über die Förderbänder, sodass die Halde täglich um rund sechzehntausend Tonnen wächst.

Wenn die Instrumente schweigen … in Philippsthal

Der Wirt in Buttlar hatte uns vom Bergwerk in Merkers erzählt und uns einen Prospekt gegeben. Merkers liegt zehn Kilometer östlich. Das Salzbergwerk gehörte einst zu den größten der Welt. Kurz vor Ende des Zweiten Weltkriegs versteckten die Nazis den Goldschatz der Reichsbank, Bargeld und wertvolle Kunstschätze in den Schächten, die sich vierhundert bis achthundert Meter unter der Erde befinden. Nach der Wende wurde das Bergwerk von einem westdeutschen Konzern übernommen, dem auch alle anderen Kaliförderstätten dieser Region gehören. 1993 ließen die neuen Bosse den Salzabbau in Merkers einstellen und schickten die Bergleute in die Arbeitslosigkeit. Heute sind die Schächte als Erlebnisbergwerk mit Restaurant und Konzertsaal für Besucher zugänglich.

Salzhaltige Luft soll ja gesund sein. Ich finde den Geruch, den die Abraumhalde verströmt, eher unangenehm. Wie am Meer riecht es jedenfalls nicht. Eher nach den weißen Toilettensteinen, wie in den Pissoirs von Bahnhöfen.

Die Halde ist von einem Maschendrahtzaun umgeben. Besonders gesichert ist das Gelände nicht. An einer Zufahrt steht zwar ein Schild »Unbefugten Zutritt verboten!«, doch die rotweiße Schranke, die die Einfahrt versperren soll, liegt daneben auf dem Boden. Jeder kann ungehindert hinein.

Wir verheddern uns mit dem Weg und kommen mitten in einem Industriegebiet heraus. Noch einen Kilometer bis Philippsthal. Auf der Straße. Spaß macht das nicht.

Im Schlosscafé bedient uns ein Mann, der aus Thüringen stammt. Viel mehr erfahren wir nicht. Obwohl wir die einzigen Gäste sind, lässt er sich nicht auf ein Gespräch ein. Und als wir mehr über Philippsthal erfahren wollen, drückt er uns nur die Ortschronik in die Hand, die zu irgendeinem Jubiläum erschienen ist. Ein dünnes Heftchen, im Wesentlichen Kopien alter Zeitungsartikel. Um die inhaltliche Gewichtung zu verdeutlichen: Dem Tag, als die Grenze zwischen Philippsthal und Vacha, wo wir gleich hinwollen, geöffnet wurde und sich die Einwohner beider Orte in die Arme fielen, ist eine einzige Seite gewidmet. Genauso viel Platz bekam ein Artikel über den Ausbau einer Straße.

Ich klappe das Heft zu, bevor der Kellner Trinkschokolade und Erdbeertorte serviert. Wir müssen zweimal hinschauen, um die Lufthappen als Tortenstücke zu identifizieren. An der breitesten Stelle passen keine zwei mittelgroßen Erdbeeren nebeneinander. Aber dafür ist die Trinkschokolade, die laut Speisekarte heiß sein soll, auch gut gekühlt.

Danach haben wir keine Lust mehr auf Philippsthal und laufen an der Werra zum Nachbarort Vacha in Thüringen. Auf der Brücke der Einheit, die über den Fluss in die kleine Stadt führt, lassen wir uns von einem jungen Pärchen fotografieren. Die zwei kichern, sie scheinen sich zu wundern, wie man auf so eine Idee kommt. Ich frage, ob sie wissen, was es mit der Brücke auf sich hat. »Früher durfte man hier nicht drüber, war gesperrt wegen der Grenze«, sagt der Junge, der höchstens achtzehn ist und das, was er »früher« nennt, nicht miterlebt hat.

Auch das Zentrum von Vacha – nahezu menschenleer. Es ist

kurz nach eins, die Geschäfte sind geschlossen. Nur auf dem Marktplatz bewegt sich etwas. Vier Radler, wie wir auf Durchreise, fotografieren sich gegenseitig vor dem Marktbrunnen, im Hintergrund das Rathaus, ein Bau mit aufwendigem Fachwerk. Auf dem Turm der Burg Wendelstein, die gar nicht wie eine Burg aussieht, füttert ein Storch seine Jungen.

Also kehren wir um, überqueren die Brücke wieder, biegen dahinter nach rechts ab, laufen Richtung Oberzella. Dort begegnen wir zum ersten Mal, seit wir unterwegs sind, zwei echten Langzeitwanderern. Die beiden sind sogar noch verrückter als wir, sind vor einigen Tagen in Dresden gestartet und wollen den Jakobsweg bis nach Santiago de Compostela in Nordwestspanien pilgern. Dreitausendzweihundert Kilometer, hat Rainer errechnet, der für die Planung zuständig war und die Route bis ins kleinste Detail ausgearbeitet hat. Er zeigt uns eine Karte, auf der jede Bodenwelle eingezeichnet zu sein scheint. Daran erkennt man den Profi. Sein Begleiter heißt Dieter. Er trägt einen grauen Vollbart, der länger nicht gestutzt wurde. Beide dürften über sechzig sein und kommen aus dem Norden, aus Hamburg und Uelzen. Sie erzählen, dass sie ihre Firmen verkauft hätten, um Zeit für diesen Trip zu haben. Im Gegensatz zu uns sind sie erfahrene Wanderer, sehen auch ziemlich durchtrainiert aus. Bisher sind sie meist in Pilgerherbergen untergekommen. Dass es die hierzulande gibt, ist mir neu. Aber auch das hat Rainer im Vorfeld erforscht und für jede ihrer Stationen mindestens eine Übernachtungsmöglichkeit herausgesucht. Wenn alles planmäßig läuft, wollen sie in vier Monaten am Ziel sein.

Wir wünschen uns gegenseitig Glück und gute Beine.

Hinter Oberzella laufen wir lange durch einen Wald, etwas desorientiert, weil es viel mehr Wege gibt als auf unserer Karte. Doch dann können wir die Stadt Heringen sehen und einen Zwilling des Monte Kali und wissen, dass die Richtung stimmt. Beruhigt legen wir eine Pause ein, packen unsere Rucksäcke auf den Weg, hocken uns drauf. Ein Schmetterling landet auf dem Boden neben uns, zum Greifen nah, als gäbe es uns nicht.

Als wir aus dem Wald herauskommen, stoppt ein Auto neben uns. Ein älteres Ehepaar. Ob wir mitwollen und wohin? Ich bin eigentlich dagegen. Wenn wir bei jedem Auto schwach würden …, aber dann denke ich an Robin, an seine neue Blase, die ihm zu schaffen macht.

Die Eheleute kommen aus Dippach, liegt auch in Thüringen, nur östlich der Werra. Sie fahren für uns extra einen kleinen Umweg nach Dankmarshausen, dort wollen wir übernachten. Der Mann erzählt, dass er im Kalibergbau arbeitete, wie die meisten Männer in der Region. Bis die Wende kam und sämtliche Standorte in Thüringen an einen Kali- und Salz-Konzern in Hessen verscherbelt wurden. Mit tatkräftiger Unterstützung der Treuhandanstalt, die die volkseigene Wirtschaft der DDR abwickelte und dem Konzern auch noch Fördermittel zuschanzte. Nachdem die Milliarden geflossen waren, taugten die Kalivorräte im Thüringer Boden angeblich nichts mehr. Fünfundzwanzigtausend Kalikumpel landeten auf der Straße.

Unser netter Chauffeur war einer von ihnen. Kopfschüttelnd erzählt er: »Die Treuhand half denen, sich den ärgsten Konkurrenten vom Leib zu schaffen. Die DDR war drittgrößter Kaliexporteur der Welt, noch vor der BRD. Das Salz in unseren Schächten hatte eine bessere Qualität. Auf einmal behaupteten die Firmenbosse, der Abbau lohne sich nicht mehr. Und heute? Heute wird das angeblich minderwertige Kalisalz in den Thüringer Schächten von Hessen aus abgebaut. Die Westgruben wurden einfach unterirdisch mit den Ostgruben verbunden.«

In Dankmarshausen hat er noch einen Geheimtipp für uns: das Bürgerhaus. Zu DDR-Zeiten die Polytechnische Oberschule. Nach der Wende wurde sie nicht mehr gebraucht. Zu wenig Schüler. Also baute man sie um. Jetzt gibt es darin einen großen Saal und Übernachtungsquartiere. Wir brauchen nur die Telefonnummer anzurufen, die vorm Eingang hängt. Fünf Minuten später rauscht eine Frau Körner mit dem Auto heran und schließt uns auf. Wir haben das riesige Haus ganz für uns allein.

18. Mai 2008 – Herleshausen

Doofer Tag heute! Die Gegend nicht besonders aufregend und diese Strecke – eine echte Zumutung! Wer hat sich bloß diesen Grenzverlauf ausgedacht?

Wir sind gegen neun in Dankmarshausen losgelaufen. Um zehn waren wir in Kleinensee, fünf Minuten später in Großensee. Die beiden Dörfer liegen gegenüber, nur einige Schritte entfernt. Großensee war DDR, Kleinensee Bundesrepublik. Und dazwischen stand eine lange Betonmauer wie in Mödlareuth. Einen Rest davon kann man sich noch ansehen. Eine DDR-Grenzsäule wurde ebenfalls erhalten und ein Stück Signalzaun. Und auf einer Tafel ist das Schicksal von Hilde Wehner geschildert. Das junge Mädchen aus Großensee gilt als erstes Opfer des Kalten Krieges. Es war siebzehn, als es im April 1946 beim Holzsammeln mit seiner Mutter von einem amerikanischen Soldaten in den Bauch geschossen wurde, anscheinend völlig grundlos, und starb.

Beide Orte wie ausgestorben, nur ein paar Katzen streunten herum. Auf einem Fachwerkbalken eines Hauses lasen wir einen Spruch, den ich mir unbedingt merken wollte: »Schaff und erwirb, zahl Steuern und stirb.« Ein ganzes Leben mit sieben Worten erzählt, reife Leistung!

Verlaufen haben wir uns dann auch noch, weil wieder der alte Grenzweg nicht mehr da war. Und als wir endlich zum Naturschutzgebiet Rhäden kamen, ein Feuchtgebiet, in dem Hunderte von Vogelarten rasten, trafen wir ein holländisches Ehepaar, das sich allen Ernstes über die bergige Landschaft freute, obwohl rundherum nur harmlose Hügel zu sehen waren, kleine Dellen in der Landschaft.

Jetzt, Mittag um eins, stehen wir wieder in Dankmarshausen, diesmal nur am anderen Ende, direkt neben den Bahngleisen. Zum Verzweifeln! Zehn Kilometer gelaufen – und so gut wie gar nicht vorangekommen. Nur weil sich die ehemalige Grenze in zig Bögen praktisch einmal im Kreis windet. Ein Irrsinn war das, den muss man sich mal auf der Karte ansehen: Dankmarshausen von drei Seiten umzäunt, Kleinensee zwischen zwei Zäunen eingequetscht und Großensee fast völlig umschlossen.

Bis wir Obersuhl erreichen, ist der halbe Tag um. Wir peilen gleich die erste gastronomische Einrichtung an. Wir könnten jetzt etwas Handfestes vertragen, aber die Wirtin meint, sie sei allein und mächtig im Stress. Ob es denn nicht auch Kuchen oder Torte täte, beides habe sie fertig.

Dann eben Kuchen, obwohl außer der Wirtin nur wir da sind. Aber ihr gefällt unsere Rücksicht. Sofort wirkt sie weniger gehetzt, hat auf einmal sogar Zeit. Fröhlich verkündet sie, wir seien im Herzbubenland angekommen. Sie trällert ihre Worte fast. Wir verstehen trotzdem nicht gleich, was sie meint. Dann entdecke ich eine Autogrammkarte, die an der Vitrine hinter ihr klemmt: zwei korpulente Herren in knallroten Wämsen, die Wildecker Herzbuben. »Obersuhl ist nämlich ein Ortsteil von Wildeck. Und Wilfried, der Kleinere mit dem buschigen Vollbart, wurde hier geboren. Ist ein Freund von mir.«

Die Straße vor der Gaststube war früher eine Sackgasse und endete hinter dem letzten Haus, direkt an der Grenzlinie. Genau genommen befanden sich die letzten zwei-, dreihundert Meter Asphalt sogar auf DDR-Territorium. Nur der Bürgersteig lag auf bundesdeutschem Gebiet. Erst durch ein Abkommen zwischen beiden Regierungen wurde erreicht, dass die Bewohner mit dem Auto bis zu ihren Häusern fahren konnten.

Von der Grenze zwischen Obersuhl in Hessen und Untersuhl in Thüringen ist bis auf einen ausgeschlachteten Wachturm nichts mehr zu sehen. Wir lassen die Autobahn hinter uns und toben uns beim Aufstieg auf den Fuldaischen Berg aus. Verdammt steil! Bis zum Stillmes, dem nächsten Gipfelpunkt, bewältigen wir einen Höhenunterschied von zweihundert Metern. Langsam wird's sportlich.

Doch nach Stunden erwartet uns eine noch größere Herausforderung: ein Anstieg wie eine Mauer! Wie soll hier jemals ein Armeetrabi mit seinen fünfundzwanzig PS hinaufgekommen sein? Robin ist begeistert, zieht den Aufstieg in einem Ritt durch und sieht von oben grinsend zu, wie ich mir einen abkeuche.

Hinter dem Quälberg geht es zwar die meiste Zeit abwärts, dafür wird der Weg deutlich schlechter, bald sind die Platten ganz verschwunden, und aus dem breiten Wanderweg wird ein Trampelpfad.

In einem scheinbar unberührten Waldstück entdeckt Robin eine mit Efeu zugewucherte Grabstätte. Lauter Adlige, Freiherren und Freiinnen des Geschlechts Treusch von Buttlar-Brandenfels. Scheint sich lange keiner gekümmert zu haben.

Ein Stück weiter müssen wir uns aus vier Wegen für einen entscheiden. Wir nehmen den einzigen mit Asphaltdecke. Der sollte am ehesten aus dem Wald herausführen. Tut er auch, dummerweise in die völlig falsche Richtung. Statt nach Osten laufen wir nach Norden, merken das aber erst, als wir wieder an eine Straße kommen.

Dass der erste Ort jenseits der Straße Unhausen heißt, hätten wir vielleicht lustig gefunden, wären wir noch keine achtunddreißig Kilometer gelaufen. Mir schwant, heute stellen wir einen neuen Rekord auf.

Weder in Unhausen noch in Breitzbach und auch nicht in Wommen finden wir ein Quartier. Mittlerweile sind wir bei zweiundvierzig Kilometern. Die Sonne geht langsam unter. Wir sind völlig fertig. Vor jedem Ort hoffen wir, ein Zimmer zu bekommen. Und jedes Mal klappt es nicht.

Von Wommen führt eine Landstraße leicht abschüssig nach Herleshausen. Wir spüren beide, dass wir unser Leistungslimit gerade überschreiten. Seit fast elf Stunden sind wir unterwegs, davon mehr als acht gelaufen, so lange wie noch nie.

Vierundvierzig Kilometer. Kurz vor zwanzig Uhr. Die Sonne ist verschwunden. Woher kommt die Kraft, die uns und die Rucksäcke noch trägt? Mein Rücken fühlt sich an wie betoniert.

Kilometer fünfundvierzig. Innerlich sind wir ganz ruhig, als könnte uns nichts und niemand auf der Welt etwas anhaben.

Laufen wir schnell oder langsam? Wir haben kein Gefühl mehr dafür.

Der sechsundvierzigste Kilometer. Zwanzig Uhr fünf. Wir erreichen Herleshausen. Auf der Ortsbegrüßungstafel steht: »Schön, dass Sie da sind!«

19. Mai 2008 – Großburschla

Heute wollten wir vernünftig sein, länger schlafen und später frühstücken. Nach dem Gewaltmarsch von gestern brauchen unsere Körper Erholung. Doch jetzt ist es kurz nach sechs, und ich bin schon wieder wach. Meine Beine schmerzen und kribbeln, als würden die ganze Zeit kleine Käfer durch die Adern krabbeln. Macht einen ganz kirre.

Sogar Robin wird von alleine wach. Noch vor sieben Uhr. Das ist bisher kein einziges Mal vorgekommen.

Halb neun sitzen wir beim Frühstück. Außer uns hat noch ein Rentnerehepaar in der Pension übernachtet.

»Toll, was Sie da machen«, sagt die Frau, nachdem wir sie über unsere Route in Kenntnis gesetzt haben. »Und dass der junge Mann das alles mitmacht!« Mit dem jungen Mann meint sie natürlich Robin. An diesen Satz habe ich mich inzwischen gewöhnt, auch wenn ich es nicht sehr charmant finde, mir gegenüber. Warum bewundert mich eigentlich nie einer? War schließlich meine Idee.

Nach einer Weile mischt sich ihr Mann in das Gespräch ein und erzählt, dass er ursprünglich aus Wommen stammt, aber auch Erfahrung mit der DDR hat. »In den Fünfzigerjahren haben meine Frau und ich eine Zeit lang in der Sowjetischen Besatzungszone gelebt. Aber die Menschen dort, wir sind mit ihnen nicht warm geworden, wollten schnell wieder zurück. Nur ging das nicht so einfach, die Grenze wurde ja schon bewacht. Eines Tages sind wir früh aufgestanden, noch halb in der Nacht, und haben uns als Waldarbeiter verkleidet. Wir haben nur die wichtigsten Sachen mitgenommen und eine Säge, damit es echt aussieht. Dann sind wir in den Wald und immer weiter, bis wir wieder drüben waren, also hier.«

Als wir loslaufen, fühlen wir uns nicht gerade wie zwei frisch geschlüpfte Küken, aber unsere Beine machen erstaunlich gut mit. Das Kribbeln verschwindet bald.

Wir überqueren die Werra, nehmen den kürzesten Weg nach Lauchröden, Thüringen. Dann weiter über Göringen nach Wartha. Ganz in der Nähe, an der Autobahn 4, befand sich eine der wichtigsten deutsch-deutschen Grenzübergangsstellen, über die auch Freikäufe von politischen Häftlingen aus der DDR abgewickelt wurden.

Ich erzähle Robin, dass der erste Bus von hier aus im August 1964 in den Westen fuhr, mit fünfzig »Politischen«, die ins Notaufnahmelager Gießen kamen. Freikäufe fanden aber auch davor schon statt. Einmal wurden fünfzehn Gefangene gegen drei Waggonladungen Kalisalz eingetauscht. Später lieferte die Bundesrepublik für jeden Häftling Waren im Wert von vierzigtausend D-Mark. Diese Summe erhöhte sich in den Siebzigerjahren auf fast hunderttausend. Bis zur Wiedervereinigung kamen rund dreiunddreißigtausend DDR-Bürger auf diese Weise in die Bundesrepublik.

Ich überlege, wann ich mitbekam, dass es in der DDR politische Gefangene gab und diese deutsch-deutschen Tauschgeschäfte. Zu Hause haben wir *Tagesschau* gesehen. Aber ich war auch mit der Überzeugung aufgewachsen, dass nur Menschen ins Gefängnis kommen, die etwas verbrochen haben. Wenn der Westen Kriminelle zu sich holte, konnte das nur von Vorteil für uns sein. Vermutlich so habe ich es wohl abgetan. Ich weiß es nicht mehr. Beschäftigt habe ich mich damit erst in der Wendezeit, als jeden Tag mehr von dem aufgedeckt wurde, was in der DDR geheim gehalten worden war. Damals lernte ich Rechtsanwalt Wolfgang Vogel kennen, Honeckers Chefunterhändler, der die Häftlingsfreikäufe organisierte.

Aber diese Geschichte muss warten. Erst mal müssen wir überlegen, wie wir weiterkommen. Vor uns Bahngleise, ein Stück den Hügel hinauf die Autobahn. Wie wir die erste Hürde überwinden, bleibt ein Geheimnis, sonst macht das noch jemand nach. Die zweite Hürde ist dann keine mehr: genau an der richtigen Stelle ein kleiner Tunnel.

Aber wo verlief die Grenze? Sieht aus, als wäre nie einer hiergewesen: keine Pfade, keine Fußabdrucke, nicht einmal Tierspuren. Von oben ist nur Laub zu sehen. Doch unter der zentimeterdicken Blätterschicht Äste, halb verrottete Baumstämme, Felssteine, Bodengestrüpp. Wir stolpern, bleiben irgendwo mit den Füßen hängen oder knicken um. Und mit jedem Meter wird es steiler. Wir halten uns nebeneinander, damit keiner die Steine abkriegt, die sich durch unsere Schritte lösen und die Böschung hinunterrollen. Obwohl Böschung, eine Schlucht ist das!

»Halt dich an den Bäumen fest!«, rufe ich Robin zu. Habe Angst um ihn. Habe auch Angst um mich, aber die Angst um ihn ist größer.

Das letzte Stück noch steiler. Und die meisten Stämme sind so dünn, dass sie sich wie Äste verbiegen, wenn wir uns daran festhalten wollen.

Endlich, der Wald wird lichter! Zwischen den Baumkronen kleine Fetzen vom Himmel. Schwaches Blau, mehr grau, die Sonne hat sich noch nicht blicken lassen. Ich atme auf: gleich geschafft!

Auf dem Berg sieht der Wald völlig anders aus. Die Bäume, in der Mehrzahl Buchen, stehen nicht mehr so dicht, sind dafür gewaltig. Und der Boden – ein einziges Meer weißer Blüten. Bärlauch. Der typische intensive Geruch, wie Knoblauch. Am äußersten Rand des Plateaus, so dicht am Abgrund, dass wir hinuntersehen können, finden wir einen Pfad. Ein brauner Strich durchs Bärlauchfeld. Und dann sehen wir, dass wir gar nicht so verkehrt sind: alte Grenzsteine.

Als wir auf einem richtigen Waldweg laufen, erzähle ich Robin die Geschichte von Honeckers Chefunterhändler zu Ende: Über zweihunderttausend DDR-Bürgern soll Vogel geholfen haben, in

Ein Bärlauch-Teppich auf dem Gipfel

die Bundesrepublik auszureisen. Offiziell trat er als Beauftragter des Staatsratsvorsitzenden der DDR für humanitäre Fragen auf. Seine Missionen liefen stets streng geheim ab. Er hatte Kontakte zu hochrangigen Bundespolitikern, aber auch zu verschiedenen Geheimdiensten. Die Freilassung aufgeflogener Agenten war nämlich sein zweites Spezialgebiet. Bis zum Untergang der DDR fädelte er den Austausch von hundertfünfzig Agenten aus dreiundzwanzig Ländern ein, darunter Stasi-Spion Günter Guillaume, der sich zum Persönlichen Referenten von Bundeskanzler Willy Brandt emporgemogelt hatte und dessen Enttarnung 1974 für ein politisches Erdbeben in Bonn sorgte.

Im Frühjahr 1990 hatte ein befreundeter Journalist uns eine Privataudienz bei Vogel verschafft. Wir wollten mit ihm über Erich Honecker sprechen, den er zu dieser Zeit als Anwalt vertrat. Insgeheim hofften wir, mit seiner Hilfe irgendwann zu einem Interview mit Honecker zu kommen. Er hatte sich gut auf unseren Besuch vorbereitet. Zum Beispiel wusste er, dass wir Honecker und dessen Frau Margot in einem sowjetischen Militärhospital in Beelitz-Heilstätten aufgestöbert und fotografiert hatten. Da es die ersten Fotos waren, die es seit dem Zusammenbruch der DDR von den beiden gab, waren sie weltweit veröffentlicht worden. Vogel wusste aber auch, wo ich studiert hatte. Überhaupt schien er unsere kompletten Lebensläufe zu kennen.

Bevor wir unsere Fragen loswerden konnten, stellte er eine Bedingung: Was in diesem Raum besprochen wurde, sollte unter uns bleiben. Später holte er ein Schriftstück aus seinem Tresor, das eine gute Story ergeben hätte. Wir hielten Honeckers politisches Vermächtnis in den Händen. Eine DIN-A-4-Seite, maschinengeschrieben, handschriftlich unterzeichnet. Inhaltlich war der Text nicht besonders brisant: Er, Erich Honecker, habe sein Leben jederzeit in den Dienst der kommunistischen Sache gestellt, sich immer für Frieden und internationale Völkerverständigung eingesetzt und in der sozialistischen Deutschen Demokratischen Republik (ich erinnere mich nicht, ihn in seinen Reden jemals nur »DDR« sagen gehört zu haben) alles zum Wohle der Menschen getan. Die Worte eines starrköpfigen alten Mannes. Keine Reue, nicht die geringste Selbstkritik. Und auch kein Wort zum Schießbefehl und den Todesopfern an der innerdeutschen Grenze, die er mit zu verantworten hatte.

Wir durften nichts von dem verwenden. Möglicherweise wollte Vogel uns auf die Probe stellen, ob wir vertrauenswürdig sind. Bevor wir sein Haus verließen, sagte er, wir sollten in Kontakt bleiben, uns aber bis August gedulden. Dann würde er uns Informationen geben, deren Veröffentlichung einschlagen würde wie eine Bombe.

Doch Vogel hatte sich verschätzt, jemand war schneller als er, die Bombe platzte zwei Monate früher. RAF-Terroristin Susanne Albrecht wurde in der Ostberliner Plattenbausiedlung Marzahn festgenommen, und kurz darauf wurde bekannt, was der Anwalt uns hatte sagen wollen: Das Ministerium für Staatssicherheit hatte mehreren RAF-Terroristen zu neuen Identitäten und einem geschützten, unauffälligen Leben in der DDR verholfen.

Der Wald liegt jetzt hinter uns. Wir kommen besser voran. Über einen Feldweg erreichen wir Willershausen. Laufen an der ehemaligen Wasserburg vorbei, die sich vor Ewigkeiten im Besitz der weitverzweigten Familie Treusch von Buttlar-Brandenfels befand, deren verwilderte Grabstätte wir gestern gesehen haben. Denen gehörte einmal das ganze Dorf und einige andere in der Umgebung auch: Wommen, Nesselröden, Unhausen, Altefeld und was noch alles.

Zwei Sprösse der Familie, die Brüder Wilhelm und Karl, dienten Friedrich Schiller als Vorbilder für sein Drama *Die Räuber*. Die Vorlage hatte ihm der heute weniger bekannte Dichter und Journalist Christian Friedrich Daniel Schubart geliefert, dem die Geschichte von den zwei ungleichen Brüder aus Willershausen zugetragen worden war.

Die Straße nach Ifta wird auf beiden Seiten von knorrigen Kirschbäumen gesäumt, die sich wie alte bucklige Männer zur Fahrbahn neigen. Bis in den thüringischen Ort laufen wir aber nicht, da wir auf halber Strecke den Kolonnenweg entdecken. Völlig unvermittelt ist er sogar wieder als Wanderweg ausgeschildert.

Am Nachmittag erreichen wir den Heldrastein, ein recht imposanter Kalksandsteinfelsen, von dem aus man einen herrlichen Ausblick aufs Werratal hat. Kein Wunder, dass auch die Stasi von diesem Fleck angetan war, freilich aus anderen Gründen. Direkt unterhalb des Felsmassivs verlief die Grenze. Wie eine Landzunge ragte ein Stück Bundesrepublik in die DDR hinein. Die Einwohner von Heldra, dem hessischen Dorf an der Spitze dieser Zunge, müssen sich ähnlich eingesperrt gefühlt haben wie die Menschen in DDR-Grenzorten. Die Stasi baute hier oben einen Radar- und Funküberwachungsturm.

Ins Tal steigen wir über einen serpentinenartigen Pfad hinab, der umso steiler wird, je tiefer wir kommen. Die Wanderwegmarkierungen fehlen jetzt. Wir laufen nach Gefühl. Und trotzdem verlassen wir den Wald exakt an der Stelle, wo der Kolonnenweg vorbeiführt. Wer hat uns da wieder gelenkt?

Drei Orte sind ganz in der Nähe: Heldra und Altenburschla

jenseits der Werra, auf hessischer Seite, Großburschla in Thüringen. In jedem gibt es Pensionen. Der erste Ort, in den wir kommen, gewinnt: Großburschla. Wir finden auf Anhieb ein Zimmer.

Eine Schönheit ist Großburschla nicht gerade. Dafür stehen zu viele kaputte Häuser herum, leer und windschief, mit maroden Dächern und herausgerissenen Fenstern wie riesige Wunden, rissigem Mauerwerk, das Gebälk halb verrottet. Das können auch die wenigen Straßen nicht wettmachen, deren Beläge neu aufgebracht wurden. Eine davon heißt »Straße der Deutschen Einheit«. So hat man sich die hier bestimmt nicht vorgestellt. Doch anders als Robin kann ich dem Ganzen trotzdem einen gewissen Charme abgewinnen.

Die Wirtin unseres Gasthofs ist etwa in meinem Alter. Sie ist in Großburschla aufgewachsen. Was ich vorhin über Heldra sagte, trifft auf Großburschla auch zu, nur dass Dorf und Felder ins Hessische hineinragen. Bevor damals die Grenze dicht gemacht wurde, musste erst einmal eine Straße ins Hinterland gebaut werden, sonst wäre der Ort vollständig von der Außenwelt abgeschnitten worden.

Wie das war, so eingesperrt, frage ich die Wirtin. Eingesperrt war man in der DDR ja praktisch überall, aber die Lage von Großburschla war noch mal ein Sonderfall.

»Für mich ganz normal«, sagt sie, »ich kannte nichts anderes, bin ja nie herausgekommen. Die Schule war im Ort, ich habe meine Lehre hier gemacht, und dann bin ich bei meinen Eltern eingestiegen, die hatten eine Gastwirtschaft. Da war immer richtig was los. Dafür sorgten schon die aus der Grenzkompanie. An den Wochenenden machten wir oft Disco. Auf zehn Grenzer kam ein Mädchen. Da mussten die Jungs aus dem Ort zusehen, dass sie eine abkriegten.«

»Und nach der Wende, wollten Sie da nicht weg?«

»Sicher sind wir im Urlaub gereist. Aber hier ist mein Zuhause. Bei unseren Kindern wird das mal anders. Die Tochter studiert in Braunschweig und hat schon angekündigt, dass sie die Gaststätte nicht übernehmen wird. Sie will nach Hamburg ziehen. Und die

Söhne? Ich weiß nicht. Die sind elf und dreizehn. Für die Jugend gibt es hier nichts mehr. Sogar die Schule wurde geschlossen. Zu meiner Zeit gab es zwanzig Schüler in einer Klassenstufe. Nach der Wende waren es noch neun, dann sechs. Als nur noch ein Kind eingeschult werden sollte, war Feierabend.«

Mit der Schule, das sei überhaupt eine Geschichte für sich, sagt sie. »Sie müssen sich mal ansehen, was aus dem alten Schulgebäude geworden ist. Dass die Gemeinde das einfach geschehen lässt, schlimm!«

Heute nicht mehr. Robin gähnt schon die ganze Zeit. Und mir wäre beim Essen vor lauter Müdigkeit beinahe die Gabel aus der Hand gefallen.

20. Mai 2008 – Döringsdorf

»Das ist kein Schulhaus mehr!«, warnt uns der Mann, den wir nach der alten Schule fragen. »Ein Kriegsschauplatz ist das! Ich sag's Ihnen, Krieg gespielt hat der! So ein Verrückter!«

Damit wir den Weg nicht verfehlen, begleitet er uns bis zur nächsten Straßenecke. Dort sagt er: »Sehen Sie« und zeigt die Pfarrgasse hinauf, »da vorn, das große Gebäude, das ist es.« Dann dreht er sich um, trottet ohne Abschiedsgruß davon. Wir hören nur, wie er murmelt: »So eine Schande!«

Aus der Entfernung wirkt das Haus ganz normal. Ein großer Eckbau, zweigeschossig mit rot gedecktem Spitzdach, schnörkelloses Fachwerk. Erst als wir dichter herangehen, wird uns klar, was der Mann mit »Schützengräben« und »Verwüstung« gemeint hatte.

Um auf das Grundstück zu gelangen, müssen wir drei Betonstufen hinauf. Zum Glück sind wir gewarnt. Direkt dahinter klafft ein Loch in der Erde, tief genug, sich das Genick zu brechen. Wir klettern über eine Baumwurzel, dann über alte Holzbalken und Bretter, mit Sand und Pflastersteinen gefüllte Plastikeimer, Holzsteigen, Kochtöpfe und allerlei Bauschutt.

Irgendwie schaffen wir es über dieses Schlachtfeld. Links neben der Tür ist die Wand zum Keller aufgebrochen. In dem Graben davor noch mehr Müll. Mysteriös. Das ganze Chaos – dafür muss es doch einen Grund geben?

Im Giebelfenster des Nachbarhauses lehnt ein älterer Mann, er hat uns anscheinend schon beobachtet. Welch Zufall! Der frühere Schuldirektor. Ihm muss das Herz bluten. Sein Garten grenzt direkt an den früheren Schulhof. Vor dem Zaun hat er eine immergrüne Hecke gepflanzt. Inzwischen ist sie so hoch, dass er nicht mehr mit ansehen muss, was der Nachbar treibt.

Der ehemalige Schulleiter erzählt von der Zwangsversteigerung, bei der das riesige Haus angeblich für zwanzigtausend Euro wegging, weit unter Wert. Der Käufer, ein Fremder, sei ein seltsamer Eigenbrötler. Eingezogen sei er damals mit seiner Frau und einem ganzen Schwung Kinder, acht waren es wohl. Die älteren zogen nacheinander wieder aus, und zuletzt ging die Frau mit den beiden jüngsten. Danach habe er im Haus alles kurz und klein geschlagen, auch die Heizungen ausgebaut und verhökert. Als es ihm irgendwann zu kalt wurde, soll er sogar die Holztreppe ins Obergeschoss zersägt und verbrannt haben.

»Und was soll die ganze Buddelei?«, frage ich.

»Auf dem Schulgelände soll früher, um 1830 herum, eine Kapelle gestanden haben. Irgendwie muss er davon erfahren haben. Und jetzt hofft er wahrscheinlich, den alten Kirchenschatz zu finden.«

»Der Mann scheint aber nicht da zu sein.«

»Angeblich liegt er im Krankenhaus … sagen die Leute.«

Schade. Aber wir sollten uns langsam auf den Weg machen.

Also über die Werra, zum alten Bahnhof, auf einem Feldweg nach Heldra. Nach einer halben Stunde sind wir da.

Der Ortskern ist übersichtlich, wir brauchen uns nur einmal um die eigene Achse zu drehen, schon haben wir das Wichtigste gesehen: die Johanniskirche; der Unterbau ihres Turms soll von einer Burg aus dem Jahre 1247 übriggeblieben sein. Eine Herberge mit Gastwirtschaft, in der die Vorfahren eines bekannten Theologen lebten. Und eine ehemalige Mühle, die dem Ururgroßvater des Generals Friedrich Wilhelm von Steuben gehörte. Wir stehen in tiefster hessischer Provinz, mehr Provinz und mehr Stille gehen nicht, und denken an New York. Erinnern uns an unsere Reise vor zwei Jahren, an Long Island, Brooklyn, Greenwich Village, Soho, Broadway und an die Fifth Avenue, auf der jeden September die Steuben-Parade zelebriert wird, gewidmet dem deutschen General, der einst für George Washington in den Unabhängigkeitskrieg zog.

Beim Metzger stocken wir unsere Marschverpflegung auf, Brötchen mit Feldgieker, einer Spezialität des Eichsfelds, und verlassen Heldra. Wenn sich das Wetter hält, wollen wir jetzt nur noch laufen, keine Orte mehr besichtigen. Der Himmel hängt voller Wolken, nur ab und zu schimmert die Sonne durch, aber noch sieht es nicht aus, als wollte es regnen.

Nach einer Stunde auf und ab und zahlreichen Bögen und Kurven sind wir auf einer Höhe von fünfhundert Metern. Ganz schön zugig hier. Links schützt uns Wald, doch rechts sind Felder. Wir haben geschwitzt, frieren jetzt, laufen schneller, aber das nützt nicht viel. Abgesehen davon könnte der Weg nicht besser sein. Die Platten aus Vollbeton, und als wir wieder die üblichen mit Löchern unter uns haben, sehen wir etwas ganz Neues: Auf einer Spur, mal links, mal rechts, das wechselt, wurden die Löcher fein säuberlich mit Beton zugeschmiert.

Wir rätseln und starren auf die Platten und entdecken dabei einen Abdruck im Beton. Drei Zeilen. In der oberen steht: »27.6.72.« In der zweiten können wir von drei Zeichen nur das mittlere identifizieren, ein »W«. In der untersten eine Ziffer, vielleicht eine »2«. Rätselhaft.

Stunden später, vierzehn Kilometer weiter, erfahren wir wenigstens, wie es zu den zubetonierten Löchern kommt. Neben dem Weg steht ein Bauwagen. Davor hocken zwei Arbeiter, ein junger blasser, Mitte zwanzig, und ein älterer um die fünfzig mit braunem Faltengesicht. Ein Dritter sitzt im Wagen, den kriegen wir aber nicht zu sehen, hören nur seine Stimme. Er kommt auch nicht heraus, als wir mit seinen Kollegen ein Gespräch anfangen. Was die Männer hier treiben, ist nicht zu übersehen: Vor uns die Plattenlöcher sind von Gras und Erde befreit und ungefähr zwanzig Zentimeter tief ausgekratzt.

Trotzdem frage ich: »Euer Werk?«

Die beiden nicken.

»Was ist das für eine Firma, die sich solch eine Arbeit aufholzt?«

»Eigentlich gar keine …«, sagt der Ältere und zögert.

Dem Jüngeren dauert das zu lange. Er will seine Pause machen: »Ist 'ne ABM-Maßnahme«, fällt er ihm ins Wort.

Wir unterhalten uns mit dem Älteren weiter, der erzählt, dass sie arbeitslos sind, aus dem thüringischen Mühlhausen kommen, morgens hierhergefahren und zum Schichtende wieder eingesammelt werden. Wie lange der ABM-Einsatz dauert? Wie viele Kilometer sie schaffen sollen? Er weiß weder das eine noch das andere. Aber dass über den neuen Radweg an der alten Grenze berichtet wird, sie in die Zeitung kommen, das weiß er ganz genau. »Mit Foto!«, sagt er, zieht bedeutungsvoll die Augenbrauen hoch und zündet sich eine Zigarette an.

Die Landschaft ist jetzt waldiger. Und der Bewuchs, der unseren Weg säumt, wird üppiger. Hauptsächlich junge Eichen. Aber das ändert sich. Was bleibt, ist die Aussicht, sobald wir einen Berg erklommen haben: noch mehr Berge. Bis zum Horizont nur Berge. Wie riesige Theaterkulissen hintereinander aufgezogen, um Dreidimensionalität zu erzeugen. Gebirgszüge, ineinander verschränkt, bewaldet, in unterschiedlichen Grüntönen schattiert, die am weitesten entfernten nur noch grau. Und wenn die Richtung, in die wir blicken, auch die Richtung ist, in die wir müssen, steht uns einiges bevor.

In Döringsdorf machen wir eine Pause. Robin ruht sich aus, ich sehe mich im Dorf um. An der ersten Kreuzung entdecke ich ein Schild, das zum Berg zeigt: »Wallfahrtsstätte Hülfensberg«. Das Eckhaus daneben ist eingerüstet. Auf den obersten Bohlen werkelt ein Bauarbeiter. Den frage ich. Auf dem Berg befindet sich ein Kloster.

Die letzten Schritte zum Kloster

Ich frage auch nach Kella, bis dahin wollten wir heute. »Zu Fuß und auf dem Kolonnenweg?« Jetzt runzelt der Arbeiter die Stirn. »Nee, das schafft ihr nicht mehr. Sind mindestens fünfzehn Kilometer. Und die Strecke – die reinste Hölle. Manche Anstiege sind dermaßen steil, dass die Grenzer mit ihren Autos gar nicht hochkamen. Mussten extra Seilwinden bauen, damit sie sie hochziehen konnten. Also, dafür müsst ihr frischer sein.«

Aber wohin?

»Geht doch hoch. Die schicken bestimmt keinen weg.«

Eine halbe Stunde später finden wir uns auf dem Hülfensberg wieder. Sind etwas überrascht, vielleicht auch enttäuscht. Der Komplex sieht gar nicht nach einem Kloster aus. Oder sagen wir: Die Klöster, die ich bisher gesehen habe, sahen anders aus.

Das Hauptgebäude ist ein lang gezogener Bau, der eher an ein Schullandheim erinnert. Zwei Geschosse, die Mauern komplett mit Holzbrettern verschalt, auf dem Dach rote Ziegeln. An den Wänden hängen Blumenkästen, nicht unter den Fenstern, sondern zwischen ihnen. Neben der Pforte die Worte »Franziskaner-Kloster«, ins Holz geschnitzt.

Der Mann, der die Tür öffnet, sieht auch nicht aus, wie ich mir einen Klosterbruder vorstelle. Er trägt keine Ordenstracht, stattdessen schwarze Jeans und ein normales graues Oberhemd. Freundlich lächelnde Augen hinter Brillengläsern, grauer Vollbart, spärliches Kopfhaar. Eine ruhige Stimme, ein gütiges Gesicht. Bruder Rolf.

Entscheiden muss aber Bruder Heribert, der Guardian, das Oberhaupt der Klostergemeinschaft. Wir dürfen herein und bekommen zwei Zimmer nebeneinander, im Dachgeschoss, mit Blick auf die Kirche St. Salvator und die Bonifatiuskapelle, die auf dem Platz vor dem Kloster stehen. Unter der Dachschräge ein schmales Bett. Gegenüber ein Schreibtisch mit Stuhl, daneben ein schlichter Kleiderschrank aus hellem Holz. An der Wand ein kleines Holzkreuz.

Nach dem Duschen hat es Robin eilig, in den Gemeinschaftsraum zu kommen. Dort steht eine Gitarre. Gestern hatte er noch gemeint, er sehne sich nach seiner Gitarre. Sonst spielt er jeden Tag, jede freie Minute. Ich bleibe in meinem Zimmer und studiere die Gästeinformation und den Wochenplan. Gäste müssen ihr Bett selbst beziehen, dürfen im Haus nicht rauchen und im Zimmer keine Kerzen anzünden. An einer anderen Stelle steht: »Sie sind herzlich eingeladen, am Rhythmus der Mahlzeiten, Gebets- und Meditationszeiten und an den Eucharistiefeiern teilzunehmen. Entscheiden Sie aber selbst in Freiheit, in welchem Maß Sie teilnehmen wollen ...« Heute ist Dienstag, der nächste Tagesordnungspunkt: achtzehn Uhr, Eucharistiefeier in der Döringsdorfer Kirche. Wir entscheiden frei: Robin musiziert. Ich lese in den Franziskus-Schriften, die auf dem Schreibtisch liegen.

Beim Abendessen sitzen alle beisammen, die Brüder Heribert, Bernold, Rolf und Jordan und wir. Bruder Rolf kommt vom Gottesdienst. Jetzt trägt er das Franziskanergewand aus braunem grobem Wollstoff mit Kapuze und einem weißen Strick als Gürtel. Wir teilen Brot, Käse, Wurst und Quark mit frischen Kräutern aus dem Klostergarten. Zu trinken gibt es Tee. Wir berichten von unserer Wanderung, die Brüder sprechen über die Geschichte des Klosters und der Wallfahrtsstätte, die Gläubige seit dem Mittelalter aufsuchen. Die Wallfahrtskirche St. Salvator entstand im 14. Jahrhundert. Das Hülfenskreuz darin, das die Pilger anbeten, ist noch älter. Obwohl alle vier aus den alten Bundesländern stammen, wissen sie eine Menge über das Klosterleben zu DDR-Zeiten. Damals lag der Hülfensberg im Sperrgebiet. Nur wer in den umliegenden Dörfern wohnte oder einen Passierschein bekam, durfte an den Wallfahrten teilnehmen, nie mehr als tausend Gläubige. Nur einmal wurde diese Zahl überschritten: Am 4. November 1989, als sich dreitausend Eichsfelder in Geismar versammelten, die Sperrgebietsvorschriften missachtend in Prozession betend hierherzogen und den freien Zugang zum Berg forderten.

Nach dem Essen gehen die Brüder in die Küche, um das Geschirr zu spülen. Wir schließen uns ihnen an. Die weiß gekachelte Küche ist riesig. Eine Spülmaschine gibt es nicht, auch keine anderen teuren Gerätschaften, nur einen einfachen Herd, auf dem die Mittagsmahlzeiten zubereitet werden. Franziskaner haben sich Gott und einem Leben in Armut verschrieben. Die gemeinsame Küchenarbeit sei aber auch ein Kommunikationsritual, erklärt Bruder Heribert. Er übernimmt das Spülen, Robin und ich trocknen ab, die anderen sortieren Teller, Tassen und Besteck in die Schränke.

Anschließend ziehen Bruder Heribert und Bruder Rolf sich in ihre Zimmer zurück, wollen noch arbeiten. Bruder Jordan, der für den Garten zuständig ist, geht hinaus, sein Tagwerk beenden. Bruder Bernhold nimmt sich Zeit für uns, schließt die Bonifatiuskapelle noch einmal auf und die Kirche und zeigt uns das riesige Kreuz an der Nordspitze des Gipfels. Exakt achtzehn Meter sechzig ragt es in die Höhe. Die Ziffern 1-8-6-0 stehen für das Jahr, in dem der Franziskanerorden das Kloster übernahm. Am Ende gehen wir zur anderen Seite, an die Südspitze. Von hier konnte man früher in den Westen blicken. Mittlerweile sind die Bäume zu hoch gewachsen. Aber jetzt kann man ja auch dorthin fahren – oder laufen, wie wir.

21. Mai 2008 – Bad Sooden-Allendorf

Kurz vor neun Uhr verlassen wir das Kloster. Wir laufen ohne Proviant los. Nicht sehr geschickt, aber die Franziskanerbrüder haben uns ein Quartier gegeben und beköstigt, ohne dafür einen einzigen Cent zu verlangen. Da konnten wir uns unmöglich beim Frühstück auch noch Wanderbrote schmieren. Doch wir haben Glück. Gerade als wir Bebendorf am Fuße des Hülfensbergs erreichen, kommt ein Bäckerauto.

Eine Bäckerprinzessin. Alles an ihr ist irgendwie: sehr! Ihre Haare sind sehr blond, die Lippen sehr rot, ihre Fingernägel, falls die überhaupt echt sind, sehr lang, und sie glitzern sehr bunt. Die Frau ist sehr jung, ihr Lächeln sehr schön, die Gesichtshaut sehr braun, ihr Oberteil sehr eng, ihre Hose nicht minder, zudem sehr kurz, zumindest oben herum, am Bund, aus dem ein Stringtanga hervorblitzt, der sehr knapp ist. Aber als mir das auffällt, sehe ich natürlich sofort woandershin.

Leider hört es bei dem, was sie in ihrem fahrbaren Bäckergeschäft anzubieten hat, mit dem »sehr« sehr schnell auf. Unsere Ausbeute: vier trockene Brötchen für später, zwei Schweinsöhrchen für gleich. Wasser hat sie nicht an Bord, und ein anderes Geschäft gibt es im Ort nicht. Aber das wäre auch zu viel des Glücks, würde einen nur übermütig machen.

Unser Weg verläuft so, dass wir einmal halb um den Hülfensberg herumlaufen, in einiger Entfernung zwar, aber wir können ihn die ganze Zeit sehen. Die Platten sind mit Unkraut zugewachsen, und auf dem Streifen dazwischen wuchern Büsche, die uns bis zum Bauch reichen.

Was wir hinter der Straße zwischen Frieda und Großtöpfer verkehrt anstellen, weiß ich nicht, auf einmal ist vom Kolonnenweg mal wieder nichts mehr zu sehen. Wir trampeln über ein Maisfeld, dann hinein in einen Wald. Dort wird es noch komplizierter: nur Reifenspuren von Waldarbeiterfahrzeugen. Hatten wir das nicht schon mal? »O nein«, schimpft Robin, »Oberfladungen!« Oberfladungen ist für uns zum Synonym für orientierungsloses Herumirren geworden, für wirklich miese Momente.

Aber wir haben inzwischen dazugelernt und ein gutes Gespür. Im Augenblick sind wir so sehr überzeugt von unseren Fähigkeiten, dass wir sogar die Fahrrinnen verlassen, um einen Berghang hinaufzuklettern, ganz ohne Weg. Weiter oben haben wir eine Graskante ausgemacht, die von der Sonne beschienen wird. Und wir irren uns nicht: ein Waldweg. In unserer Situation ein Traum von einem Waldweg.

Falls uns der liebe Gott nicht lenkt, sind es die Birken. Vielleicht ist etwas dran an den mystischen Kräften, die ihnen schon im Mittelalter zugeschrieben wurden. Angeblich schützen ihre Zweige vor bösen Mächten. Die alten Germanen verehrten die Birke sogar als heiligen Baum. Auf jeden Fall ist sie auf der Suche nach dem alten Grenzstreifen ein guter Anhaltspunkt, vor allem wenn wie hier rundherum nur andere Baumarten wachsen. Als wir am Ende einer frisch gerodeten Waldschneise weiße Stämme schimmern sehen, korrigieren wir unseren Kurs – und landen wieder auf dem Kolonnenweg.

Gegen Mittag treffen wir in Kella ein. Erschöpft, ohne einen Tropfen Wasser, irgendwie niedergeschlagen.

Das Dorf liegt idyllisch in einer Mulde, im Norden, Süden und Westen umgeben von bewaldeten Hängen. Ein Teil davon gehört zur Gobert, einem der höchsten Gebirgszüge des Eichsfelder Landes. Die Grenze verlief genauso im Halbkreis, nur wenige Meter von den Häusern entfernt.

Wir klingeln beim Getränkemarkt. Ein älterer Mann streckt seinen Kopf heraus: »Wartet, ich schließe den Laden auf.«

Der Laden ist ein Anbau hinter dem Einfamilienhaus. Der Getränkeverkäufer scheint sich zu freuen, dass sich mal jemand blicken lässt.

Zwei Flaschen Wasser zu verkaufen dauert normalerweise keine fünf Minuten. Doch wir setzen unsere Rucksäcke ab und bleiben eine halbe Stunde. Als er nämlich hört, dass wir in Wittenberg geboren sind, sprudeln die Worte nur so aus ihm heraus.

Er kennt Wittenberg, ist früher als Kraftfahrer für eine Spielzeugfabrik überall herumgekommen. Das Wörtchen »überall« betont er, als meine er die ganze Welt damit. Dabei heißt überall: überall in der DDR, also im Grunde gar nicht so weit.

Als ich wissen möchte, wie es ihn nach Kella verschlagen hat, zögert er kurz, erzählt dann aber doch: »Ich war bei den Soldaten und habe hier meine Frau kennengelernt. Aber als normaler Soldat hätte ich nach der Armeezeit wahrscheinlich niemals hierherziehen dürfen. Jedenfalls meinten das meine Vorgesetzten. Sie sagten, wenn ich verlängere, dürfe ich. «

»Und, haben Sie?«

»Ich war jung und ziemlich verknallt. Was hätte ich denn machen sollen?«

Und dann kommt er irgendwie darauf, dass in den Grenzorten zu DDR-Zeiten doch nicht alles schlecht war. »Die Leute hatten Arbeit, und im hiesigen Konsum gab es manchmal mehr zu kaufen als draußen. Außerdem bekam jeder, der hier wohnte, fünfzehn Prozent Zuschlag auf seinen Grundlohn. Sogar Rentner kriegten jeden Monat zehn Mark zusätzlich.«

Sehr überzeugt klingt er dabei nicht. Aber ich kann verstehen, dass man den Abend seiner Tage nicht mit dem Gefühl verbringen möchte, ein verpfuschtes Leben gelebt zu haben.

Etwas oberhalb von Kella, am Hang der Gobert, steht eine kleine Kapelle. Der Kolonnenweg führt direkt daran vorbei. Früher sollen sich Grenzer während ihres Streifendienstes manchmal darin aufgehalten haben. Sie waren auch die Einzigen, die sie all die Jahre betreten durften. Die Menschen im Ort konnten sie sich zwar täglich von weitem ansehen, aber auf den Berg durften sie erst wieder, als die Grenze fiel.

Es dauert eine Weile, bis wir den Höhenrücken der Gobert erklommen haben. Dass es ziemlich steil nach oben geht, ist dabei nicht das Schwierigste. Auf unserer Karte fehlt ein Stück der Strecke, was ziemlich blöd ist, mir vorher aber gar nicht aufgefallen war.

Wir kriegen uns ein bisschen in die Haare, und daran bin ich schuld. Reagiere viel zu empfindlich, als wir nicht wissen, welchen Weg wir einschlagen sollen. Aber das liegt bestimmt daran, dass wir seit dem Frühstück nur trockene Brötchen gefuttert haben.

Zwar verfitzen wir uns ein wenig, finden die richtige Route aber schnell wieder. Eine herrliche Strecke. Die Wolkendecke ist inzwischen aufgerissen, die Sonne kommt jetzt öfter hervor, und der Wind hat nachgelassen. So macht das Wandern Spaß. Nach einem Kilometer bin ich wieder ganz relaxed. Robin sieht auch zufrieden aus. Eine Weile laufen wir schweigend nebenher, dann unterbricht er die Stille.

»Dad?« Seitdem er in der elften Klasse ein Austauschjahr in den USA verbrachte, bin ich nicht mehr Papa, sondern Dad.

»Ja.«

»Wollen wir denn nun einen Ruhetag einlegen?«

»Ich bin dafür, unbedingt!«

»Aber dann dauert unsere Wanderung noch länger.«

»Schon, aber wir können die ganze Strecke sowieso nicht durch laufen. Wir hätten nach zehn Tagen schon Pause machen müssen. Ich fühle mich ziemlich kaputt, du nicht?«

»Bei mir geht's eigentlich.«

»Ach komm, Profisportler können auch nicht jeden Tag trainieren. Der Körper braucht mal Zeit, um sich zu erholen.«

»Hast ja recht«, sagt er, ohne dass es klingt, als würde ihn das überzeugen.

»Ich hab schon überlegt: Wenn wir heute bis Bad Sooden laufen, könnten wir uns dort für zwei Nächte ein Zimmer nehmen, die Rucksäcke dalassen und morgen mit dem Zug nach Göttingen fahren, ein bisschen Stadtluft schnuppern und endlich mal wieder einen richtigen Latte macchiato trinken.«

Er scheint nachzudenken. Dann sagt er: »Klingt nicht schlecht, aber …« Er zögert einen Moment. »Versteh das nicht falsch. Ich hätte schon Lust. Aber dann laufen wir doch wieder den ganzen Tag herum und ruhen uns nicht richtig aus.«

Es war auch nur eine Idee, um ihm die Wanderpause schmackhaft zu machen. Seit seinem kleinen Anfall, als er hinschmeißen wollte, bin ich vorsichtiger geworden. Vielleicht zu vorsichtig. Ich ertappe mich immer wieder dabei, wie ich versuche, es ihm bei jeder Gelegenheit recht zu machen. Will er sich einen Ort anschauen, tun wir's auch. Steht ihm der Sinn gerade nicht danach, laufen wir weiter. Oder er albert herum, wenn ich ihn fotografieren will, schneidet Grimassen und versaut mir die Aufnahme. Eigentlich nur Kleinigkeiten, und ich frage mich, ob es unüberlegte spätpubertäre Trotzköpfigkeit ist oder ob er diese Machtspielchen ganz bewusst veranstaltet. Oder ist es jugendlicher Egoismus, der ihn gar nicht merken lässt, wie er meine Unsicherheit ausnutzt?

Wenn mir der Gedanke auch nicht behagt, ich brauche mir nichts vorzumachen: Ich bin unsicher. War es von Anfang an. War es, als ich ihn fragte, ob er mitkommt. War es, als wir mit dem Zug nach Hof fuhren. Und war es erst recht, als wir die ersten Tage nur unter Schmerzen liefen. Aber so richtig bewusst wurde mir das erst an dem Tag, als er seinen Frust herausließ. Wir haben seitdem nur einmal darüber gesprochen, und auch nur kurz. Irgendwie steht das immer noch zwischen uns. Ich weiß im Grunde nicht, wie er es wirklich sieht. Aber ich will ihn auch nicht fragen. Hatte gehofft, dass er sich irgendwann von allein dazu äußert.

Das ist ein Punkt, der Erziehung schwierig macht: Auch wenn man es gar nicht will, man hat immer wieder Erwartungen. Man bildet sich ein zu wissen, wie man ein Kind erziehen muss, damit es im Leben zurechtkommt, und wie es sich in bestimmten Situationen verhalten sollte. Tut es dann etwas anderes, ist man enttäuscht und in seiner Enttäuschung oft zu blind, um zu erkennen, dass der Weg, den es wählt, vielleicht sogar der bessere ist. Oder auch nicht. Dann ist es eben nur ein anderer Weg, und der muss nicht schlechter sein.

Wir laufen fast drei Stunden, bis wir wieder Häuser sehen. Wenn wir Glück haben, ist das Asbach-Sickenberg. Dann hätten wir den Abschnitt, der nicht auf der Karte verzeichnet ist, hinter uns. Um das herauszufinden, müssen wir einen Bogen laufen und danach ein langes Stück steil bergab. Als wir schon denken, an dem Ort vorbei zu sein, endlich das Ortsschild: Asbach-Sickenberg.

Asbach und Sickenberg waren früher zwei eigenständige Orte. Beide gehörten ursprünglich zu Hessen. Als die Amerikaner im Sommer 1945 jedoch feststellten, dass ein Abschnitt der Bahnstrecke Bebra – Göttingen durch Thüringen verlief, verhandelten sie mit den Sowjets eine Grenzkorrektur. Damit sie die Bahnlinie weiterhin betreiben konnten, wurden die thüringischen Dörfer Neuseesen und Werleshausen der amerikanischen Besatzungszone zugeschlagen. Im Tausch erhielt die sowjetisch besetzte Zone Sickenberg, Asbach und noch drei andere Dörfer in der Nähe. Was das für die Einwohner bedeuten sollte, wurde denen erst später klar.

Mit Schwung nehmen wir den letzten Abschnitt in Angriff. Und mit einem klugen Spruch, der aufs Fachwerk eines Hauses im Dorf gemalt wurde: »Es dreht sich die Welt um des Menschen Geschick/ Es wechselt die Freude, es wechselt das Glück/ Drum, wenn es dir schlecht geht, verlier nicht den Mut/ Es wechselt ja wieder und wird wieder gut.« Passt doch.

Eine Stunde später stehen wir unter dem alten Stadttor von Bad Sooden-Allendorf, blicken eine Straße entlang, deren Häuser aussehen wie eine zusammengezimmerte Filmkulisse, eine Orgie von Fachwerkhäusern, krumm und schief, aber bestens in Schuss, urig. Wir sind ganz aufgeregt, endlich mal in einer Stadt zu sein. Hier sind für das, was wir bisher erlebt haben, richtig viele Menschen auf der Straße. Ein völlig neuer Anblick. Und das ist auch der erste Ort, in dem es richtige Geschäfte zu geben scheint. Nach zwanzig Tagen.

Was haben wir uns schon für Sorgen gemacht, keine Unterkunft zu finden! Hier dürfte das größte Problem darin bestehen, sich für eine zu entscheiden. Bad Sooden-Allendorf ist ein Kurort, zumindest Bad Sooden, der Ortsteil westlich der Werra, scheint neben Kuranlagen und Cafés aus nichts anderem als Hotels, Pensionen und Ferienwohnungen zu bestehen. Trotzdem bleiben wir lieber in Allendorf, sieht gemütlicher aus.

Wir haben keinen Plan, laufen einfach drauflos, durch die Ackerstraße, über den Marktplatz, schließlich landen wir auf der Kirchstraße. Ganz am Ende entdecken wir eine Pension. Und so lernen wir Ottilie und Viktor kennen, denen sie gehört. Rein zufällig. Genauso zufällig haben sie noch ein Zimmer frei, das letzte. Wobei ... Zimmer? Eine ausgewachsene Ferienwohnung, mit Schlafzimmer, Wohnzimmer und Bad. Dann buchen wir doch gleich mal für zwei Nächte. Hier lässt es sich aushalten.

22. Mai 2008 – Bad Sooden-Allendorf

Das nennt man Glück! Ich hab keinen Schimmer, wie viele Fremdenzimmer es hier gibt. Hundert bestimmt, vermutlich viel mehr. Und wir landen ausgerechnet bei Ottilie und Viktor, den wahrscheinlich nettesten Gastgebern im Umkreis von hundert Kilometern, die uns aufnehmen, als wären ihre verlorenen Söhne heimgekehrt. Und dann hat Viktor auch noch mit dem Grenzmuseum zu tun, das wir uns ansehen wollen. Und er muss heute sowieso dorthin. Eine Reisegruppe aus den USA hat sich angemeldet. Er soll sie durchs Museum führen. Dafür ist er der Beste, er kennt die Geschichte des Museums von Anfang an. Als die beiden uns gestern Abend erzählten, dass die Amerikaner aus Wisconsin kommen, mussten wir lachen. In Wisconsin verbrachte Robin das Austauschjahr.

Komisches Gefühl, heute mal nicht die Wanderklamotten anziehen zu müssen. Ohne Rucksack kommt es einem fast vor, als würde man schweben.

Ich weiß nicht, wie Robin es findet, aber ich habe überhaupt kein schlechtes Gewissen, dass wir heute keinen Kilometer vorwärtskommen. Meine Knochen haben die Pause bitter nötig. Als wir gestern hier ankamen, fühlte ich mich gar nicht so geschafft.

Aber in der Nacht hatte ich wieder solche Schmerzen in den Beinen, dass ich ständig aufgewacht bin.

Wir sind ganz faul und lassen uns von Viktor im Auto zum Museum mitnehmen. Wären wir gestern den Kolonnenweg hinter Asbach-Sickenberg weitergelaufen, wären wir direkt dorthin gekommen. Das Museum liegt in einer Senke, die Schifflersgrund genannt wird, und so heißt auch das Museum. Übrigens das erste Grenzmuseum, das nach der Wiedervereinigung eingerichtet wurde. Vor allem als Touristenmagnet, denn die Grenzgucker blieben ja auch hier plötzlich weg.

Ein alter Beobachtungsturm überragt das Gelände. Davon standen entlang der Grenze achthundertfünfzig. Einer kostete sechzehntausend DDR-Mark, mehr, als man für einen Trabi bezahlte, wenn man überhaupt an einen herankam. Möchte mir nicht vorstellen, wie viele Milliarden für Grenzanlagen verpulvert wurden. Wenn ein Kilometer Kolonnenweg schon mit hundertsiebenundzwanzigtausend Mark zu Buche schlug und die gleiche Strecke Grenzsignalzaun mit hundertsiebzigtausend. Dann noch Kfz-Sperrgraben, Hundelaufanlagen, Lichttrassen, Selbstschussanlagen, Tretminen, Grenzkompanien. Ein Wunder, dass die DDR nicht viel früher pleite war.

Das Museum befindet sich nicht zufällig an dieser Stelle. Hinter dem Zaun, von dem hier fast anderthalb Kilometer stehen gelassen wurden, ein paar Meter den Hang hinauf, erinnert ein Kreuz aus Birkenholz an Heinz-Josef Große. Der Baumaschinist aus dem nahen Dorf Thalwenden hatte über Jahre immer wieder als Zivilist im Grenzstreifen gearbeitet. Er galt als zuverlässiger Staatsbürger, wurde zwar stets bewacht, aber gelegentlich nicht so streng wie andere. Am 29. März 1982 baggerte er einen Graben aus, in dem Kabel zu dem neu errichteten Beobachtungsturm verlegt werden sollten. Als ihn seine zwei Bewacher am Nachmittag kurz allein ließen, fuhr er mit seinem Vorderlader zum Grenzzaun, kletterte auf die Baggerschaufel, sprang hinüber und lief den Hang hinauf. In dem Moment kehrten die beiden Grenzer zurück. Aus fünfzig Meter Entfernung feuerten sie neun Ge-

Im Grenzmuseum Schifflersgrund

schosse auf den Vierunddreißigjährigen ab. Große verblutete.
Die Todesschützen wurden, wie in solchen Fällen üblich, vom
Kommandeur des Grenzregiments belobigt, erhielten hundert-
fünfzig Mark Prämie und Sonderurlaub.

Dieser Fall steht wie eine große Überschrift für alles, was man
im Museum erfährt. Auf dem Gelände sind alte Militär- und Po-
lizeihubschrauber, mehrere Panzer und ein Dutzend Militärfahr-
zeuge ausgestellt. Auch den Vorderlader, den Große bei seinem
Fluchtversuch benutzte, konnten die Museumsmacher auftreiben. Doch was einen wirklich berührt, ist das, was man in Origi-
naldokumenten des Ministeriums für Staatssicherheit und der
DDR-Grenztruppen nachlesen kann. Schnüffelberichte von Inoffiziellen Stasi-Mitarbeitern (IM), die Nachbarn verrieten, von
denen sie für Freunde gehalten wurden. Oder der Wortlaut jener
Vorschrift, mit der Grenzsoldaten vor jedem Dienst »vergattert«
wurden, wonach ihre Aufgabe darin bestand, »Grenzverletzer
aufzuspüren, festzunehmen oder zu vernichten«. Ein verkappter
Schießbefehl, dennoch unmissverständlich. Am Ende heißt es:

173

»Ist der Grenzverletzer so nahe an der Grenze, dass der Zeitgewinn durch vorherigen Anruf das Gelingen der Flucht ermöglichen kann, ist sofort gezielt zu feuern.« Die Männer, die Große töteten, hatten sich exakt daran gehalten.

Eines dieser Dossiers sorgte vor einiger Zeit für Ärger und musste aus der Ausstellung entfernt werden. Darin stand beschrieben, wie ein früherer DDR-Chefarzt aus dem Harz nach einem missglückten Fluchtversuch selbst zum Judas wurde. Die Stasi hatte ihn vor die Wahl gestellt: Gefängnis oder IM. Der Mediziner entschied sich für den Spitzeldienst und kassierte auch noch Geld dafür. Unter anderem, weil er eine Familie verpfiff, die wie er in die Bundesrepublik verschwinden wollte. Die Eltern wurden ins Gefängnis gesteckt, die Kinder kamen ins Heim. Er schreckte selbst davor nicht zurück, seinen Auftraggebern die Patientenakte einer Frau zu übergeben, deren Söhne in den Westen geflohen waren. Unter den vielen wäre dieses Dokument vielleicht gar nicht aufgefallen. Doch der Arzt hatte sich in der Zwischenzeit ausgerechnet in Bad Sooden-Allendorf niedergelassen, wo er eine Praxis betreibt.

Ich muss an meine eigene Stasi-Akte denken. Und wie lange ich brauchte, mich durchzuringen, sie bei der Gauck-Behörde anzufordern. Ich hatte Angst, es könnte ein Verwandter oder guter Bekannter als Stasi-Zuträger drinstehen, und wusste nicht, ob ich das wirklich wissen wollte und wie ich damit umgehen würde. Ich schwankte ständig. Dabei wusste ich gar nicht, ob es eine Akte über mich gab. Ich war einfach davon ausgegangen. Mein Bruder war zur See gefahren, auch ins kapitalistische Ausland. Meine geschiedene Frau hatte Großmutter, Onkel, Tante und Cousine im Westen, die auch alle auf unserer Hochzeit waren. Und dann beim Studium. In der Sektion Journalistik liefen genug herum, die für die Stasi schnüffelten. Von einigen wusste ich es, nicht alle machten ein Geheimnis daraus. Und einen beobachtete ich dabei, wie er während einer Vorlesungspause in die Leipziger Stasi-Zentrale verschwand. Er zeigte dem Wachmann seinen Ausweis und wurde einfach durchgewinkt.

Es dauerte zwei Jahre, bis ich die Ergebnisse der Nachforschungen von der Stasi-Behörde erhielt. Sie hatten in Berlin, Halle und Leipzig gesucht. Heraus kamen achtundzwanzig Seiten, die mich aber auch nicht viel schlauer machten. Der erste Bericht stammte von dem Polizisten, der damals in unserer Straße wohnte. Offiziell nannte er sich ABV – Abschnittsbevollmächtigter. Geschrieben hatte er ihn, als ich in die zwölfte Klasse ging. Ich erfuhr über mich, dass ich aus einer Angestelltenfamilie stamme, die sozialen Verhältnisse im Elternhaus geordnet sind und ich das zweite von drei Kindern bin. Meinen jüngeren Bruder unterschlug er einfach. Der Mann hatte wirklich schlampig gearbeitet: »Es kann angenommen werden, dass er eventuell Journalist werden will.« Hätte er mich mal fragen sollen, das stand für mich so fest wie ein Felsen. »Charakterlich ist er aufgeschlossen, kontaktfreudig, lebhaft … moralisch negative Aspekte sind nicht vorhanden« – na, wenigstens das. Aber über meine Großeltern ist er hergezogen, behauptete, sie hätten keine gute Einstellung zum sozialistischen Staat, ihre Haltung sei teilweise reaktionär. In einem anderen Bericht, den ich keiner bestimmten Person zuordnen konnte, wurde mir unterstellt, ich sei sehr kritisch. Und einmal hieß es, ich pflege Umgang mit »positiv bekannten Jugendlichen«, was mich im Nachhinein auch stutzig machte. Zu gern würde ich wissen wollen, wer »IM Nette«, »IM Läufer« und »IM Fred Hoppe« waren, die sich einige Jahre später mit mir beschäftigten, ohne allerdings Spektakuläres herauszufinden. Aber das werde ich wohl nie erfahren.

Nach einer Weile sagt Robin: »Von den ganzen Geschichten kriege ich schlechte Laune.«

Wenn es bei mir nur das wäre!

Ein Raum der Ausstellung ist den Ereignissen der letzten Monate vor der Grenzöffnung gewidmet – die ersten DDR-Bürger, die über Ungarn nach Österreich flüchteten, die Besetzung der bundesdeutschen Botschaften in Budapest, Warschau und Prag, die Flüchtlingscamps, die Szenen auf dem Dresdner Hauptbahnhof, dann Genschers kurze Rede auf dem Balkon der Prager Botschaft, der Jubel der Massen … Die ganzen Erinnerungen kommen wieder hoch. Gänsehaut, im Magen ein flaues Gefühl – ich muss raus hier.

Draußen merke ich erst, wie sehr mich die Erinnerungen aufwühlen. Diese Unruhe, als würde ich innerlich zittern, als würde mein Kreislauf verrückt spielen. Das gleiche Gefühl wie damals, als ich in Leipzig die erste Montagsdemonstration miterlebte. Plötzlich riefen Tausende »Stasi raus!« und »Honecker weg!« und »Wir sind das Volk!« Noch ein paar Wochen zuvor hätte sich das kein Mensch laut zu sagen getraut. Ich habe meinen Mund selbst bei der Demo nicht aufbekommen. Weil ich völlig fassungslos war. Ich lief mit und konnte trotzdem nicht glauben, was da vor sich ging. Den Montag darauf kamen noch mehr Menschen, und sie schrien noch lauter, es war unheimlich. Ich fand keine Ruhe mehr, war ständig aufgekratzt. Monatelang konnte ich kein Buch lesen. Ich schaffte es nicht, mich zu konzentrieren, meine Gedanken wanderten immer woandershin.

Ich erzähle das alles Robin. Er hört zu und nickt zwischendurch manchmal. Aber ich weiß, dass er das nicht nachempfinden kann. Das kann wohl niemand, der nicht dabei war.

Als wir das Museum verlassen, fühle ich mich geschafft wie nach einem Zwanzig-Kilometer-Fußmarsch ohne Pause. Bin auf einmal hundemüde. So müde war ich um diese Zeit noch an keinem der letzten zwanzig Tage. Bis zum Mittag hauen wir uns auf unsere Betten. Robin liest in einer Broschüre, die uns Ottilie gegeben hat, *Die innerdeutsche Grenze*, herausgegeben 1987 vom damaligen Bundesministerium für innerdeutsche Beziehungen. Ich denke, die legt er bestimmt gleich beiseite. Dann schlafe ich ein. Doch als ich aufwache, liest er immer noch darin.

Burg Hanstein – was davon noch steht

23. Mai 2008 – Burgwalde

Was so ein Tag Pause ausmacht! Wir sind wieder voller Elan, wollen weiterkommen. Wir verabschieden uns von Ottilie und Viktor und versprechen, uns zu melden, sobald wir wieder in Hamburg sind.

Über Wahlhausen nach Lindewerra ist es ein Spaziergang. Aber dann wird es doch anstrengend. Mit Ankündigung. Der Höheberg wartet auf uns. An seinem Fuß steht auf Wanderschildern gleich dreimal die Warnung: »Steiler Anstieg.« Und das ist kein bisschen übertrieben. Selbst Robin schnauft, wie ich das selten bei ihm erlebt habe. Dann setzt auch noch feiner Nieselregen ein. Der Himmel ist eine einzige graue Fläche ohne jegliche Konturen. Ungerecht! Wenn wir uns schon so abquälen, hätten wir auch besseres Wetter verdient.

Vor allem hätte ich oben die Burgruine Hanstein gern mal bei Sonnenschein gesehen. Schon im neunten Jahrhundert soll an diesem Platz eine Burg gestanden haben, die aber zerstört wurde. Als Geburtszeit der heutigen Burgruine wird das Jahr 1308 angenommen. Damals ließen die Gebrüder Heinrich und Lippold von Hanstein auf eigene Kosten eine neue Burg bauen. Die von Hansteins waren jahrhundertelang das mächtigste Adelsgeschlecht des Eichsfelds. Sie herrschten über dreißig Ortschaften, besaßen noch mehr Rittergüter, allein in Wahlhausen gehörten ihnen drei Herrensitze.

Der in der Neuzeit wohl bekannteste Spross der Adelsfamilie war Fritz-Huschke von Hanstein, der während der Nazizeit als Autorennfahrer berühmt wurde, damals strammes SS-Mitglied, das seinen Rennwagen mit SS-Runen schmückte. Nach dem Zweiten Weltkrieg wurde ihm der Übergang leichtgemacht: Er wurde bei Porsche eingestellt, leitete die Renn-, später auch die PR-Abteilung und machte die Automarke berühmt. Nach der Wiedervereinigung kehrte von Hanstein nach Wahlhausen zurück, kaufte einen Teil des elterlichen Besitzes zurück und ließ ein neues Haus darauf bauen. Bevor er im Frühjahr 1996 starb, verfügte er, auf dem örtlichen Friedhof bestattet zu werden.

Wie viele Geschichten mögen in diesem alten Gemäuer noch stecken? Zu viele, um sie auf einer Wanderung alle einzufangen. Wie so oft streifen wir auch diese nur. Zu viele Informationen, zu wenig Zeit. Manchmal ist das schade, aber manchmal ist es auch egal. Hängt immer von unserer Stimmung ab. Gestern im Grenzmuseum, das war glatt eine Überdosis.

Viktor hatte gesagt, die Leute würden immer noch mit der Grenze leben, in den Köpfen sei sie noch da. »Ossi« oder »Wessi«, das sagt zwar kaum jemand mehr, die Begriffe haben sich abgenutzt. Doch die Erinnerungen an damals sind noch wach, und die gegenseitigen Vorurteile bestehen nach wie vor. Selbst unter den jungen Leuten. Er beobachte immer wieder, wie vor allem viele im Osten, die die DDR gar nicht mehr erlebt haben, sich an die Vergangenheit ihrer Eltern klammern, viel mehr als das in der ersten Zeit nach der Wende der Fall war. Ich glaube, die Jugendlichen im Westen halten das nicht anders, doch bei denen klingt es dann nicht so rückwärtsgewandt.

Wir sind schon wieder ein ganzes Stück weiter, kommen gerade durch Hohengandern, ein Fünfhundertfünfzig-Seelen-Dorf. Ein Garten ist mit Memorabilien von der ehemaligen Grenze geschmückt. In einem kleinen Beet steht das Schild »Schutzstreifen – Betreten und Befahren verboten!« Zwei Meter weiter ragt eine schwarzrotgoldene Grenzsäule aus dem Boden, gleich daneben ein DDR-Grenzmarkierungsstein, auf dem ein Blumentopf steht. Nach der Grenzöffnung waren die farbigen Grenzsäulen bei Sammlern sehr begehrt. Und besonders die kleinen Tafeln mit DDR-Emblem und der Aufschrift »Deutsche Demokratische Republik«, die daran angebracht waren.

Den Kolonnenweg haben wir längst verlassen, den gibt's hier nirgendwo mehr. Um nicht einen Riesenbogen laufen zu müssen, marschieren wir quer über ein Feld, das noch nicht umgepflügt wurde, und erreichen Kirchgandern.

Manchmal sind wir wirklich verbohrt. Anstatt auf normalen Straßen weiterzugehen, wollen wir es unbedingt wissen. Straßen sind eben nicht die alte Grenze. Aber dann sind wir nur noch genervt.

Wir müssten den Hügel hinauf, der vor uns liegt. Sieht aus, als hätte es hier früher den Grenzweg gegeben. Sicher sind wir uns aber nicht. Vor allem, wie geht es dahinter weiter? Wir halten eine junge Radfahrerin an, die einen Fahrradanhänger hinter sich herzieht, in dem ein kleines Kind schläft. Ihre zweite, größere Tochter hat sie auf dem Kindersitz. Die Frau wohnt mit ihrer Familie in Kirchgandern. Ursprünglich kommt sie aus Göttingen, dort hat sie studiert. Ganz bewusst sind sie aufs Land gezogen, gern auch in den Osten. Nicht nur, weil sie hier für den Quadratmeter Wohnfläche lediglich drei Euro Miete zahlen. Sie sind auch davon überzeugt, in einem Dorf glücklicher leben zu können als in einer größeren Stadt. Doch anscheinend muss man sich das Glück hier erst erarbeiten beziehungsweise über längere Zeit erwohnen. Als Zugezogene haben sie es schwer, von den Einheimischen akzeptiert zu werden. Umgekehrt akzeptieren sie auch nicht alles, was im Dorf Usus zu sein scheint. Die Erziehungsmethoden im Kindergarten zum Beispiel. Dort soll es noch zugehen wie zu DDR-Zeiten: Kollektiverziehung und fast militärische Strenge. Deshalb bringt sie ihre Kinder lieber zum Kindergarten im Nachbarort in Niedersachsen.

Wir kraxeln dann zwar doch den Hügel hinauf, aber mehr als alte Reifenspuren finden wir nicht. Dafür stehen wir ein Stückchen weiter auf einmal neben einer Autobahn, die auf unserer Karte noch gar nicht eingezeichnet ist. Dass wir trotzdem nicht so falsch sind, sehen wir am nächsten Anstieg: Lochplatten, die hinaufführen. Wie ein falsches Versprechen locken sie uns in einen Wald, wo sie dann, mir nichts, dir nichts, wieder weg sind. Nach irgendwohin ist der Pilgerweg Loccum – Volkenroda ausgeschildert, andere Pfeile weisen nach Lichtenhagen und Reiffenhausen, das hilft uns aber auch nicht. Vor zehn Tagen hätte ich längst in einen Baumstamm gebissen. Jetzt bin ich ganz gelassen. Wir müssen nur aus dem Wald heraus, dann wird schon der nächste Ort auftauchen.

Es ist Rustenfelde. Das bedeutet, wir sind noch auf Kurs. Wir bleiben auf der Straße. Rohrberg, Freienhagen, die nächsten Stationen. Die Ortschaften werden nicht größer. Und schöner eigentlich auch nicht. In Freienhagen wollen wir übernachten. Doch morgen wird im Dorf eine Hochzeit gefeiert. Die wenigen Fremdenzimmer, die es gibt, sind komplett vergeben.

Dreiunddreißig Kilometer gelaufen. Ich merke gerade, dass ich doch nicht mehr so entspannt bin.

Aber man muss einfach nur genug Leute fragen. Irgendeinem fällt immer etwas ein. In diesem Fall ist es ein Mann, der mit Verwandten in Burgwalde telefoniert, die einen Gasthof führen. Er bietet sich auch gleich als Chauffeur an. Und wir schummeln nicht einmal. Die Strecke nach Burgwalde führt wieder zurück, nach Süden. In diese Richtung ist Autofahren erlaubt. Das beschließen wir jetzt einfach mal!

Unser freundlicher Helfer, Jahrgang 1947, hat auch eine eigene

Grenzgeschichte. Seine beiden älteren Brüder sind vor dem Grenzbau rübergemacht, hielten aber all die Jahre Kontakt, schrieben Briefe und besuchten die Eltern und ihn. »Dadurch hatte ich meine Ruhe«, sagt er über das brummende Geräusch des Motors, »die Stasi hat mich zwar beobachtet, aber die haben nie versucht, mich für ihren Verein anzuwerben. Wer weiß, ob man nicht mitgemacht hätte. Und an der Grenze dienen musste ich auch nicht. Ich brauchte keinen zu erschießen.«

Im stillen Burgwalde ist heute richtig was los. Die Freiwillige Feuerwehr probt den Ernstfall. Auf der Dorfstraße steht das einzige Einsatzauto, ein umgebauter Ford-Transporter aus den Siebzigern. Ein paar Meter entfernt wird ein Plastikbecken mit Wasser aus einem Hydranten gefüllt. Die Wasserpumpe scheint auch nicht aus diesem Jahrhundert, funktioniert aber. Zwischen Becken und Pumpe liegen drei dicke Wasserschläuche. Die Aufgabe der Feuerwehrleute besteht darin, sie auf Kommando zusammenzukoppeln, an die Pumpe anzuschließen und dann alles in Betrieb zu setzen. Und das halbe Dorf schaut zu.

Burgwalde ist auf unserer Reise der erste Ort in den neuen Bundesländern, der nicht im Sperrgebiet lag. Einen großen Unterschied können wir nicht feststellen. Neu gemachte Straßen und Gehwege, alte Häuser, die alt aussehen, neben alten Häusern, denen eine Schönheitskur verpasst wurde. Die restaurierten überwiegen. Und ein paar neugebaute finden wir auch.

Nur die Kirche hat einen ungewöhnlichen Platz, direkt neben einem Stall, in dem Schweine grunzen. Der Schweinestall gehört zu einem Bauerngehöft, dem einstmals größten im Dorf, das früher ein Gutshof war und einer Familie Goldmann gehörte. Als die letzten Besitzer, ein Ehepaar, das keine Kinder hatte, alt und gebrechlich wurden, sorgten sich die Grauen Schwestern von der heiligen Elisabeth um sie, pflegten sie bis zum Tod. Dafür wurde den katholischen Ordensfrauen das Anwesen vermacht. Und so kam es, dass es im kleinen Burgwalde einen der wenigen privatwirtschaftlich geführten Höfe gab, die in der DDR geduldet wurden. Einen Kirchenorden konnte die Regierung schlecht enteignen. Die Grauen Schwestern behielten das Regiment, ein paar Männer aus dem Ort erledigten die Arbeiten im Stall und auf den Feldern, der Orden entlohnte sie.

Der Wirt des Gasthauses ist für heute unser Erlöser. Er gibt uns ein Zimmer unterm Dach, in dem wir vom Bett aus in den Himmel gucken können. Dachfenster sind wirklich die beste Erfindung, seit es Hausbau gibt.

Beim Abendessen kommen wir auf Heinz-Josef Große zu sprechen, das Grenzopfer vom Schifflersgrund. Große wäre jetzt sechzig, der Wirt ist dreiundsechzig, die beiden kannten sich. Und ich gerate ins Grübeln. Angenommen, es stimmt, dass Große nicht vom Sozialismus und dem Eingesperrtsein in der DDR die Nase voll hatte, wie der Wirt meint, sondern vom Ärger mit seiner Ehefrau. Dann war es trotzdem ein scheußliches Verbrechen, ihn wie einen Hasen abzuknallen. Aber warum wird einem das im Grenzmuseum dann vorenthalten? Warum erfährt man wieder nur die halbe Wahrheit?

Später bringt uns der Wirt Sekt, und Robin und ich stoßen auf Niedersachsen an. Obwohl wir immer noch in Thüringen sind. »Aber morgen«, verspreche ich, »morgen gehen wir wieder über die Grenze.«

24. Mai 2008 – Duderstadt

Der Tag fängt gleich so an, dass wir keine Lust mehr haben, bevor wir überhaupt richtig losgelaufen sind. Das *Grüne Band*, die Biotopkette entlang der einstigen Grenze, ist hier so schmal, dass es höchstens Bändchen heißen dürfte. Platz für einen ordentlichen Weg bleibt da natürlich nicht. Und die Lochplatten? Schön wär's. Die Bauern hätten besser auch gleich den Rest umgepflügt. Wären wir wenigstens nicht auf die Idee gekommen, uns durch dieses Dickicht zu schlagen. Birken, Eichen, Weidenbüsche, Gras. Und ständig Löcher im Boden, die wir zu spät bemerken, da lange Grashalme wie gescheitelte Haare darüberliegen. Und ständig

Wo ist nur der Weg?

Spinnweben im Gesicht. Kleben schön, wenn man schwitzt. Und wie wir schwitzen!

Wir versuchen, den Vormittag zu retten, indem wir wieder einen Ort ansteuern und in Weißenborn landen. In dem Weißenborn, das gegenüber von Siemerode liegt oder von Günterode oder von Glasehausen. Kommt darauf an, aus welcher Himmelsrichtung man sich nähert. Hier scheinen Menschen zu leben, die nicht alles gut finden, was ihre Nachbarn so treiben. Und das sieht dann aus wie an dem alten Bauernhof, an dem wir gerade vorbeilaufen: An Zaun, Hühnerkäfig, Stallungen, sogar am Traktor prangt das Wörtchen *DIEB*, ausgewachsen zu einer Anklage, rot und fett mit breitem Pinsel geschrieben, jeder Buchstabe ungefähr einen Meter hoch.

Man denkt ja gleich an sonst was: Da hat einer dem Nachbarn die Frau ausgespannt. Oder dessen Lieblingskuh aus dem Stall gestohlen. Oder ein wertvolles Pferd von der Weide entführt. Aber nichts von allem. Um eine einfache Holzbank dreht sich's, die ein Bauer auf eine Wiese gestellt und ein anderer »weggefunden« hat.

Am Ortsende fragen wir eine Frau nach dem Weg. Als wäre sie die Chefverantwortliche für Dorfklatsch, will sie gleich alles von uns wissen. Sie ist ganz außer sich, als wir andeuten, wie weit wir bereits gelaufen sind. Und wie sie erst staunt, als wir verraten, wie weit wir noch wollen! »Wirklich? Das ist ja doll«, ruft sie, »da müssen wir sofort jemanden von der Presse herholen!« Aber dann fällt ihr ein, dass heute Samstag ist und die Presse, wen auch immer sie damit meint, schlecht zu erreichen.

Einfach geradeaus also müssen wir. Klingt nicht besonders kompliziert. Doch nach ungefähr fünfhundert Metern splittet sich die Straße in drei Wege, von denen jeder in eine andere Richtung führt, nur keiner geradeaus.

Irgendwie gelangen wir trotzdem nach Glasehausen. In dem kleinen Straßendorf fragen wir die Nächsten, ein Ehepaar, das uns etwas erzählt, was wir auf der ganzen Strecke noch nicht gehört haben: Die Lochplatten wurden in diesem Gebiet nicht von Bauern entfernt, sondern auf Anordnung von »oben«. Mehrere Leute hätten sich beim Spazierengehen die Füße gebrochen und daraufhin das Land Thüringen verklagt.

Irgendwo zwischen Glasehausen und Neuendorf scheint die Gefahr, auf den Platten zu verunglücken, nicht mehr so groß zu sein. Dort liegen sie wieder, und zum ersten Mal an diesem Tag kommen wir einige Kilometer voran, ohne aufgehalten zu werden. Erst an der Straße nach Böseckendorf verlassen wir die Route. Robin ist nicht begeistert, aber ich will unbedingt in dieses Dorf.

Böseckendorf muss man sich vorstellen wie einen schlechten Tag. Man ist froh, ihn hinter sich zu haben. Wir tun uns das auch nur an, weil ich gehofft hatte, jemanden zu finden, der an der größten Massenflucht über die innerdeutsche Grenze beteiligt war. Damals, 1961, am Abend des 2. Oktober, als vierzehn Familien das Nötigste auf einen Pferdewagen packten und sich zum Grenzzaun aufmachten. Es waren ungefähr tausend Schritte, die die dreiundfünfzig Männer, Frauen und Kinder zurücklegen mussten, ehe sie sich mit einem Drahtschneider den Weg in die Freiheit bereiten konnten. Damals bestand der Zaun noch nicht aus Streckmetallplatten, die sollten erst in den kommenden Wochen montiert werden. Dass ihnen keine Grenzsoldaten in die Quere kamen, muss ihnen wie ein Wunder erschienen sein.

Bestätigen kann uns das niemand. Wir treffen nur einen jüngeren Mann, der mit seiner Familie in der ehemaligen Gaststätte wohnt, die jetzt wie ein normales Einfamilienhaus aussieht. Er kennt die Fluchtgeschichte auch bloß vom Hörensagen, ist sich aber ganz sicher, dass keiner von denen, die damals weggingen, nach der Wende zurückgekehrt ist. Einige hätten ihre Grundstücke wiederbekommen, diese aber entweder verkauft oder einfach brachliegen lassen.

Wir laufen die gleiche Strecke wie die Flüchtlinge damals. Erst einmal bis dorthin, wo sie anhalten und den Zaun durchtrennen mussten. Links kommt der Kolonnenweg an, doch rechts geht er nicht weiter. Also auf der Straße nach Immingerode. Das Dorf gehört als Ortsteil zu Duderstadt.

Der Gedanke ist verführerisch: einfach weiterlaufen, nach Tiflingerode, dahinter kommt schon Duderstadt. Geschätzte drei Kilometer. Wir könnten in einer halben Stunde dort sein.

Aber seit wann darf es bei uns einfach sein? Wir lassen uns lieber von einem alten Mann mit der Versprechung ins Auto locken, von ihm zu einer Gaststätte auf einen nahe gelegenen Berg kutschiert zu werden. Hunger raubt einem manchmal wirklich den Verstand. Ich meine, der Mann ist harmlos, aber anscheinend etwas verwirrt. Er redet ununterbrochen auf uns ein, stellt zwischendurch Fragen, wartet aber nie eine Antwort ab, quatscht einfach weiter.

Währenddessen fährt er mit uns den Berg hinauf. Oben hat er plötzlich vergessen, wo er mit uns eigentlich hinwollte. Aber das fällt uns erst auf, als er an einem Waldrand stoppt, von einer Gaststätte nichts zu sehen. Er scheint den Irrtum nicht einmal zu bemerken. Als hätte er nie etwas anderes vorgehabt, führt er uns über eine Wiese. Ohne eine Sekunde seinen Mund zu halten.

Und dann: Streckmetallzaun, Sperrgraben, Beobachtungs-turm. Das nächste Grenzmuseum. Um das wollten wir einen Bo-gen machen.

Uns knurrt der Magen, aber er fängt an, vor uns seine Lebens-geschichte auszubreiten, haarklein und reichlich durcheinander. Nach fünf Minuten können wir nicht mehr folgen, nach zehn wollen wir das auch nicht mehr.

Das ist bestimmt nicht der schönste Moment unserer Wande-rung, irgendwie tut mir der Mann auch leid, er wirkt so einsam, aber wir müssen sehen, dass wir weiterkommen. Wir setzen mehrmals an, uns von ihm zu verabschieden. Doch er ignoriert unsere Worte und jede Geste, spricht und spricht. Dann ebbt sein Erzählstrom doch plötzlich ab. Er nimmt meine Hand und sagt mit entrückter Stimme: »Ich bin übrigens der Dieter, aber alle nennen mich Didi.«

Darauf fällt mir nichts weiter ein, als ihm unsere Vornamen zu verraten. Vielleicht habe ich dann eine Chance, dass er meine Hand wieder loslässt. Robin hält sich etwas abseits. Ihm liegt offenbar nicht danach, sich an dem Verbrüderungsritual zu be-teiligen.

Ich danke Didi, dass er uns hier hochgefahren hat, und für das nette Gespräch. Glatte Lügen. Notlügen. Nicht böse gemeint. Er soll ruhig denken, eine gute Tat vollbracht zu haben. Fühlt er sich besser und ich mich auch. Es geht ja um nichts, außer darum, sich nicht gegenseitig das Leben schwer zu machen.

Dann gehen wir, und er ruft uns hinterher: »Behaltet mich in guter Erinnerung, ja? … den Didi … in guter Erinnerung, ja? macht ihr das?«

Wir drehen uns um, schicken ihm noch ein Lächeln und win-ken. »Machen wir«, rufe ich. Dann verlieren sich unsere Blicke, und wir laufen am alten Grenzzaun den Hügel hinab.

Unten werfen wir einen Blick auf die Karte. Was sind wir dis-zipliniert! Schon wieder eine Straße, die direkt nach Duderstadt führt. Aber auch die lassen wir außer Acht. Wir wollen uns noch das WestÖstliche Tor ansehen, was immer das sein mag. Es ist auf der Karte als Sehenswürdigkeit eingetragen, genau dort, wo ein Rad- und Wanderweg zwischen Wehnde und Duderstadt den einstigen Grenzstreifen quert.

Jetzt, da wir uns nicht mehr krampfhaft auf den Kolonnenweg fixieren, liegen die Lochplatten schön brav vor uns, fein säuberlich von Gras und Unkraut freigehalten, Meter um Meter, als wäre das nie anders gewesen.

Auf dem Hügel hinter der letzten Senke zwei Pfeiler, glatt rasierte Baumstämme, kahle tote Eichen, in den Boden gerammt, zwölf Meter hoch. An einem Stamm ist die Borke zur Hälfte abgeschält, an dem anderen nicht, aber das hat keine tiefere Bedeutung. Am Boden ein Edelstahlstreifen, wie eine Türschwelle, die beide Pfosten miteinander in Verbindung bringt. Soll symbolisieren: Trennung überwunden, da geht wieder was zwischen West und Ost. Deshalb: WestÖstliches Tor.

Hmmh, denken wir, das soll also ein Tor sein? Ich hätte gewettet, ein Tor ist erst dann ein Tor, wenn es auch über eine obere Begrenzung, einen Querbalken, verfügt, wie ein Fußballtor. Aber ich muss mich täuschen! Die Deutsche Bundesstiftung Umwelt hat immerhin einhunderttausend Euro für das Projekt lockergemacht. Und in deren Kuratorium sitzen honorige Leute, von der Bundesregierung ins Amt berufen, als Wächter über ein Milliardenvermögen. Leitsatz der Stiftung: »Wir fördern Innovationen.« Ganz allgemein und ganz konkret: »innovative beispielhafte Projekte zum Umweltschutz«. Der könnte in diesem Fall zumindest darin bestanden haben, dass sechsundsechzig Roteichen um die Pfähle herum gepflanzt wurden. Falls die Zahl jemals stimmte, hat mehr als die Hälfte der zarten Eichensprösslinge die Zeit allerdings nicht überlebt seit dem Tag im Juni 2002, als Michail Gorbatschow hier oben stand und dem *Worota* seinen Segen gab.

Wir bleiben ein Weilchen, um den Platz auf uns wirken zu lassen. Erleuchtung braucht manchmal seine Zeit. Aber irgendwie verändert das nichts.

Der Blick ins Tal versöhnt uns. Duderstadt scheint ein größerer Ort zu sein. Robins Augen leuchten. Und ich denke gleich an eine große Portion Pasta. Duderstadt, wir kommen!

Man braucht nur das richtige Ziel, dann geht alles ganz leicht. Die letzten Kilometer sind sogar ausgeschildert. Dabei sehen wir auch so, wo es langgeht. Und sonst könnten wir fragen, hier herrscht richtig Betrieb. Lässig spazieren wir dem Ziel entgegen.

Ich überlege nur, ob wir nicht doch einen ansprechen und nach einem Tipp für die Übernachtung fragen sollten. Bin unentschlossen oder gerade etwas maulfaul, schiebe die Entscheidung Schritt für Schritt vor mir her. Auch möglich, dass es einen Grund gibt, der uns nicht vorher und nicht nachher, sondern an einem ganz bestimmten Punkt anhalten lässt. Aber den kenne ich dann nicht.

Unter dem nächsten Hinweisschild tun wir es einfach: bleiben stehen und fragen eine Frau, deren blondes Haar uns schon von weitem entgegenleuchtete.

Zufall ist das, was ohne erkennbaren Grund und ohne Absicht geschieht, das, was eintreten kann, aber nicht muss. Und eher auch nicht eintritt. Damit bin ich jetzt einigermaßen gewappnet, theoretisch. In der Praxis jedoch, hier auf dem Weg, bin ich völlig perplex. Und wenn ich mich nicht täusche, ist sie es auch, die Frau, die uns bis eben noch fremd war.

Wie schnell sich das doch ändern kann! Die Macht der Worte. Erst das »Du«, wir sind ziemlich genau in einem Alter, und dann die Einladung zu ihr nach Hause, zu ihr und ihrer Familie, die am Rand von Duderstadt ein wunderschönes Haus bewohnt.

Aber was ist da vorher geschehen? Niemand lässt Wildfremde einfach so in seine Wohnung. Ein Blick und dann noch einer und schnell die Erkenntnis, dass wir uns in diesem Leben vielleicht schon einmal über den Weg gelaufen sind oder sogar häufiger, ohne dass wir uns erinnern könnten. Aber möglich wäre es schon. Denn wir haben Gemeinsamkeiten – sie, ihr Mann und ich und auch Robin und ihre Tochter: Wir sind alle in der DDR geboren, und wir haben alle einmal in Leipzig gelebt, und das zur selben Zeit. Und Carola, so heißt sie, und Mario, so heißt er, haben wie ich an der Universität studiert, sie Medizin, er Pädagogik. Hätte einer von uns damals Mathematik belegt, er könnte jetzt ausrechnen, wie hoch die Wahrscheinlichkeit war, dass wir uns heute und hier begegnen. In ganz Duderstadt leben dreiundzwanzigtausend Menschen.

Es ist ein Nachmittag, als wären wir bei Bekannten zu Besuch, die wir nur länger nicht gesehen haben. Carola zeigt uns die Stadt. Mario bleibt mit den Söhnen zu Hause, Johannes ist elf, Markus sechs. Von Tochter Luise sehen wir nur Fotos. Die Neunzehnjährige ist mit ihrer Abiturklasse in Bulgarien. Und weil ich verrückt nach Kirchen bin, wie Robin behauptet, schauen wir beim evangelischen Pfarrer vorbei. Der gibt Carola, die in seiner Gemeinde ist, den Schlüssel für die St.-Servatius-Kirche, die auf dem Untermarkt steht. Neben der größeren, katholischen St.-Cyriakus-Kirche, dem Rathaus und dem Westerturm eines der Wahrzeichen von Duderstadt. In einem Ornamentglasfenster der Kirche lese ich die Luther-Worte »Eine feste Burg ist unser Gott«.

Sofort kommen Erinnerungen an Wittenberg. Dort ist der Turm der Schlosskirche mit demselben Spruch verziert, weithin sichtbar, zusammengesetzt aus Millionen kleiner Mosaiksteine. Das sieht man aber von unten nicht. Ich weiß das auch nur, weil ich, als das Mosaik Anfang der Achtzigerjahre erneuert wurde, zu den Bauarbeitern auf dem Turm geklettert bin. Meine erste Reportage für die Lokalzeitung. Überhaupt meine erste Reportage für eine Zeitung. Ich ging noch zur Schule. Sechs- oder siebenmal musste ich sie umschreiben, damit sie sich nicht wie ein Aufsatz las. Beim Schluss brachte sich der Lokalchef dann persönlich ein. Seiner Meinung nach hatte ich versäumt, vom Kirchturm hinüberzublicken zum Neubauviertel, das am Stadtrand aus schmucklosen grauen Plattenbauten wuchs. Und deswegen hatte ich auch die blühende Zukunft des Sozialismus nicht ausmachen können. Dabei war er sich ganz sicher, dass sie genau dort und nirgends anders lag.

Später sitzen wir mit Carola und Mario im Garten. In Gedanken kehren wir nach Leipzig zurück, Mitte, Ende der Achtzigerjahre, und es scheint, als würde uns diese Zeit verbinden. Wir sind uns einig, es sind die Tage, Wochen und Monate in unserem Leben, die immer präsent bleiben werden, die selbst dann nicht auszulöschen wären, wenn wir es versuchten.

Für die beiden muss das noch anstrengender sein als für mich. Sie hatten damals die Nase voll von der DDR, von den ewigen Beschränkungen und überhaupt. Carola mehr als Mario, aber das lag auch daran, dass sie mitansehen musste, wie ihr Vater an diesem System regelrecht zerbrach. Drei seiner Brüder waren vor dem Mauerbau in den Westen gegangen, und er hatte das auch vorgehabt, wollte nur die Lehre beenden und dann. Und dann wurde die DDR aber abgeriegelt wie ein Großflächengefängnis. Er musste bleiben. Und wenn sie ihn später besuchten, musste er sich anhören, wie schön ihr Leben war, wie frei, wo sie überall in den Urlaub hinfuhren, was sie alles kaufen konnten und dass ihnen niemand vorschrieb, was sie sagen durften und was nicht. All die Sachen, von denen er träumte. Anfang der Achtzigerjahre stellte er mehrmals Anträge, zu Familienfeiern in die Bundesrepublik reisen zu dürfen. Andere durften, er, noch weit vom Rentenalter entfernt, nicht. Er versuchte alles, schrieb Eingaben an die Regierung, an die Partei, an Honecker. Alle ließen ihn abblitzen. Zwei Jahre später starb er, Herzinfarkt, mit einundvierzig! Carola glaubt, daran war auch der ganze Ärger schuld.

Sie hat auch mitbekommen, wie der Bruder ihrer Mutter, Journalist und Schriftsteller, erst mundtot gemacht und dann in den Westen ausgewiesen wurde. Und wie sehr ihre Mutter darunter litt, ihn nicht mehr sehen, nicht mehr sprechen und von ihm auch nicht besucht werden zu können. Als die Mutter daraufhin das Parteibuch zurückgab, weil sie mit denen, die das zu verantworten hatten, nicht mehr konnte, nicht mehr wollte, wurde ihr als Kindergärtnerin gekündigt. Eine Abtrünnige wie sie sei nicht imstande, den Nachwuchs zu sozialistischen Persönlichkeiten zu erziehen.

Als Ungarn Anfang September 1989 endgültig die Grenze zu Österreich öffnete und eine Flut von DDR-Bürgern Richtung Bundesrepublik strömte, beantragten auch Carola und Mario für sich und Tochter Luise, die noch kein Jahr alt war, Urlaubsvisa für Ungarn. Sie erlebten wie ich die Montagsdemonstrationen in Leipzig. Doch wie die meisten rechneten sie nicht damit, dass das der Anfang vom Ende der DDR sein würde. Jetzt noch abwarten? Wer weiß, wie lange die Chance bestand. Am 26. September erhielten sie die Reisepapiere. Ein Datum, das sie schon deshalb nicht vergessen, weil es ihr Hochzeitstag ist. Ein gutes Omen, dachten sie damals noch und zogen mit ihrem grünen Trabi los. Einen Tag später waren sie in Bratislava, den Tag darauf in Österreich, wo sie der Malteser Hilfsdienst mit Geld zum Tanken, Babynahrung, Windeln und Straßenkarten für die Weiterreise in die Bundesrepublik ausstattete. Dann nach Grafenau in Bayern, Erlangen, Grenzdurchgangslager Friedland, Niendorf an der Weser, Laubach, Hannoversch Münden und seit sechzehn Jahren hier.

Bis Mitternacht sitzen wir draußen, neben dem kleinen Teich im Garten, in dem am Nachmittag die Jungs planschten. Mario hat ein Lagerfeuer angezündet, legt Holzscheite nach, damit uns nicht kühl wird. Wir schwelgen in Erinnerungen und trinken Rotwein. Auf unseren Gesichtern flackert das Licht des Feuers. Nur manchmal schweigen wir kurz. Und dann hören wir, wie das Holz in den Flammen knistert.

25. Mai 2008 – Neuhof

Regen weckt mich. Tropfen trommeln gegen die Scheibe. Das Fenster ist offen, angekippt. Ich liege auf einer Matratze am Boden. Die Schlafcouch habe ich Robin überlassen. Starre an die Decke und brauche eine Weile, um zu mir zu kommen. Und dann weiß ich nicht, wie ich mich fühle. War ein schöner Abend gestern. Aber ich konnte lange nicht einschlafen. Der Wein. Die Erinnerungen. Wie eine Narbe, auf der ein Pflaster klebte, das sich durch die alten Geschichten gelöst hat. Zweigeteiltes Leben. Ein Bruch in der Biografie, der im Nachhinein nicht einmal wie eine Richtungsänderung erscheint. Lief doch alles linear, irgendwie folgerichtig, selbst als um einen herum nichts mehr linear verlief. Vieles richtig gemacht oder zu vieles falsch? Wer sagt einem das denn? Und wenn einem das niemand sagt: Wonach wäre es zu beurteilen? Nach dem bisschen Glück, das einem widerfährt? Aber was bedeutet Glück? Was bedeutet es für mich? Ist Robin mein Glück?

Ich sollte jetzt besser aufhören, schwere Kost so früh am Morgen. Meine Gedanken verheddern sich. Da hilft es, zum gewohnten Rhythmus überzugehen: aufstehen, duschen, Robin wecken, packen.

Dann das Frühstück und der Abschied. Carola, ganz Homöopathin, gibt uns Arnikasalbe und Arnikakügelchen mit, gegen Entzündungen und Schwellungen. An der Tür umarmen wir uns. Ein seltsames Gefühl, einfach »Tschüss« zu sagen und wegzugehen. Auch hier das Versprechen: »Wir hören voneinander!«

Es hat aufgehört zu regnen, aber der Himmel macht uns wenig Hoffnung. Eine einzige Wolkenschicht. Schmuddelwolken, so grau wie im Winter der Schnee neben einer viel befahrenen Straße. Es kann jeden Moment wieder lospladdern.

Wir laufen von Duderstadt nach Fuhrbach, weiter nach Brochthausen und Zwinge, fast nur auf der Straße. Dann kommt eine Ewigkeit nichts mehr. Nur Wald und ab und zu Felder, dann Felder und ab und zu Wald, bis es wieder umgekehrt ist. Keine Orte, die es uns wert scheinen, anzuhalten oder gar einen Umweg zu machen. Aber das kann sehr gut auch an uns liegen. Irgendetwas ist heute anders. Wir sind beide stiller als sonst, und ich mache mir gleich wieder Sorgen.

Dabei liegt das wahrscheinlich nur am Regen, der wie befürchtet bald wieder einsetzt und uns unter unsere Capes zwingt. Mit den Kapuzen auf dem Kopf fällt es nicht leicht, sich zu unterhalten. Außerdem erschweren die Capes das Laufen. Der nasse Stoff klatscht bei jedem Schritt schwer gegen die Oberschenkel. Und darunter dampfen unsere Körper, weil die Strecke ziemlich anstrengend ist.

Nach zwanzig zurückgelegten Kilometern erwarten wir von dem Tag nichts mehr. Wir laufen einfach. So stur haben wir das noch nie durchgezogen. Aber wir hatten auch noch nie so schlechtes Wetter.

Blöd nur, dass wir uns später mit den Kilometern verhauen. Als wir Mackenrode im Kreis Nordhausen erreichen, nähern wir uns alarmierend der Vierzig-Kilometer-Marke. Ich könnte auf der Stelle in ein Bett fallen. Nur, in welches?

Wenn ich mir den Ort so ansehe, muss ich sofort alles zurücknehmen, was mir gestern über Böseckendorf entwichen war. Gegen Mackendorf war das ein nettes kleines Dörflein, schön beschaulich. Hier dagegen sollte man nur herziehen, wenn man's mit den Ohren hat. Der Verkehr der Bundesstraße kracht direkt vor den Wohnzimmerfenstern vorbei.

Ich bin noch nicht panisch. Robin sowieso nicht, der ist mal wieder die Gelassenheit in Person. Obwohl ich ihm ansehe, was er davon hält, jetzt noch weiterlaufen zu müssen.

Bis nach Tettenborn jenseits der alten Grenzlinie, in Niedersachsen, sind es nur anderthalb Kilometer. Aber dort kriegen wir auch nichts, abgesehen von einer Schorle in der Dorfkneipe.

Uns ging es gestern bei Carola und Mario einfach zu gut, das muss heute wieder ausgeglichen werden. Man könnte glatt denken: Das Leben ist eine ziemlich gerechte Angelegenheit.

Irgendwie schaffen wir noch drei Kilometer Feldweg, obwohl ich meine Füße langsam nicht mehr spüre. Dann sind wir in Neuhof, einem Dorf, das zu Bad Sachsa gehört. Das Schönste daran ist, dass wir damit im Harz angekommen sind, wenn auch nur im Südharz und dort erst am südlichsten Rand. Trotzdem: Ungefähr die Hälfte ist geschafft!

Ich würde nicht behaupten, dass es mein größter Wunsch war, einmal auf einem richtigen Bauernhof zu übernachten. Doch da die Alternativen im Augenblick spärlich gesät sind, ignorieren wir alles, was dagegen sprechen könnte. Soll ja nur für eine Nacht sein. Und es gibt bestimmt unzählige wunderschöne Bauernhöfe.

So würde ich den hier nicht unbedingt bezeichnen. Aber das ist Geschmackssache. Unsere Quartiergeberin erzählt, sie habe kürzlich eine Familie aus Leipzig dagehabt, die sei so was von begeistert gewesen. An der Bäuerin liegt es garantiert auch nicht. Sie nimmt uns auf und ist schon aus diesem Grund eine liebenswerte Person. Sie backt sogar Brot für uns auf, nachdem wir vergeblich an der Tür der Dorfgaststätte gerüttelt haben, und serviert saure Gurken und hausgeschlachtete Wurst, köstlich. Wir sind so hungrig, dass wir bis auf den letzten Krümel alles verdrücken, was sie uns hinstellt.

Aber eine Etage über dem Esszimmer, im Bad … was soll ich sagen? Die Toilette ist in einem Zustand, als dürften sich auch die Grunzviecher aus dem Stall hier austoben. Und als ich dusche, drückt das Wasser, anstatt abzulaufen, durch den Abfluss nach oben und umspült meine Füße mit Büscheln von Haaren, die garantiert nicht von meinem Kopf stammen.

So eine Wanderung ist eben wie das Leben: Nicht alle Momente sind schön! Und heute war gleich der ganze Tag ziemlich daneben.

26. Mai 2008 – Hohegeiß

Offenbar hat der gestrige Tag Spuren hinterlassen. Wir sind beide gereizt. Merke ich schon am Frühstückstisch. Muffelstimmung. Jeder kaut auf seiner schlechten Laune herum und tut so, als wäre nichts. Manchmal sind wir zwei Experten!

Wir können den Bauernhof nicht schnell genug verlassen. Acht Uhr Frühstück, halb neun sind wir weg. Auf der Straße empfängt uns Regen. Also wieder die Capes über und stumm bis nach Walkenried. Leichte Kilometer auf der Straße, zum Munterwerden, zum Einlaufen.

Walkenried ist ein Luftkurort, staatlich anerkannt, das wird überall betont. Aber mein Herz schlägt wegen etwas anderem höher: Wir sind jetzt tatsächlich im Harz! Seit wir losgelaufen

sind, reden wir vom Harz: Wenn wir doch erst im Harz wären …
Oder: Wenn wir erst den Harz hinter uns hätten … Tagträume,
ständige Begleiter.

»Los, Robin! Darauf gönnen wir uns etwas Besonderes, irgendwas«, versuche ich ihn aus seiner Morgenlethargie zu reißen.
Sofort steuern wir den erstbesten Lebensmittelladen an, fest entschlossen, uns auf der Stelle zu verwöhnen, ziehen die Tür auf –
und denken: Okay, das müssen wir wohl noch mal verschieben.

Beschränken wir uns vorerst aufs Wichtigste: Wasser. Das
gibt's aber nur in schweren Glasflaschen. Während wir es in unsere Plastikflaschen umfüllen, fragen wir die Kassiererin ein bisschen über Walkenried aus.

Ein typisches Früher-Gespräch: Früher war der Ort attrakti-
ver. Früher kamen massig Urlauber her, nicht nur im Winter.
Und früher kauften mehr Leute bei ihr ein. Wohnten ja auch
mehr hier. Aber heute: »Die Harzorte im Osten sind viel schöner,
die Natur auch«, sagt sie. »Die haben nach der Wende die ganzen
Subventionen zugeschustert bekommen und viel gemacht. Wer
macht denn hier noch was? Aber ich gönn den Leuten das, drüben in der Zone. Die haben lange genug gelitten.«

Walkenried sieht ein bisschen wie vorgestern aus oder wie ein
Ort in den Bergen, der seine Schönheit erst unter einer geschlos-
senen Schneedecke richtig zur Entfaltung bringt. Das Highlight
ist auf jeden Fall die Klosterruine. Das Kloster, das Ordensbrüder
der Zisterzienser 1127 erbauten, muss ein imposanter Bau gewesen sein. Viel steht davon nicht mehr. Der Kapitelsaal, Teile des
Kreuzgangs, ein paar Wirtschaftsräume. Und Mauerreste der
gotischen Klosterkirche. Die sind wirklich beeindruckend. Vor allem wenn man überlegt, wie lange sie schon stehen. Ein Jammer,
dass es sich die Mönche damals mit ihren weltlichen Nachbarn,
den Bauern, verscherzten, die 1525, im Bauernkrieg, über das
Kloster herfielen, plünderten, was nicht niet- und nagelfest war,
und die Gemäuer verwüsteten. Am schlimmsten wüteten sie in
der Kirche, die danach zusehends verfiel. Irgendwann später waren statt Kirchenmusik nur noch Hammerschläge zu hören. Die

Uralte Klostermauern in Walkenried

Steine der Mauern wurden abgetragen und zum Bau anderer Gebäude benutzt. Für das ehemalige Jagdschloss der Herzöge von Braunschweig etwa, das noch gegenüber steht, heute ein Hotel.

Robin drängt, will weiter. Er ist immer noch so maulig. Aber natürlich beende ich die Geschichtsstunde, und wir marschieren los. Für ihn in die absolut falsche Richtung. Ich will den Kolonnenweg suchen und so laufen, wie die Grenze verlief – in einem großen Bogen um Walkenried herum, nach Ellrich, der nördlichsten Stadt Thüringens. Wir dürfen jetzt nicht schlampig werden. Sage ich. Ihm ist das nicht so wichtig. Er würde viel lieber die Straße nehmen, die direkt dorthin führt. Der Unterschied beträgt geschätzte fünf Kilometer. Das muss er jetzt aushalten. Ich muss seine miese Stimmung ja auch ertragen.

Bahnt sich da wieder etwas an? Vielleicht sollte ich ihn einfach mal in den Arm nehmen. Fänd er wahrscheinlich total blöd, hier, mitten auf der Straße.

»Robin?«

»Ja.«

»Alles okay?«

»Jaaa.«

Also nein! Er kann mir nichts vormachen. Diesen Ton kenne ich. Zwei Möglichkeiten: Entweder lasse ich ihn schmollen, oder ich bohre so lange, bis er mit der Sprache herausrückt. Beim letzten Mal habe ich ihn brüten lassen. Das zog sich Tage hin. Vielleicht sollten wir das diesmal abkürzen. Ich gebe ihm etwas Zeit. Bis wir an Wiedigshof vorbei sind, Obersachswerfen rechts liegen gelassen haben und auf dem Kolonnenweg laufen. Dann frage ich, was ihn bedrückt.

Schweigen.

»Los, sag schon!«

Liebeskummer! Oh je, das könnte ein Grundsatzgespräch werden. Dachte mir schon, dass es diesmal nicht um uns geht. Feine Nuancen, schwer zu beschreiben. Vielleicht so: Sein Unglücklichsein richtet sich nicht nach außen, gegen mich, sondern nach innen. Er wirkt gefangen darin, verloren mit sich selbst.

Die Freundin also. Ich wunderte mich schon, warum die beiden nicht jeden Tag am Telefon hängen oder sich wenigstens SMS schicken. Sie sind immerhin anderthalb Jahre zusammen, waren allerdings noch nie so lange getrennt. Bestimmt nicht leicht. Ich habe schon überlegt, ob uns unsere Mädchen nicht mal besuchen sollten. Für den Moment wäre das wahrscheinlich nicht schlecht. Aber hinterher? Wieder ein Abschied und wieder für längere Zeit. Wir haben darüber gesprochen, aber Robin weiß auch nicht, ob er das will.

Ich sage ihm, dass Liebe so eine Trennung aushält. Doch nach dem, was er mir erzählt, besteht ihr Problem nicht darin, dass sie sich nicht sehen. Er hat ihr anfangs regelmäßig SMS geschrieben. Sie hat manchmal tagelang nicht geantwortet und dann so getan, als wäre nichts. Kein gutes Zeichen. Aber soll ich ihm das sagen? Er fühlt sich im Stich gelassen, ist völlig durcheinander und weiß nicht, wie er mit der Situation umgehen soll. Und er denkt natürlich, wenn er zu Hause wäre, könnte er viel mehr ausrichten.

Mein erster Gedanke, als wir nichts mehr zu sagen wissen und jeder nur noch vor sich hin schweigt: Es tut weh, den Jungen leiden zu sehen. Aber du kannst ihm das nicht abnehmen. Und ich frage mich, ob ich ihn auf solche Situationen besser hätte vorbereiten können. Ich habe versucht, ihm ein gesundes Selbstwertgefühl mitzugeben, aber genügt das? Selbstwertgefühl ist ja nichts, was man einmal erwirbt und was dann für immer gleich bleibt.

Ich schiebe meine Erziehungstheorien und das schlechte Gewissen eines allein erziehenden Vaters hin und her. In Gedanken. Im Rhythmus der Schritte, den der Kolonnenweg zulässt, weil er frei geräumt ist.

Völlig unvorbereitet kommen wir in Ellrich an. Auch noch ausgerechnet dort, wo es Ellrich nicht mehr gibt. Am schwärzesten Punkt. Ortsteil Juliushütte. Ehemaliges Konzentrationslager, eines der vielen Außenlager des KZ Buchenwald. Achttausend Menschen, halb verhungert, entkräftet, wie Vieh in Holzbaracken zusammengepfercht. Tagsüber zur Arbeit getrieben in den Kohnsteinschacht bei Nordhausen, in dem $V1$- und $V2$-Raketen für den »Endsieg« produziert wurden, oder in die Stollen umliegender Karstberge, die für die bombengeschützte Produktion von anderen Kriegsgeräten vorbereitet werden sollten. Bis Nazideutschland im Frühjahr 1945 kapitulierte, war nahezu die Hälfte der Häftlinge jämmerlich verreckt.

Und heute? Wald, Wiese, zwei Teiche. Vom Versorgungstrakt steht noch das Kellergeschoss, in dem die Küche untergebracht war. Aber das würde man als solches nicht wahrnehmen, stünde nicht ein Gedenkstein daneben.

Eigentlich wollten wir uns noch Ellrich ansehen, den angenehmeren Teil der Stadt. Das lassen wir jetzt. Sind nicht in der Stimmung.

Durch Ellrich müssen wir trotzdem. Wir nehmen irgendeine Straße. Sie führt am jüdischen Friedhof vorbei, ohne dass wir das wissen konnten. Die Gedenktafel, die an der Friedhofsmauer an die Synagoge erinnern sollte, die die Nazis im Pogrom-November 1938 verwüsteten und danach abrissen, wurde zerstört. Auch an einigen Gräbern Beschädigungen, Spuren von Gewalt. Aus jüngster Zeit.

Hinter dem Ort orientieren wir uns an der Zorge, die rechts von uns fließt. Der Trampelpfad führt durch das hohe Gras einer wilden Wiese. Robins Heuschnupfen ist begeistert. Besser wird es erst, als wir in den Wald kommen. Und in die Berge. Wir freuen uns wie Kinder.

Nach einer kurzen Flachstrecke, zum Anlaufholen, geht es gleich ordentlich hoch. Und da sich das Wetter, passend zur Umgebung, auch gerade ändert, kriegen unsere schweißaufsaugenden Funktions-T-Shirts gut zu tun. Nur die Mücken verderben uns den Spaß ein wenig und winzig kleine schwarze Fliegen, die unbedingt auf unseren Gesichtern landen müssen, wo sie in Schweißperlen ertrinken.

Dem nächsten menschlichen Wesen begegnen wir an der Wendel-Eiche. Wie ein Schatten huscht eine Gestalt an uns vorüber. Sie trägt einen winzigen Rucksack und sieht aus, als wäre sie in einen kräftigen Regenschauer geraten. Dabei hat es gar nicht geregnet. Ein Mann in kurzen Hosen, mit Schnauzbart und Brille, Alter unschätzbar. Bleibt nicht einmal stehen, möchte im Vorbeigehen nur schnell wissen, ob wir auch zum Stempeln hier sind oder nur aus Spaß. »Aus Spaß«, sage ich, da »zum Stempeln« noch mehr gelogen wäre.

Die Wendel-Eiche ist ein Aussichtspunkt, der auf allen möglichen Wanderrouten ausgeschildert ist. Den Namen verdankt er einer alten Traubeneiche, auf der sich früher eine Aussichtskanzel befand, die über einen Wendelaufgang zu erklimmen war. Der Baum steht noch, von den Aufbauten nichts mehr. Stattdessen sind vier Wanderschilder und eine Infotafel (»Vier Jahrzehnte unzugänglich … Sperrgebiet …«) an den Stamm genagelt.

Neben dem Baum eine Schutzhütte und eine Stempelstelle für die Harzer Wandernadel. Ach, das meinte der Turbowanderer. Spaßeshalber drücke ich den Stempel ins Notizheft: Die Umrisse einer Brockenhexe und die Nummer »165«. Wir müssten noch sieben andere Punkte anlaufen, um uns wenigstens für die Wandernadel in Bronze zu qualifizieren, der niedrigsten Stufe aller Wanderorden. Besonders Eifrige können es bis zum Wanderkaiser schaffen. Dafür müssen sie alle zweihundertzweiundzwanzig Stempelstellen anlaufen, die über den Harz verteilt sind. Mindestens sechsundsechzig davon in diesem Jahr, die anderen vorher. Und das Ganze so flott wie möglich. Nur die ersten zweihundertzweiundzwanzig werden jedes Jahr zu Kaisern gekrönt.

Wir lassen uns richtig viel Zeit. Uns stecken fünfundzwanzig Kilometer in den Beinen. Hocken uns auf eine Bank, knabbern wie Eichhörnchen an Müsliriegeln und starren währenddessen wie betäubt über die Berge, die vor uns liegen. Grüne Buckel. Weit vorn, im grauen Dunstlicht am Horizont, die Brockenspitze. Zum ersten Mal sehen wir sie.

Ein ganz anderes Wandern. Touristenzone. Alle Wege ausgeschildert, dass man sich als Lesekundiger nur schwer verlaufen kann. Es geht in Wellenlinien voran, immer schön hoch und runter, bis zum Gipfel des Großen Ehrenbergs. Sechshundertfünfunddreißig Meter. Dahinter geht es steil wieder abwärts. Durchatmen, bis wir die Bundesstraße 4 erreichen. Süd-Nord-Tangente zwischen Nürnberg und Bad Bramstedt, die Strecke nach Hause. Aber daran denken wir nicht. Die Beine schmerzen.

Neben der Straße der Dreiländerstein. Diesmal verpassen wir nicht den wichtigen Moment. Noch zwanzig Schritte, dann sind wir in Sachsen-Anhalt. Thüringen ade! Siebenhundertsechzig Kilometer Grenze ade! Mit dem kleinen Stück Sachsen am Anfang haben wir jetzt rund achthundert Kilometer hinter uns. Über die Hälfte! In fünfundzwanzig Tagen, von denen wir an vierundzwanzig gewandert sind. Jetzt umarmen wir uns doch, und ich unterdrücke eine Träne. Oder auch ein paar mehr.

Diese Stimmungsschwankungen machen einen fertig!

Wir sind schon zwei tolle Hechte! Mit diesem Hochgefühl bringen wir für heute auch noch die letzten vier Kilometer hinter uns, die uns ausnahmsweise mal nur wie die Hälfte vorkommen. Und dann, am Ortseingang von Hohegeiß, lesen wir, was uns zu unserem Glück bisher noch fehlte: »Noch immer nicht jeder weiß: Ein Paradies ist Hohegeiß!«

Vielleicht erwischen wir nicht die richtige Straße. Aber so viele gibt es hier eigentlich nicht. Wir sehen jedenfalls ziemlich heruntergekommene Wohnhäuser, leer stehende Gastwirtschaften und beinahe an jedem zweiten Haus ein Schild »Zu verkaufen« oder »Zu vermieten«.

Aber davon lassen wir uns jetzt mal nicht beirren. Suchen wir uns eben unser eigenes kleines Paradies. Und wo findet man das leichter als im besten Hotel des Ortes? Vier Sterne. Der Zimmerpreis liegt weit über unserem Budget. Ich habe das Gefühl, wir werden gerade kräftig über den Tisch gezogen. Aber darüber sehen wir lächelnd hinweg. Und später, im lauwarmen Wasser des Schwimmbads, spüle ich die letzten schlechten Gedanken von mir ab. Wir haben das Becken für uns allein und toben uns aus. Natürlich ist es verboten, vom Rand ins Wasser zu hopsen. Wir tun es trotzdem, duschen danach eiskalt ab und springen wieder hinein, pflügen schwimmend ein paar Bahnen durchs Wasser – und merken plötzlich, dass wir völlig groggy sind.

27. Mai 2008 – Schierke

Dichter Nebel, neun Grad Celsius – nein, wir haben es heute überhaupt nicht eilig.

Der Hunger treibt uns zum Frühstücksbüfett. Durchschnittskost, zum Sattwerden, nicht zum Schlemmen. Sonst stört uns das nicht. Doch hier haben wir immer den Zimmerpreis im Hinterkopf. Was mir dagegen richtig gut gefällt: der rote Zettel, den sie übers Büfett gepappt haben. Verehrte Gäste, essen Sie sich ruhig satt, aber wehe, Sie nehmen ein Brötchen für Ihre Wanderung mit! Berechnen wir Ihnen extra! Vielleicht etwas freundlicher ausgedrückt, aber ich lese das jetzt mal ohne Schnörkel.

Während unsere Wäsche, die wir gestern Abend durchs *rei-in-der-Tube*-geschäumte Wasser gezogen haben, noch trocknet, streifen wir kurz durch den Ort. Vom Paradies auch heute nichts zu bemerken. In einem Schaukasten hängen Plakate zur Landtagswahl, die vor vier Monaten war, auf den Tag genau: »Entschlossen für Niedersachsen ... Sicherheit für alle. Überall.« Mit Verheißungen scheinen die Leute hier großzügig umzugehen. Ausgerechnet vor dem Eingang des Alten- und Pflegeheims steht ein Wegweiser in alle Welt: Paris. Moskau. Kapstadt. Tokio. New York. Rio. Sydney.

An der Hauptstraße ein Tante-Emma-Laden. Wir decken uns mit Bananen, Müsliriegeln und Wasser ein. Mal wieder. Ansonsten haben wir ja noch die dick belegten Brötchen vom Büfett. Das konnten wir uns dann doch nicht verkneifen. Eine Wanderkarte für den Harz kaufen wir auch: *Harzer Grenzweg – Wandern am Grünen Band* – »reißfest, wetterfest, beschriftbar und wieder abwischbar«, sogar »recycelbar«, was es alles gibt. Und wie viele Wanderwege darauf eingezeichnet sind! Mutters Schnittmusterbögen sind übersichtlich dagegen.

Der Ladenbesitzer – Vollbart und Pferdeschwanz – sieht ein bisschen wie sein Geschäft aus: ein bisschen heruntergewirtschaftet. Aber das scheint nur Tarnung. Er entstammt einer wohlhabenden Familie, erzählt er. Seine Großeltern sollen in den Fünfzigerjahren Millionen gemacht haben. Und er besitzt jetzt angeblich Häuser in Bremen, Benneckenstein, einem Harzdorf im Osten, und hier. Auch die Gaststätte schräg gegenüber soll ihm gehören. Rein optisch würde das passen. Allerdings steht die auch leer. »Seit zwei Jahren. Finde mal einen Pächter. Geht alles den Bach runter. Seit dem Fall der Mauer gibt es keine Zonenrandförderung mehr. Die Zahl der Touristen hat sich halbiert. Und von den Einheimischen hält es immer weniger hier. Wenn das so weitergeht, stirbt die Region irgendwann aus.«

Für Harzer Verhältnisse mögen heute nicht viele Wanderer unterwegs sein, für uns sind es weit mehr, als uns in den letzten drei Wochen insgesamt begegnet sind. Besonders auf dem ersten Stück, von Hohegeiß nach Sorge, am *Ring der Erinnerung* vorbei. Noch eine Grenztouristenattraktion. Warum nicht, wenn es

Leute anzieht und beiträgt, die Region am Leben zu erhalten. Wir müssen das ab jetzt mal so betrachten.

Der »Ring« wurde aus abgestorbenen Baumstämmen, Ästen und Zweigen zusammengetragen und im Kreis aufgetürmt. Das Kunstwerk daran ist schwer zu erkennen. Es geht auch mehr um die Idee, die dahintersteckt. Die eigentliche Kunst soll nämlich die Natur vollbringen: Während das Holz vermodert, sollen es möglichst viele Vögel mit ihrem Kot beglücken. Beides zusammen ergibt dann eine nährhaltige Mischung, die dafür sorgt, dass aus Flugsamen relativ schnell neue Bäume und Büsche sprießen. Ein paar Betonpfeiler, Reste des Grenzzauns, stehen wie dürre Wachsoldaten daneben.

Zugegeben, alleine wären wir darauf nicht gekommen. Passiert nicht so häufig, dass ich über Moderholz und Vogelscheiße nachdenke.

Wir kommen nach Sorge. Nettes kleines Dorf, etwas mehr als hundert Einwohner, übersichtlich. Kurz einmal durch und wieder zurück. Wir wollen eigentlich nur wissen, warum der Ort so heißt. Ist schnell geklärt: Sorge wurde in grauer Vorzeit vom mittelhochdeutschen Wort Zarge abgeleitet, was so viel wie Wall, Mauer oder auch Grenze bedeutet. Eine Grenze gab es hier schon im Mittelalter.

Wie wir uns danach verlaufen können, verstehen wir selbst nicht. Wahrscheinlich sind doch zu viele Linien auf der Karte. Aber hier sind die Wege alle derart miteinander verzweigt, dass es nicht mal ein Umweg ist. An der Warmen Bode sind wir wieder richtig.

Nach fünfzehn Fußkilometern ändert sich das Wetter schlagartig. Wir machen gerade Pause und können zusehen, wie sich innerhalb weniger Minuten der Dunstschleier lichtet. Falls darüber Wolken hingen, sind die auch verschwunden. Auf einmal nur noch blauer Himmel und Sonne, als hätte jemand mit einer riesigen Hand alles andere beiseitegeschoben. Und gleich ist es ein paar Grad wärmer.

Wir sind unentschlossen. Robin ist ungeduldig. Er würde am

Durchatmen und ein Blick auf die Karte

liebsten gleich zum Brocken hinaufmarschieren. Besseres Wetter kriegen wir nicht, sagt er. Im Hotel hatte er gelesen, dass der Brocken an dreihundert Tagen im Jahr von Nebel eingehüllt wird.

Ich will mir den höchsten Berg Norddeutschlands für morgen aufheben, ihn ausgeruht angehen. Sonst wird das heute wieder eine Marathontour. Außerdem soll der Harz nicht so schnell vorbei sein. Wir haben zwar keine Zeit zu verplempern, müssen ihn aber auch nicht in zwei Tagen durchflitzen. Vergessen wir mal die Grenze und genießen die Natur.

Nach Braunlage geht es durch einen wunderschönen Wald. Hochstämmige Fichten, gesprenkelt vom Sonnenlicht. Wir atmen tief die Luft ein. Inhalieren. Hören Vögel, hören den Wind, sonst nichts. Macht einen ganz ruhig. Naturtherapie. Ich hätte nicht gedacht, dass ich mich einmal ärgern würde, weil wir einen Weg so schnell schaffen.

Den Krach will man dann nicht. Aber Braunlage ist Krach. Und Staub. Abgase. Eine Bundesstraße mitten durch den Ort. Reger Verkehr und Ampeln, an denen er sich staut. Heilklimatisch kann das nicht sein. Stehen plötzlich auf dem Gehsteig und sind vom Lärm wie vor den Kopf geschlagen. Vielleicht ist es das, was uns abtörnt.

Die Einheimischen sagen, der Mauerfall habe dem Ort nicht gut getan. Aber das ist nur die halbe Wahrheit. Die Zonenrand-förderung fiel weg, die Touristenzahlen brachen ein, das schon, aber der Bevölkerungsschwund setzte lange vorher ein. Von 1946 bis heute hat sich die Einwohnerzahl fast halbiert. Seit der Wende schrumpft sie nur ein bisschen schneller, durchschnittlich um hundert pro Jahr. Bleibt das so, werden in fünfzig Jahren die letzten Braunlager das Licht ausknipsen.

Wir flüchten zur Stille in der Kirche. Wie in Hohegeiß ein harztypischer Holzbau, das Fachwerk außen verkleidet, innen das Holzskelett sichtbar bis zu den Deckenbalken. Das Prunk-vollste der Kronleuchter, eine Schmiedearbeit aus der Bauzeit um 1888. Sonst nur Schlichtheit. Wer Fragen zu Gott hat, kann sie aufschreiben und in einen Kasten werfen. Die Antworten sind dann für alle. Sie werden nach Themenbereichen in Schubfächer neben dem Eingang sortiert.

Was interessiert uns jetzt mal? Wir fischen »Wie war Jesus' Ver-hältnis zu den Frauen?« heraus, kein Zufall, überfliegen den Text: »Man dichtet Jesus Liebesbeziehungen an …, behauptet gar, er wäre (mehrmals) verheiratet gewesen. Andere wiederum meinen Hinweise dafür zu haben, dass Jesus homosexuell gewesen sei … ein sexuelles oder zumindest erotisches Verhältnis zu Johannes, dem Lieblingsjünger, gehabt habe. Alle diese Theorien sind reine Vermutungen …«

Wir schauen nicht ganz Braunlage an, nur das Zentrum. Und weil die Sonne gerade so göttlich scheint, wollen wir uns in ein schönes Café setzen, draußen. Wir suchen und wir fragen, länger als gut für unsere Laune ist. Landen am Ende in *Omas Backstube*. An Latte macchiato und Kuchen ist nichts auszusetzen. Aber die vorbeidonnernden Autos, die unseren Köpfen fast näher sind als die Käsetorte auf dem Tisch, vertreiben uns.

Zurück im Wald kommen mir Zweifel, ob wirklich wir es sind,

die bestimmen, wo wir langwandern. Ich könnte schwören, dass ich an der letzten Wegkreuzung die »28 D« gesehen habe und ein rotes Dreieck. Die kürzeste Strecke zum alten Grenzstreifen. Trotzdem laufen wir auf einmal auf »30 E«, als hätte uns jemand dahin gebeamt. Und das ist sogar besser. Zur Grenze kommen wir darauf zwar nicht so schnell, aber zum Wurmberg, Niedersachsens höchste Erhebung, neunhunderteinundsiebzig Meter, der kleinere westliche Bruder des Brocken. Den können wir uns schlecht entgehen lassen. Beschließen wir jetzt mal so. Da wir schon einmal auf einer Höhe von achthundert Metern sind. Soll keiner sagen, wir schonen uns.

Bin ganz froh, dass wir uns mal treiben lassen. Ein bisschen wie Urlaub. Nur anstrengender, schon allein wegen der Rucksäcke. Für die letzten Meter zum Gipfel nehmen wir die Treppe der Skisprungschanze. Zähle dreihundertvierundsiebzig Stufen. Seit über achtzig Jahren steht hier oben eine Schanze, die seit dem Bau einige Male verändert, erneuert wurde. Die Springer fliegen dem Brocken entgegen. Der Auslauf reicht fast bis an die alte Grenze heran.

Diese Hochlage, so dicht am Ostblock, wussten auch US-amerikanische Geheimdienste zu schätzen. Neugierig waren beide Seiten. Bis 1994 stand ein Abhörturm auf dem Plateau, ein Funkriese, einundachtzig Meter hoch, der dann gesprengt wurde. Doch davor: Die Nachrichtenluft muss heiß gewesen sein zwischen hier und der Brockenspitze, auf der Sowjets und Stasi Peilsender betrieben.

Dann wieder hinunter, nach Schierke, auf der anderen Seite, im Osten, zum Vergleich. Über den Großen Winterberg, durch Moorgebiet, nur noch abwärts. Aber einfach geht das auch nicht. Der Weg schlängelt sich wie eine ausgetrocknete Schmelzwasserrinne hinab, Stolperstrecke, ausgespülter Boden, Wurzeln, Geröll. Dafür sind unsere Schuhe wirklich mal gut.

Schierke ist ein bisschen wie das Ende der Welt. Eine Straße, die hineinführt, aber keine, die auf der anderen Seite wieder hinausgeht. Abgesehen von der Brockenstraße, die sich zum Gipfel emporwindet, für motorisierten Verkehr jedoch gesperrt ist. Sonst nur Wanderwege. Davon aber reichlich, in jede Himmelsrichtung gleich mehrere und einige mit recht ulkigen Namen: Edelmannshäuweg, Gestellweg, Eckerlochstieg, Schnarcherstraße.

Früher soll Schierke das St. Moritz des Harzes gewesen sein. Ein bisschen Phantasie, und man kann es sich vorstellen. Einige der Hotels, herrschaftliche Häuser, strahlen noch den alten Zauber aus, so von außen betrachtet. In der DDR wurde Schierke dann zum Kur- und Ferienort der Werktätigen. Pompöses war nicht mehr gefragt. Fast alle Kuranstalten und Urlauberheime befanden sich im Besitz des FDGB, des Dachverbandes aller DDR-Gewerkschaften. Der FDGB war zugleich der größte Reiseveranstalter im Land, praktisch konkurrenzlos. Das bedeutete aber nicht, dass man dort einfach seinen Urlaub buchen konnte. Man musste sich für einen Platz bewerben und konnte dann nur hoffen, dass man auch einen zugeteilt bekam. Bevorzugt wurden Funktionäre, Schichtarbeiter, kinderreiche Familien. Nach Schierke ins Grenzgebiet kam man aber auch nur, wenn man politisch als zuverlässig galt. Ohne Passierschein blieb einem der Ort verschlossen. Und auf den Brocken durfte man selbst damit nicht. Die erlaubten Wanderwege waren rot markiert. Davon hatte man nicht abzuweichen. Zum Gipfel führte keiner.

Schon absurd: Seitdem wieder alle Wege benutzt werden dürfen, wollen das immer weniger tun. Man sieht's auch: Eines von den größten Erholungsheimen aus DDR-Tagen steht seit Jahren leer und verfällt, zwei andere Hotels mussten vor einigen Monaten zwangsversteigert werden. Und auch hier hat die Einwohnerflucht eingesetzt. Von tausendzweihundert sind seit der Wende über fünfhundert fortgezogen.

Trotzdem, Schierke hat Charme, das lasse ich mir von niemandem ausreden. Und im Moment ist das Schönste an Schierke, dass wir nicht eine Sekunde suchen müssen, um eine kuschelige Pension zu finden.

28. Mai 2008 – Bad Harzburg

Ich sitze am Fenster und schaue zu, wie Schierke erwacht. Beobachte und schreibe. Schreibe, was ich sehe. Die Pension steht mitten im Ort. Das Fenster geht zur Brockenstraße hinaus, auf das letzte Stück, das für den Autoverkehr frei ist. Gegenüber die Kurverwaltung, daneben ein kleiner Supermarkt, noch nicht geöffnet. Dahinter Wald, Berge, die Gipfel in Nebel gehüllt. Ich raffe die Gardine beiseite, öffne das Fenster. Frische Morgenluft, samtweich, vom Wald aromatisiert. Ein dunkelblauer Kleinwagen schleicht vorüber, HZ-Kennzeichen, für Landkreis Harz. (In Walkenried hatte einer gespottet: »HZ wie: Hinterm Zaun.« Dann hatte er erzählt, dass viele Westharzer sauer sind, weil der größere Teil des neu gebildeten Landkreises in Sachsen-Anhalt gar nicht im Harz liegt. Sie meinen, ihnen würde das Kennzeichen eher zustehen. Stattdessen müssten sie mit OHA herumfahren.) Der Verkehr rauscht hier nicht. Erst nach einer Weile das nächste Fahrzeug, ein Kleintransporter, weiß mit grüner Aufschrift »Der Brockenbäcker«. Vor der Kurverwaltung klaubt ein Mann Papier und zusammengeknüllte Taschentücher vom Rasen, stopft alles in einen blauen Müllsack, geht weiter.

Schreibe jetzt immer morgens. Wie ich diese Zeit genieße, in der die Stille zum Leben erwacht, unschuldig noch und unbelastet und gedankenklar. Wie ich sie mit Robin genieße, mit ihm ist sie noch schöner. Einfach, weil er da ist, im Bett liegt und schläft, aber da ist. Jetzt. Und weil diese Momente so selten geworden waren, zuletzt, und noch seltener sein werden, dann, nach unserer Reise.

Jetzt regt er sich. Ich unterbreche kurz. Mit einem Seufzer dreht er sich auf die andere Seite, ohne wach zu werden. Er schläft, wie er als Kind schon geschlafen hat: den Körper seitlich, die Beine angewinkelt, ein Stück Decke zwischen den Knien, seine Hände, wie zum Gebet aufeinandergelegt, unters Kinn geschoben.

Vor Jahren habe ich ihn im Urlaub einmal beim Schlafen fotografiert, genau in derselben Position. Das Foto ist leicht unscharf geworden. Im Zimmer war es ziemlich dunkel. Und ich habe keinen Blitz benutzt, um ihn nicht zu wecken. Trotzdem ist es mein Lieblingsfoto von ihm, bis heute. Durch die Unschärfe wirkt es so, als sähe ich ihn im Traum. Habe ich ihm das jemals erzählt?

Schaue ihm beim Schlafen zu. Sein gleichmäßiges Atmen ist so leise, dass ich mir nur einbilde, es zu hören. Schreibe nicht weiter, verliere mich in Gedanken, die mich nicht loslassen, weil ich ihn jetzt so sehe und mich erinnere: An den Tag, als ich glaubte, ihn zu verlieren. Es war der Tag, an dem mir klar wurde, dass meine Ehe nicht mehr zu retten sein würde. Robin war damals sechseinhalb, wir lebten in Köln, und ich dachte, es wäre alles gut. Oder dachte ich gar nichts? War alles so selbstverständlich geworden. Selbstverständlich, doch nicht gut, aber immer noch besser, als mit der Realität des Scheiterns konfrontiert zu werden.

Der erste Gedanke, als ich sah, was ich lange nicht sehen wollte: Du wirst nicht mehr an seinem Bett sitzen, wenn er abends einschläft, wirst nicht mehr sehen, wenn er morgens aufwacht. Diese kleinen Momente, das Normale, der Alltag, sie waren immer auch das Großartige. So hab ich es empfunden. Auf einmal sollte das nicht mehr sein. Machte mich fast wahnsinnig. Wie ein waidwundes Tier taumelte ich durchs Leben, stürzte mich in Arbeit, funktionierte irgendwie.

Zum Glück musste ich »nur« drei Jahre durchhalten. In der Zwischenzeit zog ich nach Hamburg, besuchte ihn jedes zweite Wochenende, fuhr in den Ferien mit ihm in Urlaub. Dann kam Robin zu mir, und ich erhielt das Sorgerecht für ihn. So unkompliziert, wie es im Nachhinein klingt, lief das natürlich nicht ab. Die Umstände, die dazu führten und ohne unser Zutun eingetreten waren, waren alles andere als erfreulich. Aber das geht nur uns an.

Robins Auftauchen wirbelte alles durcheinander, aber das war mir egal. Wir mussten uns ein völlig neues Leben einrichten. Heute würde ich sagen: die anstrengendste und schwierigste Zeit, die ich jemals durchgemacht habe. Doch damals verschwendete ich keinen Gedanken daran, wie mühsam alles war. Es musste zu vieles geregelt werden. Wir brauchten eine neue Wohnung, für Robin musste eine Schule gefunden werden. Wo kriegten wir ein Kindermädchen her? Ich arbeitete bei einer großen Zeitung, war entweder unterwegs oder hatte lange im Büro zu tun. Hinschmeißen konnte ich den Job aber auch nicht. Wovon hätten wir leben sollen? Glücklicherweise halfen Freunde, ich weiß nicht, was ohne sie geworden wäre.

Ich glaube, wir haben das ganz gut hingekriegt, damals und in den Jahren danach. Vielleicht hat es uns sogar auf besondere Weise zusammengeschweißt. Manchmal denke ich das. Vor allem dann, wenn ich merke, wie schwer es fällt loszulassen. Zum ersten Mal bewusst wurde mir das im August vor vier Jahren, in einer Nacht in Frankfurt. Robin sollte am nächsten Tag nach Chicago fliegen, um für ein Schuljahr bei einer Familie in der Nähe von Milwaukee zu leben. Da sein Flug früh am Morgen ging, reisten wir am Tag vorher nach Frankfurt. Wir liefen durch die Stadt, es war drückend schwül, taten unbeschwert, als wären wir Urlauber auf Sightseeing. Wir gingen essen, schlugen die Zeit tot. Dabei wünschte ich mir, ich könnte sie anhalten. Wir gaben uns locker, aber es war nur eine oberflächliche, aufgesetzte Lockerheit. Mit jeder Stunde, die verstrich, wussten wir weniger zu sagen.

Als es endlich dunkel wurde, gingen wir ins Hotel. Ich hatte eines am Bahnhof gebucht, damit wir schnell zum Flughafen kamen. Robin schlief ziemlich schnell ein. Ich kriegte kein Auge zu. Seit einem halben Jahr wusste ich, dass dieser Abschied kommen würde. Jetzt zerriss es mir fast das Herz, ihn fortzuschicken, so weit weg, allein. Hatte ich ihm die Reise nicht erst eingeredet? Weil ich ihm unbedingt ermöglichen wollte, was mir in seinem Alter unmöglich gewesen war?

Ich suchte in jener Nacht noch tausend andere Vorwürfe, mit denen ich mich quälen konnte, bis der Morgen graute und wir losmussten. Heute weiß ich, dass ich in meiner Verzweiflung Robins Willen unterschätzte. Er hätte sich niemals darauf eingelassen, wäre er nicht selbst auf das Abenteuer aus gewesen.

Loslassen – das ist schon länger unser Thema. Mein Thema, ich habe daran zu knabbern, er scheinbar nicht. Was völlig normal ist, weiß ich. In seinem Alter scherte ich mich auch nicht darum, was in meinen Eltern vorging, als ich meine Sachen packte, um zum Studium zu gehen. All das Neue, viel zu aufregend, um sich mit Altem zu beschäftigen. Aber wie kriege ich es hin, den Draht zu Robin nicht zu verlieren, trotz räumlicher Trennung an seinem Leben teilzuhaben, irgendwie? Telefonate, Besuche, das sowieso, aber das meine ich nicht. Ich dachte immer, meine Eltern sollen nicht mitbekommen, wenn es mir schlecht geht. Damit sie sich keine Sorgen machen. Ich wollte sie schützen. Doch das war völlig falsch gedacht. Damit schloss ich sie auch aus meinem Leben aus. Aber bewusst wurde mir das erst, als Robin auch so anfing, mir gegenüber.

Wo ich schon wieder gelandet bin!

Eigentlich wollte ich ein bisschen über den Brocken sinnieren. Aber was soll über ihn noch gesagt werden, das nicht schon geschrieben stand? Die schönsten Sätze fanden andere, lange vor unserer Zeit. Eichendorff und Novalis und Goethe natürlich, der gleich dreimal hinaufstiefelte, das erste Mal im tiefsten Winter, was damals ein echtes Abenteuer war. Die Walpurgisnachtszene in *Faust I* spielt hier in der Gegend um Schierke. Wir mussten das Stück in der Schule lesen, den Osterspaziergang auswendig lernen. »Vom Eise befreit sind Strom und Bäche, durch des Frühlings holden, belebenden Blick …« Kennt jeder. Wie jeder den Brocken kennt, obwohl es nicht einmal Deutschlands höchster oder auffälligster Berg ist, vielleicht aber Deutschlands deutschester. »Der Brocken ist ein Deutscher«, fand Heine in seiner *Harzreise* und dichtete ihm Tugenden an wie Gründlichkeit, Verständnis und Toleranz, die er für typisch deutsch hielt. Wir werden sehen. Denn wie heißt es im *Faust*? »Der Worte sind genug gewechselt, lasst mich auch endlich Taten sehen!«

Ich weiß nicht, was wir uns vom heutigen Tag versprechen. Ich weiß nur, dass wir uns schon lange darauf freuen. Der Brocken ist der höchste Punkt unserer Reise. Ich habe immer gesagt, vom

Brocken müssten wir unser Ziel fast sehen können, und danach kommen keine großen Berge mehr, es wird leichter.

Unmöglich, an solch einem Tag schlechte Laune zu haben. Zumal wir wieder echte Glückskinder sind. Wir hatten gestern ja nachgelesen: Das Klima auf dem Gipfel entspricht dem eines Berges in den Alpen in ungefähr zwei- bis zweieinhalbtausend Meter Höhe. An dreihundertsechs Tagen im Jahr macht Nebel die Brockenspitze unsichtbar, an einhundert ist sie von Eis bedeckt, an hundertsechsundsiebzig mit Schnee. Fünfundachtzig Tage, ein Viertel des Jahres, herrscht Frost. Die Jahresdurchschnittstemperatur beträgt weniger als drei Grad Celsius.

Doch heute? Sonnenschein. Frühsommerwetter. Hier unten, Schierke liegt fünfhundert Meter tiefer. Aber man kann schon sehen, oben wird es auch schön.

Von hier der kürzeste, aber auch steilste Weg zum höchsten Punkt dürfte der Eckerlochstieg sein, der leichteste die Brockenstraße, die Massenroute. Wir nehmen beide nicht. Vor der Jugendherberge, die ein NVA-Erholungsheim war und wie eine bessere Kaserne aussieht, lassen wir die kleinen warzbäckigen Brockenhexen, die in einer Souvenirbaude an Touristen verkauft werden, hinter uns und folgen dem Lauf der Kalten Bode. Ihr Wasser gluckst und plätschert und rauscht manchmal zwischen gewaltigen geschmirgelten Steinen wie ein kleiner Wasserfall. Jeden Meter ein anderer Ton.

Diese Felsbrocken: eine Kindheitserinnerung an Ferien in dem kleinen Harzstädtchen Thale, dort fließt auch glasklares Bodewasser, das eiskalt war, wir sind trotzdem durchgestapft.

In jenem Sommer war ich schwer verliebt, hatte nur Augen für Melanie, das schönste Mädchen im Ferienheim. Alle Jungs aus meiner Gruppe himmelten sie an. Und sie genoss das. Einmal kam sie in unser Zimmer, ließ uns der Reihe nach antreten. Dann durfte sie jeder einmal küssen, sogar auf den Mund. Aber hinterher entschied sie sich doch für einen älteren Jungen aus einer anderen Gruppe. Mit ihm ist sie dann sogar Hand in Hand gegangen, was ich ihr nie verziehen habe.

Robin lacht: »Siehst du, die Mädels machen einen nur verrückt.«

»Da sagst du was!«

»War das dein erster richtiger Kuss?«

»Weiß ich gar nicht mehr genau, glaube nicht. Wir sind damals jeden Sommer ins Ferienlager gefahren, und ich hab mich eigentlich auch jedes Mal verknallt. Das war ja das Schönste daran. Allerdings waren die Liebschaften nach den Ferien meistens schnell wieder vergessen.«

So langsam habe ich das Gefühl, auf der Wanderung holt mich all das, was in meinem Leben irgendwann mal passiert ist, wieder ein. An diese Melanie habe ich bestimmt dreißig Jahre nicht gedacht.

Robin fällt dazu auch etwas ein. Er kann sich an seinen ersten Kuss noch genau erinnern. Er hatte sich an jenem Nachmittag mit einem Mädchen zum Spielen verabredet, das nur ein paar Häuser weiter wohnte. Danach kam er ganz aufgedreht nach Hause, brauchte unbedingt ein Tagebuch, sofort, eines zum Abschließen. Jahre später durfte ich die Eintragung lesen: »Ich habe heute das erste Mal ein Mädchen geküsst. Auf den Mund. Es war sehr schön.«

Wir haben uns die ganze Zeit keinen Schritt bewegt. Ich könnte Stunden hier sitzen, den Wassertönen lauschen und zusehen, wie das Sonnenlicht durch die Nadeln der hohen Fichten fällt, Schatten wirft auf dem flachen Flussgrund, wo dunkle Flecken tänzeln. Manche Strahlen schaffen es auch bis zum Wasser hinunter, das dann golden schimmert. Da jagt man ständig dem Glück hinterher, und hier ist es so einfach zu finden.

Aber weiter müssen wir trotzdem. Wir wechseln auf den Toten Weg, nehmen dorthin einen Pfad, der durch einen Blaubeerenteppich führt. Dann gehen wir für ein kurzes Stück auf dem Kolonnenweg, sind immer noch allein. Vorbei an Sandbrinkklippen, Brockenfeldmoor und Bodesprung, hier quellen die Flüsse nicht, hier springen sie, und dann weiter auf Goethes Spuren. Auf diesem Weg soll der große Dichter im Dezember 1777 aus Torfhaus gekommen sein. Eine gnädige Piste, selbst mit Rucksäcken. Jetzt sind wir auch schon bei neunhundert Metern, haben den Gipfel vor Augen. Kein Nebel, nur ein paar Wolken und Sonnenschein.

Wir wundern uns die ganze Zeit: Es geht nicht annähernd so steil bergan, wie wir erwartet haben. Der Brocken ist gar nicht so ein Brocken, den schaffen wir ganz entspannt. Und mit uns auf einmal viele andere. Der Goetheweg scheint Treffpunkt vor dem Gipfelsturm zu sein. Es wird eng in der Loipe. Keine Ahnung, woher die plötzlich alle kommen, Junge und Alte, die nicht wandern, sondern watscheln wie Enten, in Reih und Glied.

Wir müssen schwer auf die Bremsen treten. Reihen uns hinter einer Schulklasse ein und sind im Nu von einer Staubwolke umhüllt. Die jungen Herrschaften kriegen ihre Füße nicht hoch, schlurfen breitbeinig, als hätten sie die Hosen voll, dabei hängen die nur gekonnt unterhalb der Arschbacken.

Schön auch, dass die jungen Leute sich um die musikalische Untermalung des Aufstiegs kümmern. Einer der Jungen trägt in seinem Rucksack eine Band versteckt, doch man versteht kein Wort. Vielleicht singt da auch niemand, und es werden erst mal nur die Instrumente gestimmt. Robin kennt sich da besser aus, weiß aber auch nicht, was das sein soll.

Und auf einmal sind wir oben und suchen nach dem, was Heine so wunderschön beschrieb. Finden es aber nicht. Unsere Vorstellungskraft reicht nicht einmal, uns die Hexenorgien auszumalen, die Goethe zusammenphantasierte. Obwohl genug Leute hier sind. Und gleich wird es noch ein Schwung mehr sein. Die Brockenbahn keucht heran, gefüllt bis auf den letzten Platz, trötet fröhlich bei der Einfahrt und spuckt dann die nächsten Gipfelbegeher aus. Wieder runter will offenbar noch niemand.

Wir fühlen uns ein bisschen verloren. Wären gern allein hier und würden uns gern die Gebäude wegdenken, die Fressbaracken, den Bahnhof, in dem zu DDR-Zeiten Grenzsoldaten untergebracht waren, den alten Fernsehturm, der jetzt ein Hotel ist, den rotweiß gestreiften Sendemast, die Wetterstation, am liebsten al-

Ganz weit oben: wir zwei an der Stelle, an der der Brocken am höchsten ist

les. Aber dann setzen wir uns einfach zu den anderen, die auf Bänken picknicken, gönnen uns Thüringer Rostbratwurst, verschicken SMS, um den Moment mit Freunden zu teilen, benehmen uns wie Touristen. So schlecht ist der Platz eigentlich gar nicht.

Für den Abstieg wählen wir den »Hinterausgang«, den Teufelsstieg, auf dem Heine einst die letzten Meter des Berges erklommen haben soll. Diese Vorstellung übersteigt erst recht unsere Phantasie. Hier liegen Betonplatten wie auf dem Kolonnenweg. Muss eine Zufahrt fürs Militär gewesen sein, für die russischen Geheimen und die deutschen Grenzer, die das Plateau wie eine Festung hielten.

An Heine erinnern nur Tafeln mit Zitaten aus der *Harzreise*. »Je höher man den Berg hinaufsteigt, desto zwergenhafter werden die Tannen, sie scheinen immer mehr zusammenzuschrumpfen, bis nur Heidelbeer- und Rotbeersträuche und Bergkräuter übrig bleiben. Die wunderlichen Gruppen der Granitblöcke sind oft von erstaunlicher Größe …« Die Tannen sind heute krüppelige Fichten, manche ohne Krone wie enthauptete Geister. Aber vielleicht war Heines Blick getrübt vom beschwerlichen Aufstieg. Wir sind froh, dass wir hinunterlaufen, ganz schön steil.

Umso beeindruckter sind wir von dem schnaufenden Radfahrer, der uns entgegenkommt, sein Rad schiebend, puterrot im Gesicht. Wir grüßen. Er keucht ein Wort, hört sich wie »Test« an.

»Test?«, frage ich.

Er nickt und stützt seinen Oberkörper auf den Lenker.

»Sie testen, ob Sie es bis nach oben schaffen?«

Wieder nickt er.

»Klar schaffen Sie es, sind ja nur noch ein paar Schritte.«

»Ich schon«, japst er da, »aber mein Herzschrittmacher ...«

Der Mann hat Nerven!

Ein Stück tiefer halten wir noch einmal, als wir hinter ein paar Bäumen Felsklippen entdecken, die wie eine Aussichtskanzel über die Wipfel ragen und regelrecht danach schreien, von uns erklommen zu werden.

Dann führt der Weg zur Eckertalsperre. Dahinter steigen wir in eine tiefe Schlucht hinab, durch die die Ecker fließt. Die Flussmitte bildete auch hier die Grenze. Die Strecke ist wildromantisch, aber ein bisschen Angst einflößend. An den steilen Hängen hocken riesige Felsbrocken wie Wegelagerer, zum Sprung bereit. Und ganz automatisch beschleunigen sich unsere Schritte.

Irgendwann gabelt sich der schmale Pfad, und wir beschließen, die Grenzroute zu verlassen, auf dem Teufelsstieg weiterzugehen. Von hier an ist es ein gemütlicher Wanderweg. Wir laufen nach Bad Harzburg, dahinter ist der Harz gleich zu Ende.

29. Mai 2008 – Wülperode

Der Morgen versucht uns gar nicht erst zu täuschen: Die Sonne strahlt gleich los. Schönstes Sommerwetter. Wir durchqueren gerade den Schimmerwald, nehmen noch eine letzte Prise Harz, bevor wir uns endgültig verabschieden müssen. Bad Harzburg ist schon Erinnerung. War nur ein kurzes Rendezvous. Jetzt wollen wir auf den Kolonnenweg zurück, mal wieder ein paar echte Grenzkilometer absolvieren. Ein bisschen wehmütig ums Herz ist uns schon. Der Harz hat uns ganz schön verwöhnt mit seinen romantischen Wanderrouten.

An der nächsten Lichtung können wir das Ende schon sehen, vom Harz, meine ich. Der Wald hört auf, auch keine Berge mehr, nur noch Felder. Norddeutsche Tiefebene. Wir teilen uns den Blick mit einem älteren Ehepaar, das fast jeden Morgen hier raufkommt, wegen der Aussicht und um fit zu bleiben, sagt der Mann, der wie seine Frau einen Trainingsanzug trägt und Nordic-Walking-Stöcke bei sich hat.

Nach einer Stunde erreichen wir den alten Grenzstreifen. Hier ist der Wald jetzt wirklich zu Ende und die Ecker, der ehemalige Grenzfluss, durch dessen Talschlucht wir gestern liefen, nur noch ein Flüsschen. Irgendwo daneben müsste der Kolonnenweg kommen. Kommt er aber nicht.

Auf einer Wiese ein halbes Dutzend Männer in Arbeitskleidung, die mit Schaufeln, Spaten und Schubkarren zugange sind. Sie legen das Fundament eines Hauses frei, das an der Stelle stand, bis es Anfang der Sechzigerjahre den Grenzanlagen weichen musste. Genau genommen war es kein richtiges Haus, eher eine Hütte. Davon gab es auf dem Areal eine ganze Reihe. Sie gehörten zur Kuranstalt Jungborn, die 1896 eröffnet wurde und in ihrer Blütezeit die größte Naturheilanstalt Deutschlands war, auch Prominente anzog. Marika Rökk kurte hier, Hans Albers, Opernsänger Leo Slezak. Und Franz Kafka ließ sich im Sommer 1912 auf die naturheilkundigen Behandlungen mit Rohkost, Obst, Nüssen, Gymnastik, Heilerdekuren, Schwitzpackungen, Luft- und Sonnenbäder ein, um eine Schreibblockade zu überwinden. Überwinden musste der Schriftsteller auch seine Hemmungen, sich vor anderen splitterfasernackt zu zeigen. Denn Nacktheit gehörte zur Heilphilosophie. Nach dem Grundsatz »Kehrt zurück zur Natur« sollten sich die Kurgäste nicht nur naturgesund ernähren, sondern ihren Körper auch in Einklang mit den vier Elementen Licht, Luft, Lehm, Wasser bringen, dabei störte Körperbekleidung nur. Schon der Morgen begann mit sogenannten Freiübungen in sogenannten Luftparks, Gymnastik und Spiele und Gesang, selbstverständlich Männlein und Weiblein streng voneinander getrennt, wie sich das zu dieser Zeit geziemte. Nachdem Kafka anfangs »leichte Übelkeiten« verspürte angesichts dieser gänzlich Nackten, ließ er Tage später selbst alle Hüllen fallen und dachte über die »große Beteiligung des nackten Körpers am Gesamteindruck des Einzelnen …« nach.

Im Zweiten Weltkrieg, als überall Lazarette für die Frontverwundeten benötigt wurden, und danach, in der DDR, als man eine Heilstätte für Lungenkranke brauchte, Tuberkulose war damals eine Volkskrankheit, wurde Jungborn umfunktioniert. Danach stand die Anlage jahrelang leer, bis ein staatliches Altersheim daraus wurde. Schließlich rückten Abrissbagger an, um auf dem Grenzstreifen freie Sicht zu schaffen.

Wir halten uns rechts der Ecker, bleiben nah am Wasser, finden einen alten demolierten DDR-Grenzpfahl und dahinter noch mehr Grenzmarkierungen, Steine im Boden, aus der Epoche der Fürstentümer und Königreiche, an denen sich keiner zu schaffen machte. Ein eingraviertes »B« auf der westlichen Seite, auf der dem Osten zugewandten ein »P«. Tippe auf Herzogtum Braunschweig und Königreich Preußen, aber gehörte den Braunschweigern so weit südlich überhaupt etwas?

Robin knurrt der Magen. Bis Stapelburg muss er durchhalten. Hier endet der Weg, der zuletzt nicht mal ein Pfad war, aber angeberisch mit einem »G« für Grenzweg ausgeschildert. Hätten wir einen Wunsch frei, genau hier, an der Straße zwischen Eckertal und Stapelburg, würden wir uns einen Rastplatz wünschen. Und da ist sogar einer – mit gastronomischer Versorgung und einer freundlichen Wirtin, die neben ihrer Theke ein Foto von Erich Honecker aufgehängt hat. Eines dieser Bilder, von denen es in der DDR nicht genug geben konnte, die überall hingen, nur in Kirchen nicht.

In der kleinen Imbissstube, einem Holzhäuschen, das zwischen Grenzöffnung und Wiedervereinigung als Zollstation diente, lebt die DDR noch: An der Tür eine schwarzrotgoldene Flagge mit Hammer-Zirkel-Ährenkranz-Emblem, an den Wänden, neben Honecker, ein Grenzgebiet-Schild, DDR-Geldscheine, Fotos und Urkunden. Auszeichnungen, die erzählen, wie eine vorbildliche sozialistische Persönlichkeit zu sein hatte: *Aktivist der Sozialistischen Arbeit, Vorbildliche Mitarbeit beim Nationalen Aufbauwerk, Aktivist des Siebenjahresplanes* und ein Diplom *Meine Leistung zur vorfristigen Erfüllung des Fünfjahresplanes der DDR*.

Aber das soll es noch nicht gewesen sein. Die Wirtin, Stapelburgerin, Mitte, Ende vierzig, will fleißig weitersammeln. Sie hängt nicht an den alten Zeiten, aber sie möchte Erinnerungen bewahren: »Die DDR war nun mal ein Teil unseres Lebens.«

Für Erinnerungen der rechte Ort. Wo die Terrasse ihres Bistros aufhört, steht noch ein Stück der alten Sichtblendemauer. Und

Früher Grenzbunker – heute Museum

dahinter befindet sich, unterirdisch, ein ehemaliger Führungs-
bunker der Grenztruppen. Der war auch in Vergessenheit geraten, zugewuchert und verwahrlost, bis die Wirtin sich mit ihrem
Mann und dem Schwager daranmachte, ihn als Grenzmuseum
herzurichten. Übermorgen ist Eröffnung. Wir dürfen uns heute
schon einen klaustrophobischen Schub holen. Achteinhalb mal
knapp vier Meter, gewölbte Decke, wie eine Gruft. Auf einem
Tisch liegt die Uniform eines Unteroffiziers des Ministeriums für
Staatssicherheit. Eine ältere Frau aus dem Ort hat sie zur Verfü-
gung gestellt. Aber sie mussten versprechen, ihren Namen geheim zu halten.

Der junge Mann, der uns unter die Erde führt, hilft der Wirtin, Exponate zusammenzutragen, die sie im Museum ausstellen
können. Er ist zweiundzwanzig, auch aus Stapelburg, macht das
ehrenamtlich, weil ihn interessiert, wie das Leben früher hier
war. Sein Vater war Offizier bei den Grenztruppen. Im Herbst
1989 sollte er zum Major befördert werden. Die Wende kam dazwischen. Da er beim Militär bleiben wollte, bewarb er sich bei
der Bundeswehr. Seine im Sozialismus erworbenen militärischen
Fähigkeiten und Qualifikationen interessierten dort jedoch niemanden. Sie hätten ihn nur als ungelernte Kraft genommen,
als Soldat.

»Sprichst du mit deinem Vater über die Zeit in der DDR?«

»Doch, schon, und seitdem ich bei dem Museum mitmache,
noch öfter.«

»Was erzählt er?«

»Zum Beispiel, dass es den Menschen im Grenzgebiet gar nicht
so schlecht ging, dass man hier gut leben konnte, die Leute gut
versorgt wurden.«

»Und, glaubst du das?«

»Weiß nicht … Warum sollte ich nicht?«

Wir stürzen uns wieder ins Abenteuer, suchen nach dem Kolonnenweg. Aber das ist nicht die richtige Gegend, um Erfolge
zu verbuchen. Zu viel Ackerfläche. Mal liegen die Platten ein
Stück, dann wieder sind sie verschwunden, und keine Schilder,

die einem helfen, die alte Leier. Und ständig lassen wir uns an der Nase herumführen. Weil wir jedes Mal denken: hinter der nächsten Straße, aber dann, dort bestimmt …

Wir streifen Abbenrode und versuchen dahinter erneut, den Lochplattenweg aufzuspüren. Riesige Stahltafeln, drei Meter breit, sechs Meter hoch, insgesamt achtzig Tonnen Stahl, stehen als Mahnmal *Eiserner Vorhang* entlang des ehemaligen Grenzstreifens. Die Idee eines Architekten. Wir vermuten, dass man von einer zur nächsten gehen kann. Ein Irrtum. Landen auf Brachfläche, hangeln uns durch eine alte Sandgrube, in der sich Gras und Unkraut breitgemacht haben, und stehen dann vor einem Gerstenfeld, das uns von der nächsten Straße trennt. Wohl ist uns nicht dabei, aber fliegen können wir nun mal nicht.

So geht das Stunden, ein ewiger Zickzackkurs, und meist haben wir das Gefühl, etwas Verbotenes zu tun, weil wir kaum Wege finden, stattdessen über irgendwelche Felder und Grundstücke latschen. Raps, Rüben, Getreide und Gräser. Gräser vor allem. Und dazu ein beständiger Wind. Pollenalarm. Robin schluckt sein Allergiemedikament jetzt im Stundentakt, wie es für Akutsituationen auf dem Beipackzettel empfohlen wird. Die Pillen helfen nur noch nicht. Seine Nase läuft, die Augen jucken und tränen, im Rachen brennt's. Aber er beschwert sich nicht.

Lange sagen wir beide nichts, auch mir ist das Reden vergangen. Meine Schienbeine schmerzen. Als hätte ich auf jeder Seite einen Bluterguss und als würde die ganze Zeit jemand kräftig draufdrücken. Mit jedem Schritt wird's schlimmer.

Dann halte ich es nicht mehr aus, reiße den Rucksack herunter, werfe ihn auf den trockengrauen Feldweg und lasse mich drauffallen, binde die Schuhe auf. Robin tut es mir gleich, ohne dass wir ein Wort verlieren. Wir sitzen nur so da. Stille. Warum hören wir keine Vögel mehr? Trostlose Landschaft, irgendwo im Nirgendwo. Die Sonne brennt, obwohl sie nur ein milchigweißer Punkt am Himmel ist.

Die ersten Schritte danach gehen besser. Nur fünf Minuten, dann ist alles wie vorher. Das ist mal eine Erfahrung fürs Leben:

Das Gefühl, es geht nicht mehr, ich kann nicht mehr, weil die Beine wirklich versagen, und trotzdem muss ich weiter, irgendwie. Holt uns ja keiner nach Hause.

Wie viele Kilometer sind wir gelaufen? Keine fünfundzwanzig. Daran kann es nicht liegen.

Wohin also? Wir entwerfen einen Notfallplan: Auf unserer Karte ist in der Nähe ein kleiner See eingezeichnet, namenlos, aber nicht anders deutbar, ein See. Vielleicht gibt es da einen Campingplatz. Und falls nicht, könnten wir trotzdem dort zelten. Beschließe ich, weil ich keine bessere Idee habe. Dass es fast genauso weit bis nach Vienenburg ist, eine Kleinstadt, in der es Hotels oder Pensionen geben sollte, übersehen wir dabei glatt. Das nennt man wohl Kopflosigkeit. Ich schiebe es später auf die Schmerzen.

Am nächsten liegt Wülperode, ein Dorf, an dem die Grenze einen Knick machte. Südlich der Häuser führte der Zaun entlang, und westlich davon setzte er sich fort. Ein Radfahrerpärchen sagt, dort gebe es ein Café. Immerhin. Angespannte Hoffnung. Keiner kriegt einen Ton heraus, immer noch nicht, abgesehen von den Niesattacken, die Robin quälen. Das Gras wird noch höher. Die längsten Halme kitzeln seine Nase. Dann endlich eine Pferdeweide und das erste Gehöft und eine richtige Straße mit uraltem Kopfsteinpflaster.

Und gleich links eine Gaststätte. Doch sofort zweifle ich. Über dem Eingang hängt noch Weihnachtsdekoration, und auf unser Klopfen reagiert niemand.

Die Niedergeschlagenheit kann man sich vorstellen. Also doch zelten, bei der Hitze, im Gras, mit Robins Allergie, mit meinen Schmerzen! Wir wollen schon umkehren, zum See trotten und die Welt verfluchen. Aber dann schaue ich noch einmal die Straße entlang. Nur so, ein Impuls. Ein paar Häuser weiter, baumelt dort nicht ein Schild? Da steht nicht etwa »Café« drauf? Nein. Oder doch? Wir gehen drauf zu, bis die Konturen der Aufschrift klarer werden.

Robin lächelt: »Alles fügt sich, Dad.«

Er klatscht seine Hand gegen meine. Wie bei zwei Basketball-profis nach einem Dunking, der das Spiel entschieden hat.

Ich weiß gar nicht, was ich zu der Frau sage, die auf dem Hof ihren kleinen Trödelmarkt sortiert. Aber sie sagt, wir sollen erst einmal in den Garten gehen und uns ausruhen. Dort schlingen wir Kuchen herunter, so schnell, dass wir erst beim zweiten Stück merken, was wir uns da eigentlich in den Mund stopfen. Köstlich. Und dann merken wir auch, dass wir in einem kleinen Paradies sitzen. Ein Obstgarten mit alten knorrigen Bäumen. Der Duft von frisch gemähtem Gras. Hinter uns gackern Hühner, aber wir sehen keine, und irgendwo wiehern Pferde.

Dieses Paradies gehört Ute Kwiran und ihrem Mann Manfred, beide Ende sechzig, sie genau einen Tag älter als er; dies zu erwähnen, darauf besteht sie. Zwei Ruheständler, die nicht zur Ruhe kommen. Auch hier im Dorf nicht oder gerade hier nicht. Vorgestellt hatten sie sich das anders, damals, Ende der Neunzigerjahre, als sie, beide aus dem Westen, einen Platz für ein gemeinsames Leben suchten und den im Osten fanden. Ohne dass sie gezielt danach gesucht hätten. Aber das passt zu ihnen. Wer nicht glaubt, dass Dinge im Leben einfach so passieren, sollte sich ihre Geschichte erzählen lassen.

Kennengelernt haben sich die beiden Ende der Siebzigerjahre, als sich Ute Kwiran bei einem Kirchenamt in Braunschweig um eine Stelle bewarb. Während sie auf den Mann wartete, der sie einstellen wollte, tauchte der auf, der ihr Chef werden sollte, der künftige Amtsleiter, Manfred Kwiran, Professor mit zwei Doktortiteln. Irgendwie war sofort alles klar, aber mit der Hochzeit haben sie gewartet, bis sie sechzig waren. Davor hatten sie sich schon für Wülperode entschieden. Zufall oder Fügung? Beinahe hätte es sie nach Kanada oder in die USA verschlagen, wo Manfred Kwiran rund zwanzig Jahre gelebt hatte, aber das ist eine andere Geschichte.

Wie sie zu dem Haus kamen? »Jemand hatte uns davon erzählt. Mein Mann bahnte sich zuerst einen Weg in den Garten, der mit Brennnesseln und allem möglichen Unkraut völlig zugewuchert war. Auf einmal stand er vor einer alten Linde und sagte: ›Nehmen wir!‹ Erst danach sahen wir uns das Haus auch von innen an.«

Der Fachwerkbau, fast dreihundert Jahre alt, musste gründlich saniert werden. Obwohl nur ostdeutsche Handwerker beauftragt wurden, verfolgten die Einheimischen die Arbeiten misstrauisch. Sie dachten: zwei wohlhabende Wessis, die mit dem alten Haus ihren Reibach machen wollen. Als die Neudörfler auch die alte Tischlerei nebenan kauften, wurde noch mehr getuschelt. Dabei hatten die Kwirans nie vorgehabt, sich noch ein altes Gemäuer anzuschaffen. Doch nachdem die Besitzerin gestorben war, wurde es ihnen vom Erben förmlich aufgedrängt. »Natürlich nicht umsonst. Aber wir wollten auch nicht, dass es verfällt oder abgerissen wird. Und dann standen wir da und überlegten: Was machen wir jetzt damit?« So entstand das urgemütliche Café mit zwei Gästezimmern. Und die Leute im Ort merkten endlich, dass die Zugezogenen nicht auf Durchreise waren. »Jetzt gehören wir dazu«, sagt Ute Kwiran, »uns kriegt hier keiner mehr weg!«

Uns heute auch nicht.

30. Mai 2008 – Jerxheim

Wir sind seit vier Wochen unterwegs und fast nur durch Dörfer gekommen, und jetzt weckt mich zum ersten Mal das Krähen eines Hahns. Allerdings viel zu früh. Es dämmert gerade. Und meine Beine tun immer noch weh. Ich brauche sie nur zu strecken, schon sind die Schmerzen in den Schienbeinen wieder da.

Zum Frühstück eine Doppeldosis Schmerztabletten. Sonst kommen wir heute nicht weit. Robin sagt, ich solle ihm ein paar Sachen aus meinem Rucksack geben, damit er leichter wird. Ich antworte nicht gleich, kaue an meinem Brötchen. Mich deprimiert die Vorstellung, dass mein Sohn mehr schleppt als ich. Als Vater sollte es meine Aufgabe sein, ihm Last abzunehmen, nicht umgekehrt. Aber ein netter Zug von ihm, und vielleicht ist es an der Zeit, auch mal Hilfe anzunehmen.

Momentan ist Robin eindeutig der Stärkere, physisch. Aber auch psychisch? Da bin ich mir nicht so sicher. Aufgeben will er nicht mehr, das haben wir geklärt. Doch er scheint viel an seine Freundin zu denken. Immer verrät er mir das ja nicht. Und da sich das zwischen den beiden noch nicht wieder eingerenkt hat, wäre er vermutlich lieber bei ihr, als mit mir durchs Land zu strolchen. Auf jeden Fall macht er ganz schön Druck. Ich muss ihn unterwegs oft bremsen, weil er anfängt zu rasen.

Gehandicapt, wie ich bin, verzichten wir heute mal auf das Kolonnenwegsuchspiel und nehmen gleich mit der Landstraße vorlieb, die neben der Oker Richtung Göddeckenrode führt. Prompt fangen rechts neben der Fahrbahn auf einmal die Lochplatten an. Also, ab durch die Felder! Links Getreide, rechts Raps, der verblüht und jetzt nur noch grün ist.

Damit wir den Abzweig nach Hornburg nicht verpassen, fragen wir einen Bauern, der am Feldrand frischen Kuhmist vom Autoanhänger lädt. Ein Westbauer aus Schladen, der voll des Lobes ist für seine Berufskollegen im Osten: »Handwerklich sind die uns meilenweit überlegen. Sie mussten in der DDR immer improvisieren, das zahlt sich heute noch aus. Egal, was kaputtgeht, die kriegen alles wieder hin.« Und nach einer kurzen Pause: »Aber wir helfen uns jetzt auch gegenseitig, keine Frage.«

Gegen Mittag erreichen wir Hornburg. Hier könnte man sich einiges ansehen. Das denkmalgeschützte Renaissancefachwerkensemble im Ortskern, das Museum oder die Burg, in der vor über tausend Jahren ein gewisser Suidger geboren wurde, Graf von Morsleben und Hornburg, Spross eines sächsischen Adelsgeschlechts, der als Clemens II. als zweiter Deutscher den Papstthron bestieg, allerdings nach nur zehn Monaten Pontifikat unter mysteriösen Umständen an einer Bleivergiftung starb. Doch wir ignorieren all das und sogar ein Eiscafé. Wir müssen die Apotheke finden, bevor sie zur Mittagspause schließt. Meine Tabletten sind aufgebraucht, die Schmerzen vermiesen mir gerade alles.

Sonst würde ich mit der Apothekerin flirten, was das Zeug hält. Die Frau sieht umwerfend aus, und nett ist sie! Aber in ihren Augen bin ich sicher nur ein schweißtriefender Hinkefuß, der sich einen albernen Rucksack aufgeladen hat. Sollte ich jemals so etwas wie Charme besessen haben, ist der gerade tief in mir versunken. Schmerzen degradieren einen zum Verlierer.

Mit der Apotheke haben wir auch gleich das schönste Fachwerkhaus gesehen. Sie ist vierhundert Jahre alt und steht direkt am Marktplatz, der andernorts bestenfalls als Parknische betrachtet würde. Aber hier ist alles ein bisschen kleiner.

Im Eiscafé warten wir, bis die Tabletten wirken. Dann ziehen wir weiter, obwohl ich nicht überzeugt bin, dass das richtig ist. Vernünftig ist es garantiert nicht.

In den Bergen hätte ich längst kapitulieren müssen. Hier aber wartet eine weit auslaufende Ebene auf uns, in der sanft ansteigende Bodenerhebungen schon als Berge gelten.

Und bald ist es nur noch flach. Plattes Land, platter geht nicht. Auf beiden Seiten des Weges Wiesen und dahinter Wiesen und dann noch mehr Wiesen. Und daran erkennen wir, dass wir im Großen Bruch angekommen sind. Einst Sumpfgebiet, vor rund zehntausend Jahren während einer Eiszeit entstanden, unpassierbar lange, Jahrtausende später dann trockengelegt, um Ackerfläche zu gewinnen. Die Gräben, mit Muskelkraft und schaufelähnlichem Gerät ausgehoben, ziehen sich wie Adern durchs Erdreich. An ihren Rändern wächst Röhricht, so üppig, dass uns das flach stehende Wasser in den Rinnen verborgen bleibt. Aber Wasser ist da. Manchmal klatschen Graureiher mit ihren Flügeln auf die Oberfläche oder Wiesenweihen, bevor sie aufsteigen.

Die Sonne knallt unerbittlich. Inzwischen steht sie fast senkrecht über uns. Auf dem Thermometer siebenunddreißig Grad! Und keine einzige Wolke am Himmel. Und nirgends Schatten. Ein Gefühl, als würden wir durch eine Wüste laufen.

Die Straße eben verlief schon ausgesprochen gerade, der Kolonnenweg hier: zwei graue Striche in der Landschaft, wie mit einem Lineal gezogen, zehn Kilometer, als würde man auf der

Nur Beton, Gras und eine Hitze wie in der Wüste

Stelle treten. Nichts verändert sich. Nur die Füllmenge unserer Wasserflaschen.

Ich übertreibe es mit den Schmerztabletten, werfe stündlich nach, immer gleich zwei, aber die Schmerzen übertreiben auch.

Ein seltsamer Zustand, der Welt entrückt. Laufe wie im Fieber. Auf einem anderen Planeten. Ich bin nicht ich, bin nur die Hülle, die sich mechanisch fortbewegt. Und dann diese Ödnis, um uns herum, aber auch im Kopf. Denke nicht, registriere nur, was meine Augen sehen. Und das Gedächtnis spult dazu den passenden Film ab:

Brütende Hitze. Eine Wüste in Kalifornien, östlich von San Diego, vor der Grenze zu Mexiko. Robin und ich in einem weißen japanischen Auto, auf dem Weg zum Salton Sea. Ein riesiger See, fast tausend Quadratkilometer, entstanden um 1900 nach einem Dammbruch des Colorado River. Der See liegt in einer großflächigen Senke, die tiefste Stelle fast achtzig Meter unter dem Meeresspiegel. Ein stehendes Gewässer, Zuflüsse gibt es mehrere, aber keinen einzigen Abfluss. Damals wuchsen an den Ufern des Salton Sea kleine Ortschaften, Holiday-Resorts, Camping-

plätze. Südkalifornien hatte eine neue Attraktion. Touristen kamen, Stars aus Hollywood, Jerry Lewis, die Beach Boys, auch
Frank Sinatra und Dean Martin sollen dagewesen sein. Dann
kippte das Ökosystem. Giftstoffe und Bakterien wurden aus
Flüssen eingeleitet, Düngemittel von den umliegenden Feldern
ins Wasser gespült. Algen wucherten, entzogen dem Wasser den
Sauerstoff, der Salzgehalt stieg, aus klarem Wasser wurde eine
braune Brühe, Millionen Fische verendeten. Aber das alles wussten wir nicht, als wir auf den sterbenden See zusteuerten. Im Rei-
seführer stand nichts darüber. Uns fehlte auch Sauerstoff, wir
fuhren seit Stunden durch die Wüste und konnten die Scheiben
nicht herunterlassen, die Luft war heiß wie Dampf überm Koch-
topf. Wir dachten, bis zum See schaffen wir es, und dort kühlen
wir uns ab. Vom Highway führte eine schmale Straße zu einer
Schotterpiste und die bis ans Ufer. Wir stiegen aus, uns stockte
der Atem. Der Boden voller Seepocken und Fischgräten und to-
ter Fische, die in der Hitze dorrten. Und ein Gestank, der einem
die Magenfüllung in den Hals trieb. Das Wasser des Sees glatt
und dunkelbraun wie ein unfassbar riesiges Ungeheuer in Gela-
tine. Aber bis dahin kamen wir gar nicht. Sofort umschwirrten
uns Scharen von Schmeißfliegen, fett gefressen vom Aas krepier-
ter Fische. Wir liefen zum Wagen zurück, erst als wir wieder drin-
saßen, sahen wir uns die Umgebung an: alte, verlassene Cam-
pingwagen, verwitterte Stühle und Tische, umgeworfen, von
Gras überwuchert. Sonnensegel, die auf dem Boden lagen. Das
Skelett eines Autoanhängers, statt Räder nur Felgen. Zwei Flach-
bauten, gemauert und verputzt, die einmal Ferienbungalows gewesen sein könnten, Türen und Fenster nur noch dunkle Löcher.
Endzeitstimmung.

Von der Erinnerung schwitze ich noch mehr. Zweieinhalb
Stunden unter praller Mittagssonne kommen uns vor wie fünf.
Wenn das so weitergeht, sind wir heute Abend Trockenobst.

Die Gegend langweilig, die Strecke langweilig. Um uns wenigstens gedanklich davonzustehlen, erzählen wir uns weiter Ur-
laubsgeschichten. Wir denken uns Kategorien aus: der schönste

Strand. Die aufregendste Stadt. Das spannendste Erlebnis. Der größte Reinfall.

Dann taucht ein alter Grenzwachturm auf. Endlich Schatten. Der perfekte Platz für eine Pause.

Auch danach hält sich die Abwechslung in Grenzen. Hin und wieder ein aufgeregtes Froschkonzert in einem der Wassergräben, dann eine Koppel mit dösenden Pferden, eine Reihe alter Kopfweiden, die sich neben einem Graben seltsam verrenken. Zwischendurch ein paar Wildenten und Graureiher und zwei Rehe im hohen Gras. Ab und zu kommen wir an Wiesen vorbei, auf denen Bauern Heu wenden. Und an Wiesen, auf denen das Gras gerade erst gemäht wird. Bussarde segeln in großen Schleifen darüber, während Krähen am Boden auf Beute lauern. Manchmal sehen wir entfernt auch Dörfer, Veltheim und Mattierzoll und Rohrsheim, aber die lassen wir alle aus.

Bis zur nächsten Bundesstraße schleppen wir uns noch, dann haben wir genug für heute, genug Sonne und genug Kilometer, etwas über dreißig, mehr sind nicht drin. Ein Bauer rät uns, nicht Dedeleben in Sachsen-Anhalt anzusteuern, sondern gegenüber das niedersächsische Jerxheim. Oben auf dem Heeseberg steht ein Gasthof. »Oben« ist ein Wort, das man in Momenten wie diesen am allerwenigsten hören möchte.

Vor Jerxheim kommt Jerxheim-Bahnhof, nicht der Bahnhof allein, drum herum befindet sich ein eigener kleiner Ort, entstanden zu der Zeit, als hier ein großer Eisenbahnknotenpunkt war. Zweihundert Züge täglich, Hauptstrecke zwischen Köln und Berlin. Aber das ist lange her, war vor dem Krieg. Zuletzt rollten hier noch Regionalzüge und die eher spärlich. Seit einem halben Jahr rosten die Schienen.

Die Bahnhofskneipe hat überlebt. Das einzige Licht fällt durch einen schmalen Türspalt in den Raum. Unsere Augen müssen sich erst an die Finsternis gewöhnen. Dann erkennen wir zwei Männer und eine Frau an der Theke. Und Hannchen, die Wirtin, sie ist dreiundachtzig. Außer Bier hat sie Sprite anzubieten, und als wir nicken, schiebt sie gleich eine Anderhalbliterflasche herüber, gut gewärmt auf Außentemperatur. Magenfreundlich, wir schlürfen die süße Brühe wie Tee.

Und zwischendurch rufe ich in dem Gasthof auf dem Berg an, um ein Zimmer klarzumachen. Das geht mal ohne Probleme.

»Bleibt nur die Frage, wie wir da hochkommen«, denke ich laut. Heute müssen wir uns nichts mehr beweisen. Ein Taxi wäre nicht schlecht.

»Fünf – fünf – fünf«, sagt Hannchen gleich, »die Nummer fürs Taxi.«

Und ihre Gäste nuscheln: »Ja, genau.«

31. Mai 2008 – Schöningen

Dieses Wetter wünscht man sich für den schönsten Tag seines Lebens. Aber doch nicht zum Wandern. Wir hätten früher starten sollen. Um halb neun ist Klärchen schon wieder in Bestform: fünfundzwanzig Grad! Im Schatten.

Wir laufen den Heeseberg hinunter. Eine schmale Asphaltstraße, an den Rändern stehen Birken Spalier. Links am Horizont zwei Industrieschornsteine, aus denen grauer Rauch senkrecht emporsteigt. Rechts der Blick ins Tal, sanfte Hügel, Wiesen, Baumreihen, vereinzelt Büsche. Über dem Gras schwebt Morgendunst. Eine Landschaft wie mit einem Weichzeichner bearbeitet.

Am Straßenrand verschwindet ein Hase im Gebüsch.

Wir brauchen fast eine Stunde, um wieder dorthin zu kommen, wo wir gestern abgebrochen haben. Auch Hannchen scheint bereits auf den Beinen. Die Tür zur Kneipe im stillgelegten Bahnhof steht offen.

Noch einen Kilometer, dann hat der Kolonnenweg uns wieder, das Große Bruch – und die Sonne. Wir laufen nach Osten, ihren Strahlen entgegen. Der Weg hält keine Überraschung bereit. Was unsere Augen erblicken, haben sie gestern schon gesehen. Eintönigkeit im Quadrat.

Dann wird das Gras höher und bald noch höher, überragt uns stellenweise und rückt uns von den Seiten immer dichter auf die Pelle. Immerzu bleiben kleine grüne Fliegen und Blütenstaub auf unserer schweißnassen Haut kleben. Robin wird von einer Niesattacke nach der anderen geschüttelt. Kommt kaum zum Luftholen, der arme Kerl. Und dort, wo Gräser und Schilf am höchsten wuchern, stecken wir auf einmal fest. Vor uns eine Wand Grün, dann ein Erdwall und gleich dahinter ein Wassergraben, keine Brücke.

In solchen Situationen muss man cool bleiben, kurz durchatmen, sich die Gegend genau anschauen und dann eine richtige Entscheidung treffen. Sieht man in jedem zweiten Abenteuerfilm, wie das geht. Aber uns brutzelt gerade das Hirn weg. Vierzig Grad! Und die Schmerzen in meinem Schienbein werden immer schlimmer.

Die ganze Strecke wieder zurück? Robin steht einfach da, zuckt mit den Schultern, schnieft und wartet, dass ich uns hier raushole. »Guck dir doch wenigstens mal die Karte an«, raunze ich ihn an. Was unfair ist. An seiner Stelle könnte ich auch nicht mehr klar denken. Wie ein scheues Reh zuckt er zusammen.

Ich lasse ihn stehen, bahne mir einen Weg durch Schilfrohr und Gras, um dichter an den Graben heranzukommen. Der Erdwall ist nicht der Brocken, aber es reicht, um einen besseren Überblick zu haben. Und tatsächlich: Wenn das da vorn keine Fata Morgana ist, könnte es ein kleines Stauwehr sein. Und das scheint auch als Brücke brauchbar.

Irgendwo dahinter finden wir wieder einen Weg. Und dann laufen wir, ich weiß nicht, wie lange, kommt mir ewig vor. Laufen und schwitzen. Stunde um Stunde. Und schweigen, für mehr reicht die Kraft nicht.

Doch die Erschöpfung bringt etwas anderes hervor. Klingt verrückt, aber nachdem wir die endlosen Wiesen hinter uns haben, die schlimmste Pollenzone, und sich Robins Heuschnupfen auf ein erträgliches Maß einpegelt, stellt sich ein Gefühl der Zufriedenheit ein, bei uns beiden. Ich will nicht von Glücksgefühlen sprechen, das wäre dann doch übertrieben. Aber eine Art Leichtigkeit ist da schon, obwohl der heutige Marsch alles andere als leicht ist. Und da ist auch der Gedanke, dass einem nichts etwas anhaben, dass man irgendwie alles schaffen kann. Mediziner sagen ja, Bewegung wirkt stimmungsaufhellend auf den Organismus und schmerzlindernd. Im Moment ist das definitiv so.

Leichtigkeit bedeutet jedoch nicht, dass wir auch leichtsinnig werden. Zumindest heute mal nicht. Uns ist schon klar, dass wir aus der Sonne, die das Land in ein anderes verwandelt, auch mal wieder heraussollten.

Und so treibt es uns nach Schöningen, eine kleine Stadt, die uns empfängt wie eine alte Frau, die auch keinen Schatten findet und unter der Hitze ächzt. Wir kommen an der wuchtigen St.-Vincent-Kirche vorbei, überqueren den Marktplatz und gelangen zum Schloss, das einst Witwen Braunschweiger Herzöge als Domizil diente, und dann zu einem uralten Patrizierhaus, in dem das Heimatmuseum untergebracht ist.

Ob es hier etwas zu erfahren gäbe über die überdimensionalen Satellitenspiegel am Stadtrand, die einem auffallen, lange bevor man den Ort erreicht? Offiziell ist unter der Adresse die Bundesstelle für Fernmeldestatistik registriert. Aber das ist eine Tarnbezeichnung. In Wirklichkeit handelt es sich um eine Abhörstation, betrieben vom Bundesnachrichtendienst, Abteilung 2, die gerade erst wieder durch das Belauschen von Journalistentelefonaten in die Schlagzeilen geriet. Mit den Satellitenanlagen können die Geheimdienstler alle möglichen internationalen Kommunikationsströme anzapfen und anscheinend auch die im eigenen Land.

Aufschlussreicher freilich wäre die Geschichte von den Schöninger Speeren, die vor einigen Jahren als Weltsensation gefeiert wurden. Die Archäologen, die bei Grabungen am Rande des Schöninger Tagebaus auf die Holzspeere stießen, gehen davon aus, dass diese ungefähr vierhunderttausend Jahre dort lagen. Die ältesten vollständig erhaltenen Jagdwaffen der Menschheitsgeschichte, die jemals entdeckt wurden. Sie ermöglichten den Forschern völlig neue Einblicke in die Lebensweise der Urmenschen. Bis dahin hatten sie angenommen, der Homo erectus ernährte sich hauptsächlich von Aas. Tatsächlich aber scheint er ein geschickter Jäger gewesen zu sein. Die Speere lagen inmitten von Knochen, die mit ziemlicher Sicherheit von getöteten Wildpferden stammen.

Auf Historisches stößt man überall. Selbst unser Hotel: ein geschichtsträchtiger Ort. Bereits im Mittelalter wurden hier Gäste bewirtet, wahrscheinlich nicht im selben Gemäuer, aber genau an diesem Platz. Erzählt uns der Wirt, dessen Familie in vierter Generation den Laden schmeißt. Aber die alten Zeiten sind vorbei und die guten eben auch, in denen noch bombastische Feste in den Sälen gefeiert wurden und Claire Waldoff, die Kabarettkönigin der Zwanziger- und Dreißigerjahre, das Publikum betörte. Die guten alten Zeiten waren schon vorbei, als Roy Black und Rex Gildo hier tingelten, in den Siebzigern, nur merkte das kaum jemand unter dem Schmalz ihrer Lieder.

Am Abend erlebt die alte Dame Schöningen ihr blaues Wunder. Gerade als sie sich zur Ruhe betten will, es ist noch früh, aber diese Hitze!, plötzlich lautes Getöse: Blitzezucken und Donnerkrachen und ein schwarzblauer Himmel, der sich wie eine riesige Decke über die Häuser zieht. Und dann kommt alles mit einem Mal herunter. Straßen verwandeln sich in Flüsse, aus den Gullys sprudeln Fontänen. Hagelkörner, groß wie Walnüsse, knallen aufs Pflaster. Aber die alte Dame ergibt sich nicht, wie sie sich in Hunderten von Jahren niemals ergeben hat. Sie hat gelernt, dass sie nicht gewinnen muss, es reicht zu überleben.

Nachts werde ich wach, weil es wieder blitzt und donnert und Regen gegen die Fensterscheibe klatscht und weil ich aus dem Haus nebenan lautes Gejohle höre. Ich ziehe mich noch mal an und gehe hinüber. Eine Kegelbahn. Männer und Frauen an einer langen Tafel. Der Wirt sitzt auch da. Ich komme mit ihm ins Gespräch. »Die Demokratie hat alles kaputt gemacht in diesem Land«, sagt er. »Früher hatten wir bessere Zeiten. Und die besten waren zwischen dreiunddreißig und fünfundvierzig. Da gab es viele Betriebe, jeder hatte seine Arbeit. Wie ist es jetzt denn? Doch wie es in der Zone war! Noch gibt es den Tagebau, schon, aber nicht mehr lange. Dann werden hier noch mehr arbeitslos sein.«

Ich lasse ihn reden, mit solchen Leuten diskutiere ich nicht. Doch als ich wieder im Bett liege, frage ich mich, ob ich das wirklich erlebt habe. Eigentlich kann das nur ein Traum gewesen sein, ein verdammt schlechter.

1. Juni 2008 – Beendorf

Normalerweise ist es nicht unsere Art, Gespräche anderer Leute zu belauschen. Die Frauen am Nachbartisch machen es uns aber nicht leicht. Wir sitzen beim Frühstück und haben nichts anderes zu tun. Die drei Grazien sehen aus wie reiche Omis aus der Fernsehwerbung, fein zurechtgemacht, im Gesicht die halbe Farbpalette einer gut sortierten Kosmetikabteilung, und um ihre Hälse glitzert Goldenes, an den Händen auch. Eine von ihnen ruft die Kellnerin: »Fräulein, kommen Sie doch mal!«

Das Fräulein, weit jenseits der fünfzig, auch schön kostümiert mit einer hautengen schneeweißen Wollhose, die jede Wölbung zur Geltung bringt, eilt flugs heran: »Ja, was kann ich denn für Sie tun?«

»Hören Sie, die Spülung in unserem Zimmer …«

»Die Spülung?«

»Na, Sie wissen schon, die Toilette …, also die funktioniert nicht.«

»Doch, doch, Sie müssen nur …«

»Wenn ich es Ihnen sage: Sie funktioniert nicht!«

»Aber Sie müssen nur lange genug auf die Taste drücken.«

»Auch dann nicht!«

»Sie wissen, welche Taste ich meine? Da sind ja zwei. Bei der einen spült es nur ganz kurz, da kann man Wasser sparen …«

»Also! Wollen Sie mir jetzt erklären, wie man spült?«

»Ich sag's ja nur. Die meisten wissen das nicht. Vielleicht drücken Sie auch nur nicht richtig drauf. Sie müssen ganz fest drücken…«

»Also, hören Sie! Das ist ja wohl …! Wir kommen doch nicht aus irgendeinem Dorf, wo es noch Plumpsklos gibt!«

»Aber da war noch nie was kaputt, wir …«

»Hören Sie auf! Ich will mit Ihnen nicht darüber diskutieren! Ich will nur, dass Sie es endlich zur Kenntnis nehmen!«

Und da behauptete der Wirt gestern noch, hier würden keine Theateraufführungen mehr stattfinden. Erst denke ich: wahrscheinlich Zufall. Dann kommt mir der Verdacht, die beiden könnten ihre Nummer absichtlich abgezogen haben, um die anderen Hotelgäste vom mickrigen Essen abzulenken. Was hier als Frühstücksbüfett angepriesen wird, besteht aus einem Teller mit einer Sorte Schnittwurst, die ranzig genug aussieht, um sie nicht anzurühren, und einem Teller mit Käse-Scheibletten. Dazu kleine Schüsseln mit in Miniportionen Abgepacktem: Leberwurst, Marmelade, Honig, Schokoaufstrich. Und kleine Butterstücke, doch davon musste ich schon drei aussortieren, weil das Verfallsdatum seit zwölf Tagen abgelaufen ist.

Aber nichts geschieht, ohne dass es einen Grund gibt dafür. Das soll jetzt so sein, damit wir uns endlich auf die Socken machen.

Irgendwie kommen wir heute nicht in die Pötte. Uns fehlt einfach der richtige Antrieb. Wir sind lustlos wie noch nie, sprechen kaum miteinander und sind auch nicht neugierig auf andere Menschen.

Vielleicht sind solche Phasen, in denen nichts weiter passiert, gerade die wichtigsten unserer Wanderung. Wenn man weitermacht, obwohl es einen langweilt und obwohl einem alles verlockender erscheint als der nächste Dreißigkilometerfußmarsch. Wir könnten mit dem Bus bequem nach Helmstedt düsen und von dort mit der Bahn weiter Richtung Norden, bis wir in eine Gegend kämen, die wieder mehr Spaß macht. Aber wir laufen, und das ist schon wieder ein ziemlich gutes Gefühl.

Auf der Straße nach Hötensleben ist um diese Zeit noch niemand unterwegs. Die nächtlichen Gewitter und die Regengüsse haben die Luft kaum abgekühlt. Es ist unglaublich schwül. Wir laufen die ganze Strecke am südlichen Rand des Braunkohletagebaus entlang, in dem die berühmten Speere aus der Urzeit gefunden wurden. Kraterlandschaft bis zum Horizont. Ausgefüllt mit einer milchig grauen Suppe aus Dunst, die sich in nichts von der Tönung des Himmels unterscheidet.

Wo Hötensleben beginnt, sieht es aus wie vor zwanzig Jahren: Grenzmauer, Zäune, Hundelaufanlage (allerdings ohne Hunde), Lichtmasten, Spanische Reiter, Wachturm, Kolonnenweg. Ein trauriges Mahn- und Erinnerungsensemble. Wie viele haben wir davon mittlerweile gesehen? Und trotzdem, es berührt einen jedes Mal wieder. Man steht da und spürt Unbehagen, unweigerlich. Kein Ort zum Wohlfühlen. Ein Ort, der wehtut.

Es sind aber auch genau diese Orte, an denen ich mich frage: Kann ich Robin die DDR überhaupt erklären, wirklich erklären? Wie soll er verstehen, was meine Wurzeln sind? Denn ich möchte, dass er das versteht, irgendwie sind es ja auch seine. Alles Mögliche kann ich ihm über die DDR erzählen, kann persönliche Erinnerungen hervorkramen oder die scheußlichen Geschichten über Partei- und Stasi-Willkür. Und vieles davon kann ich ihm auch erklären, etwa wie die DDR politisch und wirtschaftlich funktionierte oder vielmehr nicht funktionierte. Aber spätestens hier, beim Thema Grenze, bin ich mit meinem Latein schnell am Ende. Dabei hatte ich gehofft, gerade die Grenze würde irgendwie alles verständlich machen. Aber so ist es nicht. Sie macht nichts verständlich. Für mich nicht. Sie raubt einem höchstens ein Stück eigener Identität. Ein Land, das diese Grenze hatte, das Menschen in Gefängnisse steckte oder töten ließ, die nichts verbrochen hatten, nur einfach weg wollten, kann unmöglich gut gewesen sein, zu seinen Menschen nicht und überhaupt. Aber ich hatte eine glückliche Kindheit, die behüteter nicht hätte sein können. Und ich hatte auch eine schöne und aufregende Jugend. So hab ich es damals empfunden, und so empfinde ich es rückblickend immer noch. Aber wenn man hier steht, kommt es einem vor, als würde nichts davon stimmen, als bilde man sich das nur ein.

Der Gedanke bleibt so stehen. Wir laufen, ich schweige jetzt. Nach einer Weile sagt Robin: »Das hast du mir noch nie so erzählt.«

Die Strecke wird hügeliger, aber nicht gerade idyllischer. Westlich und nördlich ziehen sich Tagebaugruben bis nach Helmstedt. Deshalb verlassen wir die Grenzroute und nehmen einen Umweg in Kauf. Zwischen Büddenstedt, Harbke und Helmstedt würde sie mitten durch Abbaugelände führen.

Über Sommersdorf ziehen wir nach Sommerschenburg. Ungefähr in der Mitte zwischen beiden Dörfern: August Graf Neidhardt von Gneisenau, aus Marmor gehauen, mit einem Gewand wie Cäsar im alten Rom, herrschaftlich, überlebensgroß. Ein stolzer Kämpfer, dieser Generalfeldmarschall, siegte in der Völkerschlacht bei Leipzig gegen Napoleon Bonaparte und schlug die Truppen des Franzosenkaisers auch bei Waterloo. Der Preußengeneral, ein Großer seiner Zeit, nach dem Tod steinern wiedererschaffen von einem anderen Großen jener Zeit, Christian Daniel Rauch, der zu den bedeutendsten Bildhauern des deutschen Klassizismus gehörte. Den reitenden Friedrich den Großen in Berlin hat er geschaffen, zahlreiche Büsten in der Walhalla und das Albrecht-Dürer-Standbild in Nürnberg. Und im Rücken des marmornen Grafen, wie ein kleiner Tempel, das Mausoleum, in dem die Gebeine des von der Cholera Dahingerafften in einem bronzenen Sarkophag aufbewahrt werden. Alles stimmig irgendwie und angemessen, so scheint es. Nur der Platz. In Berlin, am Prachtboulevard Unter den Linden, da hätte man sich diese Gedenkstätte vorstellen können. Aber hier?

Dabei ist es der richtige Ort. Aber das leuchtet erst ein, wenn man weitergeht, nach Sommerschenburg zur Sommerschenburg, und jemanden trifft, der einem erzählt, dass General von Gneisenau einst hier residierte. Der preußische Königshof hatte ihm das Schloss für seine Verdienste als Feldherr und Heeresreformer geschenkt. Der Wunsch des Preußenkönigs, des nächsten, war es dann auch, von Gneisenau nach dessen Tod gebührend zu ehren. Und so kam das imposante Grabmonument genau dort hin, wo der weitläufige Schlosspark aufhört.

Schien Sommersdorf noch versunken in der Vergangenheit, sind wir in Sommerschenburg wieder in der Gegenwart angekommen. Neue Häuser, von den alten die meisten restauriert, mittendurch eine Asphaltstraße in Bestform und akkurat gepflasterte Gehwege, die Eindruck schinden. Und doch: ein Stillleben.

Wir treffen einen Einzigen, und das auch bloß, weil wir einfach in ein Haus gehen, das durch seine Schaufensterscheibe aussieht wie ein Geschäft, die Tür ist nur angelehnt. Doch kaufen könnten wir hier höchstens Spezialpflanzenöle, Heil- und Kosmetiköle und Salatöle, kalt gepresst, dadurch besonders reich an Vitaminen, Geschmacksstoffen und essenziellen Fettsäuren, wie der Ladenbesitzer erklärt. Zurzeit tröpfelt Bärlauchöl dunkelgrün durch eine Röhre in ein Glasgefäß, tröpfelt und tröpfelt, seit Tagen schon. Im Kaltpressverfahren Öl herzustellen ist ungefähr so wie Wandern: Beides dauert auf seine Art am längsten.

Was uns daran erinnert, dass wir mehr vorhaben, als die Geheimnisse der Ölherstellung zu ergründen. Auf dem Weg zur Tür erfahren wir noch von einem kleinen Badesee in der Nähe, dessen Wasser Trinkwasserqualität aufweisen soll und der früher eine Grube war, aus der Erz gewonnen wurde. Der Mann weiß, dass Erz von dort verwendet wurde, um riesige Stahlträger herzustellen, die für den Bau des Palastes der Republik, des Vorzeigekulturtempels am Spreeufer der DDR-Hauptstadt, benötigt wurden.

Da ist es wieder: Wir kommen irgendwohin, treffen jemanden, der uns wildfremd ist. Derjenige erzählt etwas, wonach wir gar nicht gefragt haben. Und trotzdem hat es irgendwie mit uns zu tun, in diesem Fall mit mir. Als hätte jemand auf der Strecke Stichwortgeber für uns postiert.

Das Stichwort jetzt: Palast der Republik. Wer als DDR-Bürger nach Berlin fuhr, nach Ostberlin, sah sich den »Palast« an, ging rein und staunte über den Marmorfußboden im Hauptfoyer und über das Meer gläserner Kugellampen an den Decken. Aber das ist nur ein Teil der Erinnerung. Der andere hat mit meiner Studienzeit zu tun.

Es war üblich, dass sozialistische Studentenpersönlichkeiten, die wir alle ja zu sein hatten, sich während der Semesterferien in der Volkswirtschaft nützlich machten. Anders ausgedrückt: Wir wurden gezwungen. Noch bevor das Studium losging, verfrachtete man uns ein paar Wochen aufs Land zum Ernteeinsatz. Die Mädchen pflückten Äpfel, die Jungs füllten Kartoffeln in Zentnersäcke ab, ein Knochenjob. Im Sommer darauf das nächste Arbeitslager. Diesmal ging es nach Berlin, Kabelgräben schachten für die Deutsche Post. An den Wochenenden durften wir nach Hause, aber wer wollte das? In Berlin war es viel aufregender. Wir zogen jeden Abend los. Erster Anlaufpunkt war oft die Discothek im Palast der Republik. Und da saß sie eines Tages, die junge Frau, die wie wir studierte, aber in Halle an der Saale, und auch zum Arbeiten in Berlin war. Sie hatte braune lange Haare und ein Lächeln, in das ich mich auf der Stelle verliebte. Jeden Tag wollte ich es sehen, und mehr wollte ich, in jenem Sommer in Berlin. Den Rest erzähle ich Robin auch noch, nur ihm.

Inzwischen wird die Landschaft schöner, wird waldiger, deshalb auch freundlicher zu uns. Schatten können wir gut gebrauchen.

Verschwitzt treffen wir in Marienborn ein. An der Marienkapelle machen wir kurz halt. Hier, über einer kleinen Quelle, soll vor Ewigkeiten einem frommen Hirten die Heilige Jungfrau Maria erschienen sein. Und nachdem dem Wasser wundertätige Kräfte nachgesagt wurden, kamen immer mehr Menschen, um von Krankheiten und Gebrechen geheilt zu werden. In der Nachbarschaft wurde ein Hospital errichtet, in dem sieche Pilger Aufnahme fanden. Später entstand daraus ein Kloster, und Marienborn entwickelte sich zum Wallfahrtsort, es ist einer der ältesten im Land.

Vom Kloster stehen noch Reste, die Kirche und Rudimente

Die Marienstatue über der heilenden Quelle

des Kreuzgangs und das Gebäude einer ehemaligen Brauerei, die auch zum Kloster gehörte. Von einem früheren Schloss ist noch der Westflügel erhalten und von der Orangerie, nach Plänen Schinkels erbaut, der zentrale Mittelbau. Sehen wir alles und gehen daran vorbei, ohne noch einmal anzuhalten. Die Hitze scheint auch Marienborn ins Koma versetzt zu haben. Alle verkriechen sich, man könnte denken, wir durchqueren evakuiertes Gebiet.

Uns kann die Hitze nichts mehr anhaben. Wie uns der Regen nichts anhaben konnte und die grauen charakterlosen Tage. Wir haben unseren Rhythmus gefunden, der uns weitertreibt. Vielleicht laufen wir heute langsamer als sonst, aber wir laufen, laufen, als könnten wir nicht anders. Wie wird das werden, wenn wir am Ziel sind und auf einmal nicht mehr unser tägliches Pensum haben? Was wird sein, danach? Frage ich mich und frage ich Robin, wir wissen beide die Antwort nicht.

Einen Moment später sehnen wir uns nach der Ruhe von Marienborn. Jetzt ist es gleich wieder zu laut. Die Autobahn 2, ehemalige Transitstrecke, die kürzeste Verbindung zwischen Westberlin und der Bundesrepublik. Und ein Stück weiter das Gelände der ehemaligen Grenzübergangsstelle, der größten und wichtigsten, die es zwischen beiden deutschen Staaten gab. Wie eine kleine Stadt, die Gebäude unterirdisch durch ein Tunnelsystem miteinander verbunden. Eine Stadt der Kontrollen und Schikanen und Demütigungen. Der Tragödien. Und eine Festung, in Spitzenzeiten bewacht von eintausend Uniformierten, Passkontrolleuren, Zöllnern, Grenzsoldaten, Stasi-Mitarbeitern, Sowjetmilitärs. Sie filzten alles: Menschen, Tiere, Pflanzen, Autos, selbst Särge mit Leichen. Sich das vorzustellen fällt schwer, gelingt nicht, wenn man nur über das Gelände läuft, jetzt Gedenkstätte, vom Heizhaus zu den Passkontrollhäuschen, vorbei an Veterinärstation, Wechselstube, Leichenhalle, Lichtmasten und an der Zollbaracke mit den Kabinen für Leibesvisitationen. So verlassen sieht alles harmlos aus, wie eine stillgelegte Panzerfabrik harmlos aussieht. Eine Vorstellung bekommt man erst, setzt man sich Kopfhörer auf und hört, wie Betroffene schildern, was ihnen an diesem Ort widerfahren ist.

Ein Ort zum Erinnern, kein Ort zum Verweilen. Zurück über die Graubetonfläche, bis auf die kleine Straße am Waldrand, weiter parallel zur Autobahn, zum Lärm. Irgendwo muss es eine Brücke geben.

Davor noch das Ortsschild »OT Autobahn«, und hier wohnen tatsächlich Menschen. Drei größere Häuserblöcke, ein paar Einfamilienhäuser, eingequetscht zwischen Wald und Autobahn, dem Verkehr unvorstellbar dicht. Trostlos ohne Ende und laut, Dauerbeschallung, ein stehendes Geräusch. Aber die Leute werkeln an ihren Autos, gießen Blumen und liegen dösend im Garten unterm Sonnenschirm, als hörten sie nichts.

Jenseits der Autobahn ist wieder der Kolonnenweg dran. Kilometerweit durch Mischwald. Um Morsleben machen wir bewusst einen Bogen. In ehemaligen Salzschächten wird dort radioaktiver Müll gelagert. Tief unten in der Erde zwar, und das ist vielleicht nicht so gefährlich, trotzdem schreckt uns allein die Vorstellung ab. Aber wir schaffen es auch nur bis Beendorf, und das ist zu dicht dran, um diesem Thema zu entkommen.

Beendorf ist wie Morsleben ein geschichtsbelasteter Ort. Zwischen beiden Dörfern befinden sich zwei stillgelegte Salzschächte, Grube Marie, die zu Beendorf gehört, und Grube Bartensleben auf Morslebener Gebiet. In der Zeit des Nationalsozialismus, als schon kein Salz mehr gefördert wurde, verpachtete die Besitzerfirma Schächte und zugehörige Fabrikgelände an die Wehrmacht, die Rüstungsfabriken daraus machte. Während des Krieges wurde die Produktion unter Tage verlagert. Die Arbeitskräfte kamen aus Konzentrationslagern. Sie wurden in Beendorf, in einem KZ-Außenlager, wie Vieh gehalten. Zwölf-Stunden-Schichten, katastrophale Arbeitsbedingungen, Hunderte starben. Auf dem Beendorfer Friedhof ein Massengrab.

Nach dem Krieg wurden die Rüstungsmaschinen demontiert und als Reparationsleistungen in die Sowjetunion gebracht. Ende der Fünfzigerjahre kam jemand auf die Idee, Schacht Marie als Hähnchenmastanlage zu nutzen. Wie der Zufall es will, setzt sich beim Abendessen ein alter Mann an unseren Tisch, ungefragt, der davon erzählt. Bis zur Rente arbeitete er dort unten, als einer der wenigen Männer, die für die Knochenarbeit zuständig waren, alles andere erledigten Frauen. Gearbeitet wurde in drei Schichten. Sechs Wochen mästeten sie die Hähnchen, die nicht mal zum Eierlegen kamen, dann waren sie schlachtreif, sechstausend Stück täglich. Direkt über dem Schacht befand sich die Schlachterei, in der war seine Frau beschäftigt.

Erst denke ich, unser Tischnachbar ist aber ein ganz Lustiger, der bindet uns einen Bären auf und amüsiert sich, dass wir darauf hereinfallen. Aber er beschreibt genau, wie es in den Stollen aussah, dass man anfangs sogar noch die Namen der Produktionsstraßen aus der Nazizeit lesen konnte, eine war nach Hermann Göring benannt. Und als wir immer noch ungläubig gucken, ruft er den Wirt, der alles bestätigt und erzählt, dass die Frauen nach der Wende um ihre Rente kämpfen mussten, da es Frauen, die unter Tage arbeiteten, offiziell gar nicht gab.

Die Hähnchenproduktion wurde auch fortgesetzt, als man im Nachbarschacht Bartensleben Anfang der Siebzigerjahre begann, radioaktive Abfälle aus DDR-Kernkraftwerken einzulagern. Beide Schächte sind unterirdisch miteinander verbunden. Mehr noch: Schacht Marie diente zum Be- und Entlüften. Dazu dient er heute noch, und der radioaktive Müll ist nicht weniger geworden, im Gegenteil, die größte Menge wurde nach 1994 eingelagert. Aber die Mastanlage, die noch bis Mitte der Achtzigerjahre betrieben wurde, hielt auch niemanden davon ab, sogar im selben Schacht, nur in anderen Stollen, cyanidhaltigen Giftmüll zwischenzulagern.

Manche Dinge möchte man gar nicht wissen.

2. Juni 2008 – Mackendorf

Gleich der erste Anstieg macht alles klar: Der Tag wird eine Schinderei. Wir sind noch keine Stunde im Lappwald unterwegs, aber ich fühle mich schon wie ein Schlauch, aus dem die Luft herausgelassen wurde.

Der Rest ist Qual, und ich habe eigentlich keine Lust, das auch noch aufzuschreiben. Aber da wir weiterlaufen, muss ich auch weiterschreiben.

In Grasleben kaufen wir Wasser, Bananen, für Robin ein anderes Heuschnupfenmittel, das zur Abwechslung mal wirken könnte, Magnesiumtabletten für uns beide und Schmerztabletten für mich. Die wievielte Packung ist das jetzt? Mein rechtes Schienbein quält mich mehr als an allen Tagen zuvor.

Fänden wir in Grasleben eine Pension, wir blieben gleich hier. So weit bin ich. Doch die Apothekerin meint, im Ort gebe es keine Unterkünfte. Wir müssten zwei Kilometer zurück. Aber zurück kommt nicht infrage!

Robin ist körperlich fit, doch mit seinen Gedanken scheinbar ganz woanders. Ich frage nicht, was ihn wieder so missmutig stimmt. Das ist kein Tag für Gespräche. Heute muss er allein damit zurechtkommen. Er sieht ja, was mit mir los ist.

Wir starten wieder, und ich bete, dass im nächsten Dorf ein Zimmer auf uns wartet. Nach einer halben Stunde schlagen die Tabletten noch immer nicht an.

Die Sonne! Sengende Hitze, noch wärmer als gestern. Wie weit reicht das Thermometer eigentlich?

Bald kann ich mit dem rechten Fuß kaum noch auftreten. Zehn Schritte und dann noch zusätzlich ein Krampf. Bleibe stehen, beuge mich vornüber, um das Gewicht des Rucksacks zu verlagern, warte, bis der schlimmste Schmerz abebbt. Dann scheint es wieder zu gehen. Wir biegen von der Straße ab auf einen staubigen Schotterweg. Daneben das schönste Feld, dass ich jemals gesehen habe, noch schöner als die Löwenzahnwiese: blühende Kamille, dazwischen die roten Kleckse von Mohnblüten und zarte Tupfer hellen Blaus, Kornblumen, wie ein riesiger Wildblumenstrauß. Und dazu der intensive Duft von Kamille. Wenn ich das nur genießen könnte!

Doch dort wieder das Gleiche: Wieder halte ich an, und wieder gehe ich weiter. Die Abstände zwischen den Krämpfen werden kürzer. Fünf, sechs Schritte, und dann ist es nur noch ein Krampf, hört gar nicht mehr auf. Treibt mir Tränen in die Augen. Das Letzte, was ich will: heulen. Aber ich heule. Und das raubt mir alle Kraft und auch meinen Willen. Gib auf!, schreit es in mir, gib endlich auf! Ich bin wütend auf mich. Wütend, weil ich nicht mehr kann. Wütend, weil wir irgendwie trotzdem weitermüssen. Und erst recht wütend, weil ich keine Ahnung habe, wie ich das anstellen soll.

Ich weiß nicht, wie viel Zeit verstreicht. Unter der Hitze zerlaufen die Sekunden zu Minuten, die Minuten zu Stunden. Auf einmal etwas Dunkles neben uns, dunkelgrün. Den Motor höre ich gar nicht, aber es sieht aus wie ein Auto, ein Kombi. Ich brauche einen Moment, um zu begreifen, dass ich mir das nicht nur einbilde. Der Wagen stoppt tatsächlich. Am Steuer ein Mann, blondes Haar, gebräuntes Gesicht, vielleicht fünfzig, er lächelt.

Ja!, will ich schreien, bevor er überhaupt fragt, ob er uns mitnehmen soll. Aber ich bleibe stumm. Und als er dann fragt, höre ich mich sagen: »Wohin fahren Sie denn?« Als wäre das nicht egal, solange es nur in einen Ort geht.

Er bringt uns nach Mackendorf. Wir wollten nach Döhren, das Dorf davor, im Osten, aber er meint, dort kämen wir nirgends unter. In Mackendorf gebe es eine Gaststätte, die Zimmer vermiete. Heute sei zwar Ruhetag, aber wir könnten es ja trotzdem versuchen.

Tatsächlich steht die Wirtin zufällig am Fenster, als wir aussteigen. Ich schicke ihr mein bestes Lächeln, und es funktioniert, sie schließt auf: »Kommt ruhig rein, wir sind ja sowieso zu Hause.« Sie kann sich nicht vorstellen, wie dankbar wir ihr sind.

Wir duschen uns den Schweiß vom Körper und die negativen Gedanken weg, die Verzweiflung, soweit es mich angeht. Dann legen wir uns auf die Betten, und ich schlafe sofort ein. Nachmittags halb drei.

3. Juni 2008 – Breitenrode

Nach vierzehn Stunden Schlaf fühle ich mich wie ein neuer Mensch. Aber die Warnung habe ich verstanden. Heute verzichten wir auf jegliches Kolonnenwegsuchabenteuer und auf Holperpisten, laufen auf glattem Asphalt. Es fängt ganz gut an, aber ich habe ständig Angst, die Schmerzen könnten wiederkehren.

Sollte mich ablenken. Ich schlage Robin vor, über sein Lieblingsthema zu reden. Musik. Er überlegt einen Moment, dann grinst er spitzbübisch: »Okay, dann erzähl mal, was du früher gehört hast, als du so alt warst wie ich.«

»Mit zwanzig? Weiß ich gar nicht mehr. Den üblichen Disco-kram wahrscheinlich. Und alte Sachen: Stones, CCR und so was.«

»Und vorher, in deiner Schulzeit?«

»Ich hatte mal eine Phase, da war ich total verrückt nach einer Band. Puhdys hießen die. Ich hab dir mal Platten von denen gezeigt …«

»Und vorgespielt, oh Gott, ja.«

»Im Januar 1979 war ich das erste Mal auf einem Konzert. Das weiß ich noch genau. Ich war vierzehn. Es gab zwei große Fraktionen von Fans. Die einen mochten die Puhdys, die anderen Karat. Beide waren ungefähr gleich erfolgreich und durften auch im Westen auftreten. Die Puhdys spielten ihr erstes West-Konzert in Hamburg, in der Fabrik, Mitte oder Ende der Siebzigerjahre.«

»Und warum sind die nicht gleich dageblieben?«

»Keine Ahnung. Aber die waren in der DDR Superstars, kriegten alle möglichen Vergünstigungen, fuhren Volvos und durften einfach so zum Einkaufen nach Westberlin … Na ja, jedenfalls konnte ich jeden Titel auswendig, und in den Konzerten stand ich immer ganz vorn, mit einem knallroten T-Shirt von denen. Aber weißt du, was komisch ist?«

»Was?«

»Alle Texte habe ich vergessen. Nur einen nicht …«

»Sing mal!«

»Sehr witzig!« Ich spreche den Text wie ein Gedicht: »Du stehst vor mir und siehst mich fragend an und hoffst, dass ich vielleicht was ändern kann. Glaub mir, mein Kind, es tut mir ganz bestimmt wie dir so weh. Ein andrer hat nun meinen Platz und wartet, dass ich geh. Sollst von mir alles ganz genau erfahren, sollst wissen, dass wir lange glücklich waren. Vor deinem Bett haben wir uns oft die Zukunft vorgestellt und bauten in Gedanken aus, was uns daran noch fehlt … und so weiter.«

»Scheidung?«

»Mmmh. Das Lied hat der Sänger damals für seine Tochter geschrieben.«

Robin scheint zu grübeln, sagt aber nichts.

Inzwischen passieren wir Saalsdorf. Eine Kirche, ansonsten nur Bauerngehöfte und Wohnhäuser. Dann folgen wir weiter der Straße. Vor Lockstedt überqueren wir die Aller und gehen nach Gehrendorf.

An der Dorfkreuzung bröckelt ein altes Fachwerkhaus wie von einer siechenden Krankheit befallen. Gegenüber versteckt sich eine Kirche zwischen alten Linden. In der Altmark sehen Kirchen anders aus, unverschnörkelter, irgendwie rustikaler, und ihre Türme haben oft Satteldächer.

Um die Ecke finden wir ein schattiges Plätzchen. Sitzen da und schweigen. Mittagsruhe. Irgendwo hämmert jemand. Dann hat Robin die nächste Frage ausgebrütet.

»Dad, glaubst du, man kann mit einer Frau ein Leben lang zusammenbleiben und glücklich sein?«

»Die Vorstellung finden wahrscheinlich die meisten schön. Irgendwie träumt doch jeder von der einen großen Liebe. Es läuft nur oft anders. Ich glaube, es gehört schon ziemlich viel Glück dazu, überhaupt jemanden zu finden, mit dem man sich das vorstellen kann. Und dann braucht man noch mal eine ordentliche Portion davon, damit das auch so bleibt. Gefühle verändern sich, wie sich Menschen verändern. Liebe verändert sich. Und oft stirbt sie. Manchmal ist man daran schuld, manchmal nicht. Ein ewiger Kampf. «

»Und wie war das bei dir und Mama?«

»Wir haben sehr jung geheiratet. Damals fand ich das absolut richtig. Heute weiß ich, dass es viel zu früh war. Wir haben uns dann irgendwie verloren.«

»Wie meinst du das, verloren?«

»Jeder hat sich entwickelt, auf seine Art, und irgendwann hatten wir uns nichts mehr zu sagen, nicht wirklich. Und das haben wir dann so hingenommen und nur noch nebeneinander hergelebt. Ich glaube, das ist das Schlimmste: nicht mehr miteinander zu sprechen.«

»Und als ihr euch getrennt habt, wie war das für dich?«

»Lass uns erst mal weitergehen.«

Wir werfen unsere Rucksäcke über, nehmen wieder Tritt auf. Die Straße verläuft jetzt parallel zur Aller, die in diesem Bereich Grenzfluss war. Die Sonne erreicht ihren höchsten Punkt.

Robin lässt nicht locker: »Also, wie war das?«

»Ich konnte dich nicht mehr jeden Tag sehen, das war furchtbar. Aber das habe ich schon erzählt. Die andere Seite: Bis dahin hatte ich eine ziemlich genaue Vorstellung, wie mein Leben aussehen sollte. Beruf, Familie, ein kleines Haus im Grünen und du, wie du im Garten spielst. Dieses Bild brach auf einmal zusammen. Am Anfang war das entsetzlich. Aber dann merkte ich, dass ich viel offener wurde, neugieriger aufs Leben. So eine Trennung bringt einen auch weiter. Man lernt eine Menge, auch über sich selbst. Und du, erinnerst du dich an diese Zeit?«

»An einige Sachen schon. Viel habe ich auch verdrängt. Aber ich weiß noch, wie du mich abgeholt hast, als ich zu dir gezogen bin, wie wir das letzte Mal in meinem Kinderzimmer waren und dann nach Hamburg gefahren sind. Und die ersten Monate dort in deiner alten Wohnung. Jeden Morgen sind wir im Dunkeln zur Schule gefahren, und wenn du mich abends bei unseren Freunden abgeholt hast, war es wieder dunkel.«

»Und es hat ständig geregnet.«

»Stimmt.«

»Du hast damals nie geweint.«

»Wirklich? Das weiß ich nicht mehr.«

»Wir haben die erste Zeit auch nicht darüber gesprochen, was passiert war. Ich habe gewartet, dass du Fragen stellst, hast du aber nicht. Und dann bist du einmal aus der Schule gekommen und hast erzählt, du hättest dich mit einem Mädchen unterhalten, deren Eltern auch getrennt lebten.«

»Stimmt, daran erinnere ich mich. Das war gut, da habe ich erst mal gemerkt, dass ich nicht der Einzige war, der das durchmachte.«

»Heutzutage wird jede zweite Ehe geschieden.«

»Dann werde ich eben zu der anderen Hälfte gehören.«

Der Junge denkt genau wie ich, als ich in seinem Alter war. Die

Illusionen der Jugend. Er denkt nämlich auch, dass seine aktuelle Freundin die Richtige ist. So, wie es zwischen den beiden momentan läuft, sehe ich das ein bisschen anders. Aber das behalte ich für mich: »Ich wünsche es dir, Robin. Aber vielleicht solltest du erst mal noch ein bisschen suchen und vor allem herausfinden, wer du bist und was du wirklich willst.«

»Wann wusstest du das denn?«

»Wer ich bin? Schwer zu sagen. Wahrscheinlich um meinen dreißigsten Geburtstag herum, als ich meine erste größere Sinnkrise hatte und alles infrage stellte: ob ich den richtigen Job mache, die richtige Freundin habe, die richtigen Freunde, am richtigen Ort lebe, eben alles.«

»Und wie merkt man, ob man es weiß?«

»Das wirst du merken. Ein ganz gutes Indiz ist, wenn man aufhört, sich ständig nach anderen zu richten und anderen gefallen zu wollen, sein eigenes Ding macht und sich dabei wohlfühlt. Das ist im Beruf nicht viel anders als in einer Beziehung. Wenn du ständig damit beschäftigt bist, es anderen recht zu machen, läuft etwas schief. Ich hatte mal so eine Situation, als ich noch bei einer Zeitung fest angestellt war. Der Job war prima, ich reiste viel, wurde gut bezahlt, ich machte ihn nur schon zu lange, irgendwie wiederholte sich alles, ich hatte das Gefühl, auf der Stelle zu treten, mich nicht weiterzuentwickeln. Irgendwann fing ich an, meinen Chef dafür verantwortlich zu machen. Manchmal verfluchte ich ihn. Das ging Monate so. Bis mir klar wurde, dass ich meinen Frust nur umlenkte. Eigentlich war ich sauer auf mich, weil ich jeden Morgen wieder ins Büro fuhr und nichts änderte. Es hat noch etwa ein Jahr gedauert, bis ich den Mut hatte zu kündigen und endlich das zu tun, wovon ich schon lange träumte: Bücher schreiben. Ich ging volles Risiko, und das fühlte sich gut und richtig an. Das meine ich damit. Du wirst es merken.«

Jetzt merken wir erst einmal, dass wir die Stadtgrenze von Oebisfelde erreicht haben. Oebisfelde ist ein alter Ort, ein uralter, in Urkunden des 11. Jahrhunderts erstmals erwähnt. Die Burganlage soll sogar zehn Jahrhunderte davor schon entstanden sein, erzählt eine Frau im Rathaus, die uns auch verraten soll, wo ein gemütliches Café steht. Im Rathaus fand vor Kurzem das große Stühlerücken statt. Oebisfelde, die Stadt im ehemaligen Grenzgebiet, ist wieder rot, tiefrot. Der langjährige Bürgermeister, fünfundsiebzig, von der Unabhängigen Wählergemeinschaft, musste nach einer Stichwahl seinen Platz räumen für eine vierzigjährige Frau, die die Partei Die Linke ins Rennen geschickt hatte.

»Hier ist sowieso manches seltsam«, kommentiert ein Mann, den wir vor einem Bistro auf den Ausgang der Kommunalwahl ansprechen. Weiter will er dazu nichts sagen. Aber ob wir gesehen hätten, was aus der alten Grenzkaserne gemacht wurde? »Ein Friedenspalast.«

»Klingt doch nicht schlecht«, sage ich.

»Da geht es aber nicht um Frieden, sondern um Geld.«

»Wem gehört die Kaserne denn?«

»Spinnern, die den Leuten weismachen wollen, sie könnten ihnen in teuren Seminaren das Fliegen beibringen. Und wenn genügend Körper fliegen, gäbe es keine Kriege mehr.«

Später hören wir den Namen Maharishi. Maharishi? Der Guru der Beatles, der transzendentales Meditieren unter die Menschheit brachte und predigte, dadurch könne Bewusstsein verändert und immerwährender Friede geschaffen werden? Tatsächlich sind es die deutschen Jünger seiner Organisation, die die Oebisfelder Kaserne in den ersten Friedenspalast in Deutschland verwandelten. Auf der Fläche daneben sollte eine Vedische Universität entstehen und ein Friedensdorf mit Häusern in vedischer Architektur, aber davon steht noch nichts. Und die ehemalige Grenzerbehausung kann auch mit ihrem neuen, überdachten Eingang, dem Palastschild und der goldenen Zwiebel auf dem Dach ihre Herkunft nur schlecht verleugnen.

Hinter den Bahngleisen im Norden bestaunen wir einen Naturpark mit Seltenheitswert. Es darf wachsen, was will. Gräser schießen ins Kraut und Büsche, Laub- und Nadelbäume, sogar einige Obstbäume. Und dazwischen: Braun, die Farbe des Rostes. Gerostet wird hier um die Wette – alte Container, eine ausrangierte Flotte Robur-Busse, ein Ikarus-Bus und manches kann man nicht mehr erkennen, weil es zugewuchert ist. Sehr eindrucksvoll.

Kaum zu glauben, wie vernünftig wir heute sind. Bis Breitenrode gehen wir noch, das ist nicht weit. Dort nisten wir uns in einem Lehrlingswohnheim ein. Genau genommen ist es ein umfunktioniertes Einfamilienhaus, in dem das einzige Hotel im Ort seine Azubis unterbringt. Da die Herberge bis aufs letzte Kämmerlein ausgebucht ist, die Tochter des Hotelchefs aber ein großes Herz hat, überlässt sie uns dort ein freies Apartment. Sogar mit Waschmaschine, die wir sofort anschmeißen.

Ein ganz neues Gefühl, ohne Schmerzen die Ziellinie zu überqueren. Dafür haben wir auch nicht einmal zwanzig Kilometer hinter uns gebracht. Aber weiter wäre es nicht gegangen. Jenseits von Breitenrode beginnt der Drömling, ehemalige Sumpffläche wie das Große Bruch, eine weite, kaum besiedelte Landschaft. Dahinter erst hätten wir das nächste Quartier gefunden. Manchmal wird einem Vernunft regelrecht aufgezwungen.

4. Juni 2008 – Jübar

Breitenrode verlassen wir früh. Ein Abschied, der keiner ist, wir laufen einfach los.

Der Drömling also jetzt, Land der tausend Gräben, auf der Karte wie ein Spinnennetz. Aus der bodenständigen Perspektive der Wanderer sehen wir nicht viel davon, zu üppig das Gras an den Rändern und die Büsche, die Pappeln und die Weiden. Aber das Netz beginnt hier auch erst, engmaschiger und baumfreier wird es jenseits des Mittellandkanals. Wir steuern im Osten die westlichste Brücke an, drei, vier Kilometer von der Stelle, wo der östlichste Westen seinen Anfang nimmt. Auch der Drömling war ein geteiltes Stück Erde in diesem Land.

Auf dem Kanal herrscht mehr Betrieb als auf vielen Straßen, die wir gelaufen sind. Gleich drei Binnenfrachtschiffe hinter-

Können alles erklären: Ranger im Drömling

einander, dabei verweilen wir nur kurz. Hinter der Brücke treffen wir zwei Ranger des Landschaftsschutzgebietes. Einen älteren in Uniform mit Gummistiefeln, der jüngere lässig gekleidet wie ein Sommerurlauber, T-Shirt, kurze Hose, Schlappen. Aber Ranger wollen sie nicht genannt werden: »Wir sind Naturwächter.« Klingt ein bisschen wie Nachtwächter.

Aber die Männer sind hellwach. Keine zehn Minuten später sind wir bestens informiert: wie der Drömling entstand während einer Eiszeit vor hundertvierzigtausend Jahren. Dass man sich das Gebiet damals wie eine Tundra vorstellen muss, feucht, nur schwach und flach bewachsen und dauerkalt. Wie später die Bewaldung einsetzte, sich eine Niedermoorlandschaft bildete, unpassierbar für Menschen, bis Preußenkönig Friedrich der Große die Urbarmachung anordnete. Dazu wurden all die Entwässerungsgräben ausgehoben, mit Muskelkraft geschachtet, auf großen Flächen alle fünfundzwanzig Meter ein neuer.

Über Flora und Fauna wissen wir gleich mit Bescheid: Hunderte Tier- und Pflanzenarten gedeihen hier, darunter seltene und vom Aussterben bedrohte. Allerdings muss man sich auskennen, um sie zu entdecken. Ein Reh haben wir gesehen, Wildschweine gehört. Aber ob wir Pirol oder Nachtigall oder Zwergtaucher erkennen würden? Mit den verschiedensten Kräutern, Gräsern und Büschen wären wir erst recht überfordert.

Dass wir auf unserer Wanderung schon eine Menge Rot- und Schwarzmilane beobachtet haben, erfahren wir auch erst jetzt. Hatten sie immer als Bussarde einsortiert. Nun wissen wir, dass sie am einfachsten durch ihre Schwänze zu unterscheiden sind. Beim Rotmilan sind diese tief gegabelt, bei seinem schwarzen Bruder nur schwach. Das hinterste Gefieder von Mäusebussarden dagegen ist rund gefächert.

Dafür freuen wir uns jetzt umso mehr über jedes majestätisch über uns schwebende Flugobjekt, das wir, mit dem neuen Blick von Fachmännern, als Rot- oder Schwarzmilan identifizieren. Eindeutig mehr Rotmilane. Ganz schön viele heute. Die meisten ziehen ihre Kreise lauernd über einer Wiese, die gerade gemäht wird. Die Ranger hatten erzählt, sie hätten auf dieser Wiese vorhin zweiundvierzig Kraniche und vierundzwanzig Störche gezählt. Als wir ankommen, sieht es immer noch aus wie auf einer Vollversammlung.

Die Ranger hatten auch gesagt, im Drömling könnten wir den Kolonnenweg vergessen. Wo die Platten noch liegen, sind sie vollkommen zugewachsen. Und wo sie entfernt wurden, hat sich Morast gebildet. Außerdem liegt der Grenzstreifen genau in der Schutzzone I, die darf niemand betreten. Dass wir nach einer Weile trotzdem auf den Lochplatten landen, können wir gar nicht verhindern. Keine Absicht, wir sind einfach so programmiert.

Solche Touren werden immer bestraft, nur hier nicht. Wir werden sogar belohnt. In dem Moment, als wir stecken bleiben, weil das Gras zu hoch wuchert, kommt uns ein grüner Transporter entgegen. Der Ranger im Urlauberlook, breit grinst er, unterstellt uns aber keine Vorsätzlichkeit: »Ihr seid einen Weg zu früh abgebogen.« Dann tut er etwas, was er nicht darf, wie er sagt. Das sind mir die Liebsten. Aber da er es nicht darf, müssen wir schweigen. Nur so viel: Wir erleben noch mehr Gräben und Büsche und Bäume und glauben, Fischotter durchs Wasser huschen zu sehen und Biber im Schilf werkeln, und wir beobachten Störche.

Dann sind wir plötzlich an einer Brücke und wieder dicht an der ehemaligen Grenze, bleiben das auch. Der Drömling: wie abgeschnitten. Der Boden jetzt brüchig getrocknet, die Wege von einer Staubschicht bedeckt, die wir mit jedem unserer Schritte aufwirbeln, dass es scheint, der Boden unter ihnen vibriere.

Der Weg ist breit genug, um ein, zwei Meter Abstand zu halten. So kann ich Robin gut beobachten, wie seine Beine den Rhythmus halten, Unebenheiten ausgleichen, als wäre die Strecke glatt planiert. Wie entschlossen er wirkt! Wahrscheinlich wirke ich nicht anders. Wir wandern nicht, jetzt nicht mehr. Jetzt erobern wir. Jeder Meter, den wir hinter uns lassen, gehört uns, den kann uns niemand nehmen. Das Erobern ist wichtig geworden, wichtiger als das Kennenlernen. Wir lassen Orte aus und Menschen unangesprochen. Aber so ist es nun mal, und so fühlt es sich an diesem Tag richtig an.

Es macht uns nichts aus, zwischen Jahrstedt und Zicherie an einem verwaisten Grenzwachturm vorbeizulaufen, ohne an seiner Tür zu rütteln, ob sie aufgeht. Wir müssen uns nicht vor einer zarten Eiche verneigen, die Hans-Dietrich Genscher, Außenminister a. D., vor nunmehr zehn Jahren auf die Wiese daneben pflanzte. Und auch den Grenzlehrpfad sehen wir uns an, ohne stehen zu bleiben: Bretterwand, Stacheldrahtzaun, Stahlbetonmauer, Streckmetallzaun, Spurenstreifen.

Es führt uns hinüber zu der Stelle, an der Kurt Lichtenstein im Oktober 1961 getötet wurde. Der ehemalige Kommunist, der Wilhelm Pieck und Otto Grotewohl, die KPD und SPD 1946 mit ihrem berühmten Händedruck zur SED vereinigten, persönlich kannte, war das erste Todesopfer an der innerdeutschen Grenze nach dem Mauerbau von Berlin. Lichtenstein, Spross einer jüdischen Familie, im Berliner Stadtbezirk Prenzlauer Berg aufgewachsen, lebte nach dem Zweiten Weltkrieg in der Bundesrepublik, arbeitete als Journalist, für kommunistische, später für sozialdemokratische Blätter. In jenem Herbst recherchierte er eine Reportage über das Leben an der Grenze, versuchte, ostdeutsche Bauern zu befragen, überschritt dafür die Demarkationslinie. Als ihn zwei DDR-Grenzer stellen wollten, rannte er weg. Die Soldaten schossen, verletzten ihn lebensgefährlich, er starb.

Dann gehen wir hinein nach Zicherie und Böckwitz, zwei Dörfer, West und Ost, in der Mitte zusammengewachsen wie siamesische Zwillinge am Rumpf. Wo der eine Ort aufhört, fängt der andere an. Aber das Innenleben der Menschen sieht anders aus. Zusammengehörigkeit empfinden nicht viele, auch jetzt nicht, heute noch weniger als 1989, als Mauer und Zaun zwischen den Dörfern niedergerissen wurden und wieder alles frei war wie früher. Aber es war eben nichts mehr wie früher, und es ist auch nicht wieder so geworden. Sagen die Leute, hüben wie drüben, aus welcher Perspektive man es auch betrachtet. Sagt auch die Frau, eine Radlerin, die wir genau dort treffen, wo die Narbe, die die Mauer einst riss, säuberlich mit Asphalt überdeckt wurde: »Vor allem die älteren Böckwitzer tun sich schwer, ihre Abneigung abzulegen. Sie finden uns aus dem Westen arrogant.«

Früher gab es eine Gastwirtschaft, die stand mitten auf der Grenze. Im Gastraum saß man im Osten, wer sich auf der Toilette erleichterte, tat dies im Westen. Und auch die Schweine, die im Osten als Braten oder Wurst serviert wurden, hatten sich zuvor im Stall auf der Westseite schlachtreif gefressen. Das Gasthaus wurde zu DDR-Zeiten abgerissen. Vielleicht sollte man genau an dieser Stelle ein neues bauen, ein Doppeldorfgemeinschaftshaus, in das die Leute hineingehen, jeder von seiner Seite, um sich drinnen zu treffen, in der Mitte, auf Augenhöhe.

Ein Stückchen Lochplattenweg bekommen wir doch noch unter die Füße. Aber damit anzufangen erweist sich schnell als Fehler. Der Weg hört auf, und wir stehen da, in einem Waldstück, das es unserer Karte nach gar nicht geben dürfte. Dann irren wir ein bisschen umher, finden schließlich einen Ausgang, streifen Steimke, ein aufgemöbeltes Bauerndorf, durch das die Ohre fließt, und gehen hinüber nach Niedersachsen, Landkreis Gifhorn, nach Brome.

Brome ist nichts so richtig, rein formal betrachtet, nennt sich norddeutsch Flecken, amtlich abgesegnet, was manche mit »Minderstadt« übersetzen, mehr als ein Dorf, Mittelpunkt für eine Vielzahl von Dörfern, aber weniger als eine Stadt. Sieht auch aus, als wüsste der Ort nicht so recht, wie er sein sollte. Traditionell und dörflich wie die aufgehübschten Fachwerkhäuser mit ihren duftenden Rosenstöcken neben den Türen? Historisch wie die mittelalterliche Burg, auch die fein herausgeputzt? Oder doch lieber ganz modern? Oder beides? Aber der Spagat erweist sich als schwierig. Supermärkte entstanden, dafür blieben kleine Fachhändler auf der Strecke, fast alle. Familienbetriebe. Manche waren seit über hundert Jahren ansässig. Leere Schaufenster, blinde Scheiben. Und dann die zwei Bundesstraßen, kreuzen sich mitten im Zentrum, bringen Krach und Schmutz heran und vierteln das Ortsgebiet wie eine Torte, die noch nicht fertig aufgeschnitten wurde.

Wir schlendern durch den Ortskern, zur Burg, die nur sonntags geöffnet ist. An der nächsten Straßenecke bleibt eine Rentnerin vor uns stehen, mit einem Blick, den sie als junge Frau gehabt haben muss, wenn ihr beim Dorftanz ein Jüngling gefiel. »Zwei richtige Wanderer!«, staunt sie, »na, so was sieht man heute doch gar nicht mehr!« Zu gern würde sie mitwandern, sagt sie, und ihre Augen leuchten. »Letztes Jahr war ich mit meinem Mann im Elbsandsteingebirge. Schön war es. Nur schade, dass die alten Knochen nicht mehr alles schaffen. Wir sind beide über achtzig.«

Die Frau weiß gar nicht, wie gut sie uns tut. Die nächsten Meter schweben wir dahin. Bis uns die Briefträgerin entgegenkommt, auch sie eine begeisterte Wanderin, die erzählt, wie sie vergangenes Jahr auf dem Jakobsweg pilgerte.

Euphorie ist hilfreich, eine Überdosis jedoch kann einem das Hirn vernebeln. Wir begegnen nur freundlichen Menschen in Brome. Das hätte uns sagen müssen: Bleibt hier! Sucht euch ein Zimmer und genießt, was vom Tag übrig ist!

Was aber tun wir? Wir ziehen uns in einem Café eine ordentliche Portion Kalorien rein und beschließen dann: Ein paar Kilometer gehen noch.

Also nach Norden, wieder hinüber nach Sachsen-Anhalt, durch Wendischbrome. Wir sind schnell, weil wir keine Schmerzen haben und uns nur mit dem Laufen beschäftigen. Fast unbemerkt zieht die Landschaft vorüber, Getreidefelder und dahinter Wald, ändert sich nicht, nicht bis Nettgau, nicht bis Gladdenstedt, und auch um Radenbeck sieht es kaum anders aus.

Erst dort ahnen wir, einen Fehler gemacht zu haben. Die Bedienung im Café in Brome hatte von einem Gasthaus erzählt, aber das gibt es hier nicht. Inzwischen ist der Abend hereingebrochen. Wir fragen jeden, den wir treffen, viele sind es nicht in so einem Dorf. Und alle sagen dasselbe: Weder können wir hier übernachten, noch bekommen wir eine Mahlzeit. Wir müssen nach Jübar. Sieben Kilometer. Fünfunddreißig stecken uns bereits in den Gliedern. Ein Auto muss her, ein Bus, ein Traktor, ein Pferdewagen, was auch immer. Aber es ist wie verhext: Eben noch donnerten ständig Fahrzeuge vorüber, seit wir entschlossen sind zu trampen, kein einziges mehr.

Aber sind wir jemals im Stich gelassen worden? Nur Geduld!

Und tatsächlich, wie aus dem Nichts taucht ein Taxi auf. Wolfsburger Kennzeichen. Der Fahrer hat eine Dialysepatientin nach Hause gebracht. Macht er dreimal die Woche. Eigentlich dürfe er in diesem Revier nicht wildern, sagt er, als wir einsteigen. Wildern würde voraussetzen, dass andere Taxis auf uns warten. Welche denn, bitte schön?

In Jübar bekommen wir eine warme Mahlzeit, mehr aber auch nicht. Fast denke ich, die Kellnerin ist so weit, uns mit nach Hause zu nehmen. Eine Dusche und ein trockenes Plätzchen für unsere Schlafsäcke, mehr bräuchten wir nicht. Ich versuche, sie und den Gastwirt und die anderen Gäste bei ihrer Dorfehre zu packen, sage, dass wir noch immer irgendwo untergekommen seien. Daraufhin lächeln alle versonnen und geben vor, zu überlegen. Aber mehr, als dass wir am Sportplatz unser Zelt aufschlagen könnten, fällt ihnen nicht ein. Selbst ein ansehnliches Trinkgeld hilft nicht weiter.

Mit einem Mal habe ich keine Lust mehr zu kämpfen, was hier ohnehin mehr in ein Betteln ausartet. Soll niemand denken, uns könnte irgendetwas aus der Fassung bringen. Wir durchqueren zu Fuß ein ganzes Land, haben wahrscheinlich schon über tausend Kilometer zurückgelegt. Es wäre nur höflich, uns einen Schlafplatz zu geben. Aber wenn sie nicht wollen, pfeifen wir darauf.

Wir müssen uns nicht einmal verstellen, sind überhaupt nicht sauer, Robin nicht, ich nicht, und das wundert mich am meisten. Diese Gelassenheit, wenn ich sie nur konservieren könnte!

5. Juni 2008 – Bad Bodenteich

Der glutrote Sonnenuntergang gestern – wunderschön. Aber die Nacht! Bin wohl doch zu alt fürs Zelten. Erst kam mir der Boden noch angenehm weich vor. Doch dann schien er sich klammheimlich in eine Stahlplatte umzuwandeln. Unser Zelt ist für zwei Personen ausgelegt, und die sollten schon schlank sein. Mit den Rucksäcken lagen wir praktisch zu viert darin. Und so eng, wie unsere Schlafsäcke sind, kann man darin ja auch nicht, wie man will. Dazu dieses ewige Geräusch, fast wie das Rauschen einer Autobahn, wenn es zwischendurch nicht immer dumpf gepoltert hätte. Das muss das Spanplattenwerk gewesen sein, das wir unterwegs gesehen hatten.

Ich könnte gar nicht sagen, was mir alles wehtut, es drückt und zwickt überall, wie Ganzkörpermuskelkater in verschärfter Form. Robin liegt auf dem Rücken und schnarcht. Ich schäle mich aus dem Schlafsack, vorsichtig, um ihn nicht zu wecken, krieche aus dem Zelt. Platsch, auf Socken ins feuchte Gras. Noch mal zurück. Die Schuhe. Draußen strecke ich mich, gähne, strecke mich ein zweites Mal und versuche, meinen Körper zurechtzuschütteln. Dazu schickt die Sonne ihre ersten Strahlen.

Bald wird auch Robin wach. Unsere Körperhygiene fällt spärlich aus. Die letzten Tropfen aus den Wasserflaschen reichen zum
Zähneputzen.

Wir haben einen Mordshunger. Im Dorf soll ein Bäcker sein,
zumindest ein Verkaufsstand von einem von irgendwo, der an
drei Tagen in der Woche geöffnet wird. Also, wenn wir Glück
haben …

Haben wir. Berliner und Streuselkuchen. Mit dem kleinen
Frühstück hocken wir uns auf den Dorfplatz und bestaunen die
tausendjährige Linde mit ihrem knorrigen ausgehöhlten Stamm,
die oft Totgesagte, die vor Zeiten ihre stolze Krone einbüßte und
seither gebeugt wie eine klapprige Alte am Straßenrand der
Dinge harrt. Das Wahrzeichen von Jübar. Und dann gehen wir.

Auf der Straße nach Westen, die Sonne im Rücken, nach Ha-

Ein Baum wie ein Wunder – tausend Jahre alt

num, zurück zum Grenzstreifen. Hanum ist eine Gemeinde, die nur aus sich selbst besteht. Hundertachtzig Einwohner verteilt auf knapp zehn Quadratkilometer. Das Gemeindehaus an der Hauptstraße steht zum Verkauf, zweihundertzwanzig Quadratmeter Wohnfläche mit Garten für achtzigtausend Euro. Aber wen zieht's hierher?

Wo die Straße aufhört, beginnt ein Feldweg. Mais, Kartoffeln und Getreide, bis wir in ein Waldstück kommen. Gleich dahinter liegt Haselhorst, ein Dorf, das vor sich hin schlummert. Die Straße eine Schotterpiste, die Häuser grau wie zu DDR-Zeiten, einige leer, halb verrottet.

Wir grüßen einen Mann, der uns entgegenkommt. Robin grüßt jeden, dem wir begegnen, eine Art Freundlichkeitstest. Herr Beyer, einundachtzig, freut sich, als wir auch noch stehen bleiben, und fängt gleich an, sein halbes Leben vor uns auszubreiten.

Er beginnt Ende 1944. Deutscher Volkssturm. Hitlers letztes Aufgebot. Für den »Endsieg« wurden Kinder an die Front kommandiert. Er war siebzehn, kam zur SS-Leibstandarte. In der Eifel zerfetzten Granatsplitter seinen rechten Fuß. Kurz ins Lazarett, dann zurück in den Bombenhagel. Im Schützengraben schiss er sich in die Hosen, wie sich alle in die Hosen schissen. Die nackte Angst, unvorstellbare Angst. Angst, die einen sogar dazu bringt, sich selbst eine Kugel in den Kopf zu jagen. Oder den anderen, wenn man kann. »Im Krieg«, sagt er, »werden Menschen zu Bestien. Dir bleibt nichts anderes übrig. Wenn du überleben willst, musst du schießen, musst schneller sein als der Feind.« Später, in der Nähe von Budapest, verlor er den kleinen Finger seiner linken Hand. Vielleicht war es auch umgekehrt, zuerst Budapest und dann Eifel, aber was spielt das für eine Rolle? Er überlebte. Überlebte auch Dachau, das ehemalige KZ, nach dem Gemetzel, als Kriegsgefangener der Amerikaner.

Er überspringt fünfundvierzig Jahre oder auch ein paar mehr, zieht mit der Hand einen Strich quer über das Arbeitshemd, ungefähr auf Höhe seines Bauchnabels. Kurz nach der Wende schnitten sie ihm im Krankenhaus die Galle heraus, einen Teil vom Zwölffingerdarm und vom Magen und von der Bauchspei-cheldrüse. Keiner sagte ihm, warum. Oder er bekam es nicht mit. Oder er wollte es nicht mitbekommen. Erst als er vor Kurzem bei einer Untersuchung war, die riesige Narbe wuchert, sagten sie, er habe damals Krebs gehabt. Er weiß nicht, ob er das glauben soll. Doch selbst wenn es die Wahrheit wäre – »wenn du einmal im Krieg warst, kann dich nichts erschüttern, vor nichts mehr hast du Angst.« Außerdem, Krebs? Letztens, bei einem Fest, tanzte er mit einer Fünfzigjährigen. »Die hat sich vielleicht gewundert, wie flott ich noch bin.«

Dann kehrt er wieder zeitlich zurück, in die Sechzigerjahre, und örtlich, nach Haselhorst. Seine Söhne verschwanden in den Westen, ein Jahr vor dem Mauerbau. Ganze Familien aus dem Dorf gingen rüber. Er blieb. Und das hat auch mit dem Krieg zu tun. »Ich dachte damals: Alles, nur nie wieder einen Krieg! Und wo waren denn die, die gegen Hitler und die Nazis gekämpft hatten, die Kommunisten? Doch in der DDR. Ich glaubte an die Idee des So-zialismus. Vieles war auch nicht so schlecht, wie es jetzt hingestellt wird. In meinem Alter darf ich das sagen, ich hab es erlebt.«

Und dann ist er wieder ganz hier, ist der ehemalige LPG-Vor-sitzende, der über alles im Ort Bescheid wusste, lässt seine Blicke schweifen und schimpft über das alte Schulhaus, das jemand aus dem Westen gekauft hat, der es seit Jahren verfallen lässt. »Wisst ihr, früher lebten hier hundert Menschen, und die waren nicht alle unglücklich. Jetzt sind es noch vierzig, vielleicht fünfzig.« Viele sind weggegangen, einige sind auch hergezogen, aber mit den meisten Neuen will er nichts zu tun haben. »Einer war in der DDR kriminell, saß im Gefängnis und wurde in den Westen ab-geschoben. Worüber soll ich mich mit so einem unterhalten?«

Hinter Haselhorst gehen wir seit Langem mal wieder den Ko-lonnenweg. Das erste Stück erinnert an den Thüringer Wald. Dann kommen gleich wieder Felder und danach Wiesen. Am Rand von Waddekath, ein weiteres Minidorf, das nur Schritte von der Grenze entfernt lag, ein Rest alte Grenzmauer, auf dem »Nadine« gesprayt steht, daneben eine Grenzsäule. Aber das hält uns nicht auf. Wir haben wieder in den Eroberungsmodus umgeschaltet.

Dabei müssen wir das Bitte-nicht-weiter!-Schild übersehen. Vielleicht war auch keines da, angebracht wäre es gewesen. Dass wir auch nicht schlauer werden! Die atemberaubende Wuchshöhe des Grases hätte uns warnen müssen. Jetzt haben wir den Salat: Der Weg ist weg! Wir verfransen uns. Eine hinterhältige Gegend ist das. Viel Ackerfläche, wenig Wald, aber der wächst immer genau so, dass man den nächsten Ort nicht sehen kann.

Laufen Wege, die auf der Karte nicht existieren, laufen nach Gefühl, im Zickzack, so kommt es uns vor. Dann ist Lüben da, das halbe Dorf ein Museum. Das Motto: erfahren, wie unsere Großeltern und Urgroßeltern lebten. Im Hof einer Gastwirtschaft wird gesungen, eher gegrölt, trinkselig. Oder müssen solche Lieder so klingen?

Das letzte Stück ist das schlimmste: sechs, sieben Kilometer auf einer Landstraße, befahren wie eine Autobahn am Freitagnachmittag. Die Blechschlange reißt nicht ab. Gott sei Dank können wir den Radweg benutzen. Trotzdem: Die Strecke will und will nicht enden.

Bis eben war ich bester Stimmung, regelrecht ausgelassen. Wir haben die Lüneburger Heide betreten, zumindest die südöstlichen Ausläufer. Damit befinden wir uns praktisch im Dunstkreis von Hamburg, sind fast zu Hause. Wenn das keine gute Nachricht ist! Aber ich merke gerade, wie meine Laune umschlägt. Die Strecke setzt mir zu, die Sonne auch. Und weil ich meine Schwächen habe, kann ich mir nicht verkneifen, gegen Robin zu sticheln. Er hat uns diesen Weg eingebrockt. Er will morgen nach Hamburg. Seine Freundin macht bei einer Theateraufführung mit. Deswegen müssen wir einen Ort ansteuern, in dem es eine Bahnstation gibt.

»Dad, hör auf! Das ist nicht fair. Ich hab von Anfang an gesagt, dass ich mir das ansehen werde.«

»Und du bist sicher, dass das eine kluge Entscheidung ist?«

»Es ist wichtig. Ich hab es ihr versprochen.«

»Dadurch verlieren wir zwei Tage.«

»Einen Tag. Du hast selbst gesagt, wir müssen wieder einen Tag Pause einlegen. Jetzt werden es eben zwei. Kannst du dich mal richtig ausruhen.«

Dazu fällt mir nichts mehr ein. Er hat recht, uns jagt niemand, und prinzipiell finde ich es gut, dass er zu seiner Entscheidung steht. Ich bin auch gar nicht beleidigt. Es ist nur diese Straße.

Die Auswahl an Bahnhöfen ist in der Gegend nicht eben riesig. Genau genommen kommt nur Bad Bodenteich in Betracht. Nach einem gefühlten Fünfstundenmarsch entlang der Landstraße treffen wir dort ein. Da wir nicht auf Anhieb auf eine Herberge stoßen, die uns begeistert, und ich keine Lust habe, an der lauten Hauptstraße zu übernachten, bei einer Nacht wäre mir das egal, bei drei Nächten will ich's schön haben, nehmen wir die Touristeninformation in Anspruch. Zwei überaus freundliche Herren, die gleich Feierabend hätten, aber noch mit ganzem Einsatz etwas für uns suchen.

Es kostet sie nicht nur Zeit, sondern auch Nerven. Das neueste Hotel öffnet erst übermorgen, läge aber auch direkt an der lauten Durchgangsstraße. Ein anderes wollen sie uns nicht zumuten. Bei Möglichkeit drei und vier erreichen sie niemanden. Als telefonisch gar nichts mehr geht, schwingt sich einer von ihnen sogar aufs Rad: »Im Landhaus muss doch jemand da sein.« Er hat Glück, und dann haben wir Glück. Eine gemütliche Pension mit großem Garten. Hier lässt es sich aushalten.

8. Juni 2008 – Bergen an der Dumme

Die Pause tat gut, am ersten Tag. Der zweite Tag war zu viel. Es ging nicht weiter, das machte mich hibbelig. Mein Körper wunderte sich, wollte ständig in Bewegung sein. Sobald ich mich aufs Bett lümmelte, um meinen Beinen Erholung zu gönnen, erfasste mich Unruhe. Selbst beim Schreiben spürte ich sie. Also zog ich los, kaufte Proviant, vergaß die Hälfte, damit ich ein zweites Mal gehen konnte. Danach schaute ich mir in der Burg eine Ausstellung über das Reichsarbeitsdienstlager in Bodenteich an, während der Nazizeit trug der Ort noch nicht den Zusatz »Bad«. Und am Nachmittag radelte ich zu einem Café auf einem Bauernhof in Lüder, wo ein frei laufender Pfau die Gäste begrüßte, eskortiert von einer Katze, ein eigenartiges Pärchen. Ein Riesenstück Erdbeertorte, ein großes Glas Eiskaffee, und dann merkte ich schon, wie ich wieder ungeduldig wurde.

Zurück im Landhaus, gesellte ich mich zu drei älteren Damen, die im Garten saßen und plauderten. Dafür, dass sie gerade eine Schroth-Kur machten, wirkten sie überraschend gut gelaunt. Wärmepackungen, Tage, an denen man so gut wie nichts trinken darf und zu den Mahlzeiten fast nur Trockenfutter, möglichst ohne Fett und Eiweiß und nur mit wenig Salz. Dazu gebe ich das volle Kontrastprogramm ab. Ich muss zusehen, dass ich genügend Kalorien zusammenbekomme. An den Jeans merke ich es besonders, der Bund ist mittlerweile zwei Nummern zu weit. Fünf Kilo sind schon auf der Strecke geblieben.

Diese Sorge hätten die Frauen auch gern gehabt. Zwei kommen aus Berlin, die dritte ist Hamburgerin, sie wohnt bei uns um die Ecke. Sie lernten sich vor zehn Jahren im Landhaus kennen und treffen sich seither jedes Jahr einmal hier, um ihre Körper einer zweiwöchigen Generalreinigung zu unterziehen, wie sie das nannten. Sie erzählten mir alles über die entgiftende, entwässernde und entfettende Wirkung ihrer Kur.

Dann erzählte ich von unserer Wanderung, und wir sprachen über die Wiedervereinigung. Anscheinend hielten sie mich für einen waschechten Hamburger. Das passiert mir häufig. Auch in den neuen Bundesländern werde ich eher für einen aus dem Westen gehalten. Selbst mein bester Freund in Leipzig beschwert sich gelegentlich: »Du redest wie ein Wessi!« Und damit meint er weniger das Hochdeutsch als meine Wortwahl. Manchmal amüsiert mich das. Manchmal stimmt es mich auch nachdenklich. Dann vermisse ich das Stück meiner Biografie, das verloren gegangen zu sein scheint.

Das alles erzähle ich Robin, nachdem wir von Bad Bodenteich aus wieder unseren Grenzkurs aufgenommen haben. Als er gestern Abend zurückkam, haben wir nicht mehr viel gesprochen. Fußball lief. Zum ersten Mal, seit wir aufgebrochen sind, schalteten wir einen Fernseher ein. Gestern fing die Europameisterschaft an. Mal sehen, wie viele Spiele wir mitbekommen.

Robin ist auch jetzt schweigsam.

»Erzähl mal! Wie war's bei dir?«, frage ich.

»Gut.«

»Und das Stück?«

»Auch gut.«

»Habt ihr geredet?«

»Ja, schon.«

»Und? Alles wieder in Ordnung?«

»Weiß nicht. So wie vorher war's nicht.«

»Sondern?«

»Anders eben, irgendwie distanzierter.«

»Hast du sie gefragt, woran das liegt?«

»Sie behauptet, alles wäre normal. Aber ich spüre doch, dass es nicht so ist.«

Ich muss ihm jeden Satz aus der Nase ziehen. »Du willst nicht darüber sprechen?«

»Ich weiß nicht, was ich sagen soll.«

Es ist unübersehbar, er quält sich.

Inzwischen sind wir in Südfrankreich gelandet. So sieht es hier aus. Und es riecht auch so. Nach Pinien und nach trockenem Sand. Wir stecken in einem Waldgebiet, irgendwo zwischen … ja, wo eigentlich? Aber eine andere Richtung könnten wir sowieso nicht einschlagen. Nur dieser eine Weg existiert. Wie ein schmaler kilometerlanger Sandspielplatz zwischen Bäumen. Heller Sand in feinster Körnung, der in dem grellen Licht fast weiß wirkt. Als würden wir durch bewaldete Dünen stapfen und gleich an einem wunderschönen Sandstrand herauskommen. Das wär's doch mal.

Sind die Schmetterlinge heute eigentlich blind? Oder haben

die alle einen Sonnenstich? Ständig knallt mir einer gegen den Kopf, in vollem Flug, als wäre mein Gesicht durchsichtig.

Wir nehmen den Erdboden neben dem Weg, unter den Bäumen, etwas genauer unter die Lupe. Bodenunebenheiten könnten darauf hindeuten, dass früher Lochplatten dort lagen. Wir forschen so lange, bis wir die Wegplatten tatsächlich aufspüren, kurz vor Dahrendorf. Aber lange bleibt uns der lauffreundliche Betonuntergrund nicht erhalten. Wir hätten es uns ausrechnen können: Der Wald hört auf, Äcker beginnen. Und dort, wo die Sonne ganze Armeen von Gerstenähren viel zu schnell goldig gelb gebrutzelt hat, die jetzt notreif wie betrunken im warmen Wind torkeln, ist Schluss.

Am Ortsrand von Dahrendorf finden wir eine alte Eiche mit üppigem Blätterkleid. In ihrem Schatten nehmen wir eine Auszeit, essen die belegten Brote, die uns die Chefin vom Landhaus mitgegeben hat. Und während wir stumm vor uns hin kauen, schauen wir uns in der Gegend um. Nichts zu entdecken. Trotzdem ein schöner Moment. Eine Windböe lässt die Blätter rauschen. Der Himmel ein betäubendes Blau. Nur im Westen hat jemand Schäfchenwolken auf die Leinwand getuscht.

Dann fragt Robin, wie aus dem Nichts heraus: »Kann man sich eigentlich aussuchen, was für ein Mensch man ist?«

»Wie kommst du jetzt darauf?«

»Ist mir gerade durch den Kopf gegangen. Manchmal macht man doch Sachen, über die man sich hinterher ärgert.«

»Und du meinst, dass du dich dann nicht anders verhalten konntest, weil du so bist, wie du bist?«

»Könnte doch sein.«

»Du sprichst von Fehlern. Die macht jeder. Das wäre ja eine bequeme Ausrede: Ich hab zwar einen Fehler gemacht, aber ich kann nichts dafür, ich konnte nicht anders.«

»Deswegen frage ich ja.«

»Ich denke, jeder bekommt mit seinen Genen eine Art Grundgerüst. Veranlagung, Talent, Charaktereigenschaften, all das. Was man daraus macht, hängt letztlich von jedem selbst ab.«

»Die Anlagen, die man mitbekommt, legen die nicht fest, wie man ist?«

»Zum Teil bestimmt. Ich glaube, das ist wie bei einer Schatztruhe. Da weiß man auch erst, was drin ist, wenn man sie öffnet. Manch einer entdeckt seine Musikalität oder irgendein anderes Talent vielleicht nie, weil er sich nicht ausprobiert. Und andere finden womöglich Schwachstellen an sich, gegen die sie dann etwas unternehmen.«

»Du meinst, man kann seine Anlagen überrumpeln?«

»Denke ich schon, ja. Es gibt Menschen, die gleichen ihre Faulheit mit Disziplin aus oder suchen sich ein Umfeld, durch das sie ständig angetrieben werden. Man ist so, wie man sein will. Das entscheidet man selbst.«

»Und wenn ich etwas entscheide: Woher weiß ich, ob diese Entscheidung mir entspricht, ob ich dann auch ganz ich bin?«

»Du musst in dich hineinhören, Verschiedenes ausprobieren, auch Fehler machen, weil du den Wert einer Sache vielleicht nicht gleich erkennst, das gehört dazu. Und irgendwann spürst du es. Bereitet es dir Kopfschmerzen? Kannst du nicht schlafen deswegen? Oder fühlst du dich pudelwohl dabei?«

Bevor wir uns wieder aufraffen, beschließen wir, ab jetzt nur noch Straßen zu benutzen. Zu viele Felder, wir würden uns nur Ärger einhandeln. Also Dorfhopping: Harpe. Thune. Nienbergen. Belau. Eine verlassene Gegend, als wäre die Welt verreist. Ein einziger Radfahrer, ansonsten keine Menschenseele. Und nirgends eine Tränke in Sicht. Dafür ein großflächiges Plakat an einer alten Hauswand mit Werbung für Sprudelwasser, das in einer riesigen Flasche perlt – »nordisch, spritzig, frisch«. Genau, was man in dieser Hitze sehen will, wenn einem das Wasser ausgegangen ist.

Zieht alles an uns vorüber und bleibt zurück. Bleibt stehen, wir gehen weiter, immer weiter. Robin schweigt, ich schweige. Auf dem Weg habe ich gelernt, an nichts zu denken. Leere. Loslassen. Frei fühlen.

In Bergen ist wieder Leben. Bergen an der Dumme (vom altslawischen Wort *dabu* abgeleitet, das Eiche bedeutet) im südwestlichen Teil des Wendlands. Die Spitze des Kirchturms leitet uns ins Zentrum. Und gleich gegenüber, an der Straße, einst preußische Staatschaussee, lockt ein Hotel. Wieso halten wir nicht an und kehren ein? Nur so ein Gefühl. Erst mal schauen, was es noch gibt.

Wo der Ort fast aufhört, entdecken wir, wonach wir gesucht haben, ohne es zu wissen. Das merken wir nämlich erst, als wir davorstehen. Ein herausgeputztes Fachwerkhaus mit einem urgemütlichen Café. Bei dem Wetter sitzen die Gäste auf dem Hof, im Schatten unter Sonnenschirmen. Ein einziger Tisch ist noch frei, wie geschaffen für uns, als hätte er gewartet.

Zwei Frauen schmeißen den Laden, die Besitzerin, sie kommt aus Hamburg, und eine Angestellte aus den neuen Bundesländern. Die Erdbeertorte: zum Hineinsetzen! Robin wählt ein Stück mit Mohn und Marzipan und ist genauso hin und weg. Alles hausgemacht, erfahren wir. Spezialrezepte, von der Chefin kreiert. Eindeutig trägt das Café den falschen Namen. Tortenparadies – das wäre der richtige.

Hier will man nicht wieder weg. Und weil die Chefin so freundlich ist, höre ich mich fragen, ob wir bleiben können in diesem uralten Haus, für eine Nacht?

Wir dürfen.

Abends, alle sind weg, ist die Tortenkönigin, so haben wir sie getauft, wie eine Mutter zu uns. Heute spielt Deutschland. Damit wir fürs Abendessen nicht noch einmal los müssen und womöglich das Spiel verpassen, schmiert sie uns Schinkenbrote, garniert mit sauren Gurken, die wir vor dem Fernseher vertilgen. Dann geht sie nach Hause, und wir bleiben allein.

9. Juni 2008 – Lübbow

Unser erster Gang führt mal wieder zur Apotheke. Robin braucht ein neues Heuschnupfenmittel. Der Apotheker empfiehlt ein Spray und zeigt ihm eine Tabelle, in der all die Gräser aufgelistet sind, die zurzeit am meisten mit Pollen um sich werfen. »Eigentlich dürftest du dich gar nicht im Freien aufhalten, besonders nicht in die Nähe von Wiesen.« Na prima.

Später passieren wir Darsekau, ein unscheinbares Dorf auf der sachsen-anhaltinischen Seite. Und jetzt laufen wir auf die Grenze zu, über einen kopfsteingepflasterten Feldweg, an einem Waldstück vorbei, bis zur Dumme, dort halten wir uns rechts. Der Grenzverlauf schickt uns anstatt nach Norden erst einmal für viele Kilometer gen Osten.

Alles ist heute gegen uns: Die Lochplatten sind nicht zu finden, wir müssen über Wiesen. Und als wir neben einem alten Wachturm die Brötchen von der Tortenkönigin essen wollen, greift uns sofort ein Schwarm Killerbremsen an. Kurz danach landen wir auf einer riesigen Wiese mit mehreren Kuhweiden. Dankenswerterweise erklären uns zwei Bauern, die mit einem Jeep herangerast kommen, dass wir private Weidefläche betreten haben. Sie beschreiben uns, wie wir durchs nächste Waldgebiet zur Grenze gelangen, doch auf dem Weg ist kein Durchkommen: Brennnesseln, Pflanzen wie Monster, dunkelgrün und fleischig, sie reichen uns bis zur Brust. Und der Boden morastig. Zurück zum Wachturm, wir wechseln nach Niedersachsen – und dort gleich das nächste Problem.

Muss man sich vor einem Naturschutzgebiet fürchten, das Luckauer Holz heißt? Klingt doch ausgesprochen friedlich. Sieht höchstens ein bisschen nach Urwald aus, nach unberührter Natur und sumpfigem Untergrund. Aber der Weg, da hatten wir schon wesentlich schlechtere. Doch kaum sind wir tief genug vorgedrungen, um nicht mehr umkehren zu wollen, fallen Mücken und Bremsen über uns her, als hätte jemand einen Wettbewerb ausgerufen, wer von ihnen das meiste Blut aus unseren

Körpern zapft. Sofort legen wir einen Zahn zu, rennen fast, mit den Rucksäcken geht es nicht schneller. Auf Robin sind sie besonders scharf. Kann ich verstehen, sein Blut ist jünger, und er sieht einfach viel besser aus. Aber vielleicht soll er auch dafür bestraft werden, dass er das Autan ausgerechnet ganz unten im Rucksack verstaut hat. Einmal versuchen wir, es herauszuholen, und bleiben dafür stehen. Unmöglich. Gleich wird es düster um uns. Wir trauen uns kaum noch zu atmen, verengen unsere Augen zu Schlitzen, hasten weiter.

Wie lang drei Kilometer sein können! Obwohl wir kaum mehr als zwanzig Minuten brauchen, kommt es uns vor, als hielte uns die fliegende Stecharmee für Stunden gefangen. Zwanzig Minuten Dauerattacken. Als wir endlich aus dem Wald herausfinden, sind Robins Gesicht, sein Hals und die Arme mit Stichen und Quaddeln nur so übersät. Die wenigen, die ich abbekommen habe, sind dagegen nicht der Rede wert.

Man kann sich vorstellen, in welcher Verfassung wir Wustrow erreichen, dass uns Wustrow unter diesen Umständen wenig interessiert. Eine Stadt zudem, deren Ratsherren über sechzig Jahre benötigten, um ihrem einzigen Ehrenbürger, ein strammer Nazi der ersten Stunde, der sich bis zum Gauleiter empordiente, diese Würdigung wieder abzuerkennen. Noch ist es auch gar nicht so weit, aber es wird diskutiert und soll bald eine Entscheidung geben. Es wurde sogar ein Argument dagegen vorgebracht, das viele Jahre in der Stadtverwaltung kursierte: Mit dem Tod des Geehrten nach seinem Suizid im Frühjahr 1945 sei die Ehrenbürgerschaft ohnehin erloschen. Man glaubt gar nicht, in wie vielen Orten ähnlich verfahren wurde und wird. Allein Besagter gilt noch in fünf anderen als Ehrenbürger. Selbst in Städten wie Celle und Lüneburg, die nicht gerade hinterm Mond liegen, kam man erst im letzten Jahr darauf, dies zu ändern.

Immerhin hält uns ein kleines Café auf, kurz nur, sonst hält uns nichts. Ein Stückchen noch, denken wir und sind auch bereit. Aber schon in Lübbow geraten wir ins Grübeln. Knapp dreißig Kilometer haben wir, wenngleich wir davon einige im Kreis gelaufen sind, in den Gliedern stecken sie uns trotzdem. Und so bald scheint kein anderer Ort zu kommen, der groß genug sein dürfte für einen Gasthof mit Fremdenzimmern. Wir wissen es nicht, aber das hier sieht nicht wie eine Urlaubsgegend aus, mehr nach Bauernland. Und vor allem ist es nicht der richtige Tag, um es darauf ankommen zu lassen.

Viele Nachtquartiere gibt es auch in Lübbow nicht. Wir finden genau eines, auf einem Haflingerhof am Ortsende, und das ist prima.

Nachdem wir geduscht und uns etwas ausgeruht haben, bekomme ich Lust, Salzwedel zu erkunden. Wir sind sieben Kilometer entfernt, und ich habe die Stadt, in der Jenny Marx geboren wurde, noch nie gesehen. Robin auch nicht. Wer Jenny Marx war, weiß er gar nicht. Mein Vorschlag begeistert ihn auch nicht. Fast wäre ich allein losgezogen, doch dann überlegt er es sich anders. Ich vermute, ihm ist aufgegangen, dass er sonst kein Abendessen bekommen würde.

Wir erwischen den letzten Bus kurz vor neunzehn Uhr, zurück geht heute keiner mehr, aber darüber können wir später nachdenken. Mit hungrigem Magen kommt sowieso nichts Gescheites dabei heraus.

Schnell eine Innenstadtbesichtigung. Die Altstadt und die Neustadt, die auch schon mehr als siebenhundertfünfzig Jahre hinter sich hat. Beide nett anzuschauen, gepflegte Fachwerkhäuser neben Backsteingotik, die mich an Lübeck erinnert, niedliche Geschäfte, natürlich längst geschlossen. Und an jeder Ecke Werbung für den Salzwedeler Baumkuchen, der seit zweihundert Jahren gebacken wird. Selbst Kaiser Wilhelm I. ließ sich das Gebäck an den Hof liefern. Viel viel später, als längst nicht mehr Kaiser und Könige bestimmten, sondern ein Tischler die DDR regierte, wurde die Konditorenfamilie enteignet und die Baumkuchenproduktion vergenossenschaftlicht. Die einstige Chefin steckte man trotz ihres Alters von zweiundsiebzig Jahren ins Gefängnis. Sie hatte Baumkuchen in die Bundesrepublik geliefert und damit dem Sozialismus wertvolle Rohstoffe entzogen, befand ein Gericht.

Was einen beim Stadtrundgang verblüfft, sind die vielen Kirchen. Wir zählen fünf, und das sind wahrscheinlich nicht einmal alle. Wenn die Leute hier alle gläubig wären, dabei gehören rund achtzig Prozent überhaupt keiner Konfession an.

Gaststätten finden wir auch, müssen uns nur entscheiden, und für den Nachtisch sogar ein Eiscafé. Eine Weile sitzen wir nur da und warten, dass etwas geschieht. Aber es geschieht nichts. Dann haben wir genug gesehen und nehmen ein Taxi zurück. Kurz vor Lübbow hält auf der Wiese neben der Straße ein ehemaliger Grenzturm Wache. Eine Außenwand ist komplett mit einem grünen Transparent bespannt: »Hier wächst zusammen, was zusammengehört.« Und weiter unten: »Sachsen-Anhalt ... Wir stehen früher auf.«

Na dann, erst mal gute Nacht!

10. Juni 2008 – Zießau

Heute denken wir das erste Mal über das Ende unserer Wanderung nach. So richtig, meine ich. Vorgestellt haben wir uns diesen Moment schon häufiger: auf dem Priwall am Strand stehen, aufs Wasser schauen und mit einem Mal alles hinter uns haben. Das heißt, wir versuchten, uns ein Bild zu machen, wie es dann sein, wie es sich anfühlen wird. Aber es reichte immer nur zu einem kurzen Gedankenflackern, das gleich wieder weghuschte. Zu lang schien der Weg noch. Jetzt ist das anders.

Wir sind irgendwo zwischen Lübbow und Volzendorf, laufen durch Felder. Ein guter Weg für Gespräche. Wir waren vernünftig genug, von Anfang an auf den Kolonnenweg zu verzichten. Der Grenzstreifen wird auf beiden Seiten flankiert von Wiesen und Feldern, die wiederum sind durchzogen von unzähligen Gräben, dass es keinen Sinn gemacht hätte, danach zu suchen. Ausnahmsweise halten wir uns an den Radweg, wie es unsere Karte vorsieht.

Die Route ist nicht anstrengend. Kurven als einzige Abwechslung, die aber nur selten. Fürs Auge nur Kartoffel- und Mais- und

Getreideäcker, ab und zu kleine Waldstücke, mehr Baumgruppen, weiter entfernt mal eine Kirche und die Häuser kleiner Rundlingsdörfer, die fürs Wendland typisch sind. Nur kurz weichen wir vom Weg ab, überschreiten die Grenzlinie, um uns das brache Gelände anzusehen, auf dem einst das Dörfchen Jahrsau stand, knapp sechshundert Jahre, bis die Bauernfamilien in der DDR zwangsumgesiedelt und ihre Gehöfte geschleift wurden. Dann wieder zurück und weiter, weiter auch im Thema.

»Wie stellst du dir eigentlich unsere Ankunft vor?«, frage ich.

»An der Ostsee, meinst du?«

Ich nicke nur.

»Darüber habe ich auch schon nachgedacht. Aber ich weiß nicht, was ich wirklich will.«

»Dann geht es dir wie mir.«

»Manchmal denke ich, es wäre schön, unsere Mädels würden uns dort erwarten oder auch ein paar Freunde. Aber dann versuche ich mir das vorzustellen und finde es gar nicht so toll. Irgendwie ist es doch unsere Wanderung, unser Ding, das wir allein durchziehen. Und vielleicht sollten wir es auch so zu Ende bringen, nur wir zwei, vom ersten bis zum letzten Schritt.«

Ein paar Minuten laufen wir schweigend weiter, dann frage ich: »Beschließen wir das nun, oder wollen wir noch mal darüber nachdenken?«

»Weiß nicht. Ich hab auch überlegt, ob wir danach ein paar Tage an der Ostsee bleiben, uns ausruhen, abhängen.«

»Keine schlechte Idee. Vorausgesetzt, das Wetter bleibt so.«

»Vielleicht warten wir doch noch ein paar Tage ab, bevor wir das entscheiden.«

»So machen wir's. Ich kann mir sowieso gar nicht vorstellen, dass wir bald am Ziel sein sollen.«

»Wird bestimmt komisch, morgens nicht mehr loslaufen zu müssen. Nur den Rucksack, den werde ich garantiert nicht vermissen.«

Später kommen wir auf das Telefonat zu sprechen, das Robin gestern mit seiner Mutter führte. Sie hatte ihn angerufen, als wir in Salzwedel beim Essen saßen, und gemeint, die Wanderung würde uns bestimmt zusammenschweißen.

»Dad, uns muss nichts mehr zusammenschweißen, oder?«

»Denke ich auch nicht, nein. Aber vielleicht merken wir nur nicht, dass uns diese gemeinsame Erfahrung tatsächlich noch näherbringt.«

»Kann sein. Hast du das Gefühl?«

»Ich weiß nicht. Es war in letzter Zeit ja schon ziemlich schwierig zwischen uns. Vor der Wanderung, meine ich. Da dachte ich manchmal, ich verstehe dich nicht mehr und wir entfernen uns voneinander. Du kannst einen aber auch zur Weißglut treiben.«

»Dass wir uns nicht immer verstehen, kann ich nicht abstreiten. Aber ich habe nie einen Moment daran gezweifelt, dass ich mich immer auf dich verlassen kann, dass du für mich da bist, wenn ich dich brauche. Das ist irgendwie so klar wie ein Gesetz.«

»Gut, wenn du das so siehst. Nur bedeutet das leider nicht, dass du auch Ratschläge von mir annimmst und mal das tust, was ich sage.«

»Nicht immer ...«

»Zuletzt so gut wie nie.«

»Stimmt ja. Aber ich hab auch so meine Ideen und muss irgendwie meinen eigenen Weg finden.«

Ein Weilchen plätschert unser Gespräch dahin. Irgendwann hören wir auf, und jeder hängt seinen Gedanken nach. Bei mir sind sofort welche da, die ich sonst lieber verdränge: Unsere Ankunft wird gleichzeitig ein Abschied werden. Mit jedem Schritt kommen wir der Ostsee ein Stück näher und damit auch der Trennung. Nach der Reise wird Robin ausziehen, wegziehen. In den letzten Tagen hab ich mich ein paarmal ertappt, wie ich mir wünschte, noch zwei, drei Monate mit ihm durchs Land ziehen zu können, wenn es sein müsste, auch zu Fuß. Nur, um nicht ankommen zu müssen. Das ist natürlich Quatsch. Robin freut sich auf den neuen Abschnitt in seinem Leben. Und ich sollte das auch tun, schon für ihn.

Apropos ankommen: Damit tun wir uns heute schwerer, als

ich vermutet hätte. Die Strecke zieht sich wie Kaugummi. Wiesen und Felder und Felder und Wiesen, dazwischen Gräben und einzelne Bäume wie zu einer Besprechung auf einem Platz gruppiert, oder es hocken geduckt ein paar Büsche beieinander.

Über Schmarsau gelangen wir nach Sachsen-Anhalt, zum Arendsee, Perle der Altmark, weiter wollen wir heute nicht. Wir bleiben auch gleich am Nordufer, im Dörfchen Zießau, das Schild eines Gasthauses mit Pension lockt uns hin.

Den Rucksack loswerden, duschen und den Rest des Tages genießen. Mit Robin an meiner Seite. Jetzt, da es aufs Ende unserer Reise zugeht, erlebe ich diese gemeinsame Zeit noch bewusster, intensiver. So lange war es immer selbstverständlich, dass wir zusammen sind, jetzt wird es zu etwas Besonderem, etwas sehr Wertvollem.

In der Pension leihen wir uns Fahrräder aus und strampeln los. Einmal um den See herum, zehn Kilometer. An der Ruine des Benediktinerklosters halten wir. Mit dem Bau des Klosters, der erst Handwerker und dann Händler anlockte, begann auch die Geschichte von Arendsee, dem Ort. Als 1208 die ersten Nonnen einzogen, waren die Arbeiten längst nicht beendet, sie sollten Jahrzehnte dauern.

Auf dem Innenhof sind zwei Mühlsteine ausgestellt, die zu einer Mühle gehörten, die einst im See versank, als die Erde unter ihr einbrach. Es war kein Erdbeben, das dazu führte. Die Gegend liegt über einem Salzstock. Vor Hunderten von Jahren kam es mehrfach zu solchen Erdeinbrüchen, dadurch ist der See überhaupt erst entstanden. Beim letzten, 1685, wurde die Mühle »geschluckt«, und weil sie einem Müller Arend gehörte, erhielt der See seinen Namen. Belegt ist das nicht, aber überliefert wurde es so.

Hinter dem Kloster beginnt auch gleich die Stadt, oft geschunden – besonders während des Dreißigjährigen Krieges und danach, 1831, beinahe vollständig vernichtet durch ein Feuer, das eintausend Menschen obdachlos machte – und doch stets wieder neu erblüht. Selbst zu DDR-Zeiten nicht vergessen, obwohl sie

Ein Blick zum Träumen – der Arendsee

denkbar nah am Grenzgebiet lag. Im Gegenteil, jeden Sommer
strömten Urlauber hierher, bevölkerten den Campingplatz und
füllten alle Ferienheime bis aufs letzte Bett. Aber es gab strenge
Vorschriften: Der See durfte nur bis zur Mitte bepaddelt und be-
schwommen werden, sein Nordufer war gänzlich tabu. Dort
standen zwar auch Urlaubsdomizile, doch die waren ausschließlich für Stasi-Mitarbeiter und Parteifunktionäre reserviert, erzählt uns jemand im Ort und nennt es das »Bonzenufer«.

Die interessanteste Geschichte finden wir woanders, auf dem
Gelände des »birlokal zum alten gustaf«. Hier erinnern Schauta-
feln an einen, der den Ort und die Gegend nicht nur einmal in
Aufruhr versetzte, damals, Ende des 19., Anfang des 20. Jahrhunderts: Gustav Nagel, der sich selbst *gustaf nagel* schrieb, da er
meinte, die Rechtschreibung durch Lautschrift und generelle
Kleinschreibung revolutionieren zu müssen. Und das war noch
die unauffälligste Eigenheit an ihm. Nagel kam als Kind mit seiner Familie nach Arendsee. Die Lehrer hielten ihn für künstle-
risch begabt und außerordentlich intelligent. Da er sich vor allem

beim Rechnen auszeichnete, schickte ihn der Vater in eine Kauf-
mannslehre, doch die Ausbildung schlug dem Sohn aufs Gemüt.
Er erlitt einen psychischen Knacks, magerte bis auf die Knochen
ab, schmiss die Lehre und krempelte sein Leben um. Fortan
hauste er in einer Erdhöhle, beschäftigte sich mit Naturheilkunde
und den Lehren des Pfarrers Sebastian Kneipp, bei dem er mehrere Kaltwasserkuren absolvierte. Er verschmähte Alkohol, lehnte
auch Nikotin ab, ernährte sich ausschließlich vegetarisch. Und
bald lief er herum wie ein Jünger Jesu: barfuß, selbst im Winter,
und lediglich mit Lendenschurz oder einem weißen Umhang be-
kleidet. Die Haare wallten über seine Schultern, der Bart spross
zottelig bis auf die Brust. Er war fest davon überzeugt, ein Leben
entdeckt zu haben, das einen gesund hielt und glücklich machte,
zog umher und predigte seine autodidaktisch gewonnenen Weis-
heiten, um auch andere auf den rechten Pfad zu führen. Anfangs
wurde er belächelt, manche erkannten in ihm sogar eine Gefahr,
zerstörten immer wieder seine Erdhöhlen und sorgten dafür,
dass er kurzzeitig entmündigt wurde. Doch davon ließ Nagel sich
nicht beirren, er pilgerte durch halb Europa, nach Palästina und
Jerusalem, fand immer mehr Anhänger, besonders Frauen fühlten sich von ihm angezogen. Vielleicht auch, weil seine Mannes-
kraft aufgrund der gesunden Lebensweise als legendär beschrieben wurde. Dreimal heiratete er, zeitweise lebten gleich zwei
Frauen mit ihm, mindestens sechs Kinder soll er gezeugt haben,
die genaue Zahl ist nicht bekannt. 1910 kaufte er das Seegrund-
stück, auf dem heute das »birlokal« steht, legte einen Naturgarten
an, baute einen Tempel, eine Kurhalle. Tausende strömten zu
ihm, seine Anhänger, aber auch Neugierige, die das Reich des berühmten Sonderlings sehen wollten. Nagels Mitteilungsdrang
schien keine Grenzen zu kennen. 1924 gründet er sogar eine
eigene Partei, um in den Reichstag einziehen zu können, was ihm
jedoch nicht gelang. Als er nach der Machtergreifung Hitlers gegen Judenverfolgung und Krieg predigte, verboten die Nazis
seine Schriften, steckten ihn erst in eine Nervenheilanstalt, dann
ins Konzentrationslager Dachau, später wieder in die Nervenkli-

nik, wo er den Krieg überlebte. In der DDR wurde er zunächst als Antifaschist geehrt. Als er jedoch den Herzog von Cumberland zum neuen deutschen König krönen wollte, zweifelten auch die DDR-Regierenden an seinem Verstand. Erneut kam er in eine Nervenheilanstalt, es war die gleiche wie unter den Nazis. Dort starb er 1952 an Herzversagen.

Vom Nagel'schen Tempel steht nur eine Ruine, die ehemalige Kurhalle gibt es noch. Wir lassen alles hinter uns, laufen weiter über die Strandpromenade, dann durchs Zentrum, am sanierten Rathaus vorbei, zum Supermarkt am Ortsrand. Proviantkauf für morgen.

Im Regal entdecke ich die Schokolade meiner Kindheit. *Schlagersüßtafel.* Milchschokolade mit Erdnüssen. Wer hat sich diesen Namen nur ausgedacht? Und warum habe ich mich früher nie darüber gewundert? Zu Hause gab es selten Schokolade. Und wenn, wussten wir, dass Wochenende ist. Obwohl, richtige Schokolade war das eigentlich nicht. Nur sieben Prozent Kakaoanteil, falls überhaupt. Automatisch lege ich eine Tafel in den Korb. Dass sie viel zu warm ist, hält mich nicht ab. Ich will wissen, ob sie noch genauso schmeckt wie früher. Außerdem muss Robin sie probieren. Er hat sie noch nie gegessen. »Na ja …«, kommentiert er hinterher. Auf dem Rückweg wird uns beiden etwas flau im Magen. Macht bestimmt die Hitze.

11. Juni 2008 – Lütkenwisch

Über Nacht ist das Wetter umgeschlagen. Hatte sich gestern Abend bereits angedeutet. Während wir beim Essen saßen, war ein kräftiger Wind aufgezogen und hatte dicke Wolken über den See geschoben. Und jetzt meint so ein verrückter Hahn vom Nachbarhof, er müsse uns auf diese Neuigkeit unbedingt als Erster hinweisen. Fünf Uhr zwölf. Kräht mit einer Lautstärke, als säße er direkt vor unserem Fenster. Eine halbe Stunde versuche ich, sein heiseres Gekrächze zu ignorieren. Dann stimmen auch noch die Schweine in dem Freigehege hinterm Haus mit ein, quieken vergnügt drauflos. Und gemeinsam schaffen sie es: Müde pelle ich mich aus der Decke und stehe auf. Nur Robin, der kriegt mal wieder nichts mit.

Im Vergleich zu gestern hat sich die Temperatur ungefähr halbiert: vierzehn Grad. Nach den heißen Tagen ungewohnt, aber keineswegs unangenehm. Schwere Wolken hängen tief am Himmel.

Durch den Wald pirschen wir uns nach Ziemendorf, ein unspektakulärer Ort, schlichte Häuser, die Gärten gepflegt, gut zweihundert Einwohner, in der Dorfmitte, an der Straße, eine unprätentiöse Backsteinkirche. Selbst die alte Grenzkaserne fällt nicht aus dem Rahmen, alle Fenster sind heil, die Mauern in verschiedenen Pastelltönen gestrichen. Ein Bayer hat sie gekauft und zu einem Hotel hergerichtet.

Dreißig Minuten brauchen wir von hier, dann sind wir wieder an der ehemaligen Grenze. Und der Plattenweg präsentiert sich in einem Zustand, wie wir ihn zuletzt im Harz vorgefunden haben. Müssten wir Punkte vergeben, eine glatte Zehn bekäme er. Ich bin begeistert. Robin weniger. Er ist schlecht drauf. Ein neuer Tiefpunkt. Ich versuche es ein paarmal, aber er lässt kein Gespräch zwischen uns zustande kommen. Irgendwann sage ich: »Okay, ich lass dich in Ruhe. Wenn du dir deinen Kummer von der Seele reden willst, sag einfach Bescheid.«

Es dauert ungefähr zwei Stunden, dann ist er so weit. Wir sind regelrecht geflitzt, bis der Weg plötzlich an einer Wiese aufhörte, auf der eine Storchenfamilie durchs Gras stakste, die sich von uns nicht stören ließ. Jetzt laufen wir auf einer Straße, werden gleich Bömenzien erreichen.

Robin hat schlimmen Liebeskummer. Dachte ich mir's doch.

»Weißt du, manchmal kann ich es gut verdrängen. Heute funktioniert das irgendwie nicht. Ärgert mich ja selbst«, sagt er traurig.

»Ich kenn das. Es zieht einen total runter, und man glaubt, man kann nichts dagegen tun.«

»Kann man doch auch nicht.«

»Wenigstens versuchen kannst du es. Meistens hilft schon, seine Gedanken mal auszusprechen. Damit Platz wird für neue. Sonst bewegst du sie nur in deinem Kopf hin und her, und das blockiert dich völlig. Und du musst einen Weg finden, andere Gedanken zuzulassen. Gedanken, die dir guttun.«

»Und was für Gedanken sollen das sein?«

»Was hältst du zum Beispiel davon, dich erst einmal richtig gut zu finden?«

»Ha ha, sehr witzig.«

»Überhaupt nicht. Du bist ein toller Kerl!«

»Ich fühle mich nur gerade gar nicht toll.«

»Das meine ich, dein Selbstwertgefühl ist im Keller. Dagegen solltest du etwas tun. Doch was mich an deiner Stelle am meisten ärgern würde: Da versaut dir jemand den Tag, obwohl er gar nicht da ist. Ihr habt nicht mal miteinander gesprochen. Trotzdem lässt du sie über dich bestimmen.«

»Ich verstehe ja nur nicht, warum sie sich kaum meldet und auf meine SMS nicht reagiert. Sonst war es immer anders.«

»Aber das ist es doch. Frag dich mal, ob du wirklich mit einem Menschen zusammen sein willst, der dich die meiste Zeit unglücklich macht.«

»Macht sie doch gar nicht. Sie zieht sich nur so zurück, und ich weiß nicht, warum.«

»Robin. Wie lange geht das jetzt schon? Du hast ihr gesagt, wie du dich dabei fühlst. Und? Hat sich etwas geändert?« Und dann rutscht mir doch heraus, was ich eigentlich nicht aussprechen wollte: »Man kann niemanden zwingen, einen zu lieben.«

»Das weiß ich auch ... Ach, lass uns davon aufhören.«

Ich glaube, er spürt sehr genau, was ihm bevorsteht. Er will es nur noch nicht wahrhaben.

Er sagt jetzt nichts mehr. Ich rede allein weiter, erzähle von gescheiterten Beziehungen und was ich alles angestellt habe, um mit Trennungen klarzukommen. Manche waren nicht so schwierig, andere kleine Tragödien, schmerzhaft waren sie alle. Und immer dachte ich: Beim nächsten Mal, da stellst du es gescheiter an. Aber dann verheddert man sich doch wieder in seinen Gefühlen, wird selbst verletzt oder verletzt andere, ist beides unangenehm. Vielleicht am gefährlichsten für eine Beziehung, Liebe und Vertrauen einmal vorausgesetzt, sind Erwartungen. Sobald man anfängt, vom anderen etwas zu erwarten, betrachtet man ihn mit anderen Augen, ob man will oder nicht. Das fängt bei Kleinigkeiten an. Plötzlich sieht man nicht mehr, was ist, sondern was nicht ist, was sein könnte, was man sich erhofft. Mitunter deckt sich beides, doch das ist eher selten, auf Dauer gesehen. Erwartungen sind wirklich tückisch, aber wer ist schon völlig frei davon?

Kurz vor Aulosen lenken uns zwei Männer ab, die am Straßenrand aus einem klapprigen Ford steigen. Sie postieren sich vor einer gewaltigen Eiche und starren in die Höhe. Einer der beiden spricht uns sofort an und fragt, ob wir zu Fuß unterwegs seien.

Wie kommt er denn darauf?

Aber er will uns nur warnen: Wir sollen vorsichtig sein, in dieser Gegend sind Insekten unterwegs, die Eichenbäume befallen und auch für Menschen nicht ungefährlich sind. Eichenprozessionsspinner. Im Süden Deutschlands sind diese Viecher bekannt. Dort waren sie schon häufiger eine Plage. Eigentlich sind es Schmetterlinge, doch bevor sie dazu werden, richten sie als Raupen Unheil an, fressen ganze Eichen kahl, gelegentlich auch Buchen. Und im dritten Larvenstadium, genau jetzt, tragen sie Haare, die ein Eiweißgift enthalten und beim Kontakt mit menschlicher Haut Entzündungen hervorrufen. Wer solche Härchen einatmet, was leicht passieren kann, da sie vom Wind weit durch die Luft gepustet werden, kann Bronchitis, Asthma oder Husten bekommen oder auch Fieber oder einen allergischen Schock. Die Männer suchen nach Nestern, um sie abzuflammen.

Jetzt vergeht mir das Sprechen auch. Halte meinen Mund lieber geschlossen. Auf dem Baum, vor dem wir stehen, haben die beiden ein großes Nest ausgemacht. Und Wind weht gerade auch genug, mehr als das, ein Sturm scheint aufzukommen. Und mit ihm nähert sich eine Regenwand. Wir können zusehen, wie der Vorhang sich zuzieht. Mit einem Schlag ist der Himmel duster, es plätschert los, wird heftiger, bricht herunter, als würden Wannen über uns ausgeschüttet. Mal ein echter Test für unsere Capes. Sie halten aus, obwohl auch der Wind gewaltig an ihnen reißt und zerrt.

Von Stresow sehen wir dadurch nicht viel. Stresow gibt es als Ort auch gar nicht mehr, nur noch als Gedenkstätte, mit einem Modell der Grenzanlagen, einem Aussichtsturm und einem Findling, der die Erinnerung an das Dorf wachhalten soll, das einstmals hier stand und wie Billmuthausen und Jahrsau und all die anderen zwangsleergesiedelt und abgerissen wurde.

Aber uns hätte es auch bei besserem Wetter schnell weitergetrieben, denn gleich dahinter erreichen wir den ersten Deich. Und auf einmal sind wir ganz unruhig und aufgedreht wie Kinder an Weihnachten vor der Bescherung. Irgendwo da vorn muss die Elbe fließen.

Sind wir ihr wirklich schon so nah?

Wir können es kaum erwarten. Flotter sind wir nur im Luckauer Wald marschiert, als uns die Bremsen-Mücken-Schwärme attackierten. Der Deich schlängelt sich viel zu umständlich nach Norden. Aber egal, flitzen wir eben noch ein bisschen schneller. Niemals hätte ich gedacht, mich so zu freuen, diesen Fluss zu sehen. Erklären kann ich das auch nicht. Ein verrückter Zustand. Vielleicht ist die Elbe meine Heimat? Verbindet die Vergangenheit mit der Gegenwart. Wittenberg liegt an der Elbe und Hamburg auch. Warum bin ich nicht in München gelandet? Oder in Köln geblieben, am Rhein?

Dann wächst der Kirchturm von Schnackenburg vor uns, wird mit jedem Schritt größer, den wir näher kommen. Seine Spitze piekst in eine Wolke, die so tief hängt, als wollte sie sich auf Schnackenburgs Dächern ausruhen. Doch bevor wir die kleine Backsteinhäuserstadt erreichen, reißt urplötzlich der Himmel auf. Vor einer Minute hätte ich das nicht zu hoffen gewagt. Aber natürlich hatte ich mir gewünscht, dem Strom im Sonnenschein entgegenzutreten. Das haben wir uns auch verdient. Viel Platz

Der Deich, Schnackenburg, nur der Fluss ist noch nicht die Elbe

machen die Wolken noch nicht, doch die Sonne quetscht sich sofort hervor. Ein Blick, er könnte nicht schöner sein!

Im Alten Fischerhaus, in dem das Grenzlandmuseum untergebracht ist, erhalten wir eine Liste: die Grenzopfer im Landkreis Lüchow-Dannenberg von 1945 bis zur Wende, sechsundzwanzig Personen. Doch für heute ist das keine Lektüre mehr. Damit beschäftigen wir uns morgen. Oder später. Jetzt wollen wir die Elbe erst einmal nur als friedlichen Fluss betrachten.

In Schnackenburg bleiben wir nicht. Wir stehen auf dem Wasser, auf einer kleinen Fähre, ihr Besitzer hat sie »Ilka« getauft, und setzen über ans andere Ufer. Dort ist Brandenburg, das nächste Bundesland, und dort ist Lütkenwisch, ein Dorf, das die DDR auch beinahe nicht überstanden hätte. Leersterben lassen wollten es die Regierenden. Sobald die Besitzer eines der Bauerngehöfte das Zeitliche gesegnet hatten, wurde es abgerissen. Die Nachfahren durften ihr Erbe nicht antreten, weil es sich im Sperrgebiet befand. Auf dem Deich, bevor es zum Wasser hintergeht, stand der Grenzzaun. Ab hier war die Elbe Grenze, fast hundert Kilometer der Nordsee entgegen. Der Plan wäre fast aufgegangen. Gerade noch dreizehn Menschen lebten hinter dem zum Grenzwall missbrauchten Deich, als die Elbe wieder ein gesamtdeutscher Strom wurde. Jetzt sind es ungefähr dreißig. All das erzählt uns die Wirtin des einzigen Cafés, während wir Kuchen verputzen und über eine Wiese aufs Wasser schauen.

Im Haus nebenan werden drei Zimmer vermietet. Eines ist bereits vergeben. Wir überlegen nicht lange. Denn das wird uns sofort klar: An der Elbe ist die Konkurrenz bei der Suche nach Übernachtungsplätzen entschieden größer. Selbst an einem wettermäßig durchwachsenen Tag wie heute strampeln eine Menge Radler über die Piste auf dem Deich. Das dritte Zimmer ist dann auch gleich weg. Und kurz darauf kommen die Nächsten und ärgern sich.

12. Juni 2008 – Hitzacker

Der Mann hat Urlaub und ist trotzdem pünktlich. Wir sitzen noch beim Frühstück, als vorm Haus ein Auto hält. Wir sehen den Wagen, den er am Telefon beschrieben hatte, durchs Fenster. Ein Mann steigt aus. Curryfarbenes Haar, kurz geschnitten, der Vollbart im gleichen Ton, Sonnenbrille. Wir haben uns noch nie gesehen, aber das muss er sein: Gerd Theiß, unsere einzige Verabredung, die wir vor der Wanderung ausgemacht haben.

Ich hatte gedacht, wir müssten ein Stück auf dem Wasser der Elbe schippern, um wirklich hier gewesen zu sein. Deshalb hatte ich Kontakt zu Gerd Theiß beim Wasser- und Schifffahrtsamt Magdeburg aufgenommen. Und jetzt steht er hier.

Mit seinem Auto fahren wir Richtung Osten, ein Stück zurück oder stromaufwärts, wie die Schiffer sagen, jedenfalls nach Cumlosen. Auch ein Dorf hinterm Deich. Hier ist Gerd Theiß 1954 geboren und aufgewachsen. Stets die Elbe vor der Nase. Dass es ihn auch beruflich zum Wasser zog, war dann nur logisch. Binnenschiffer wurde er, erst Matrose, später Maschinist und Schiffsführer. Gern wäre er zur DDR-Handelsflotte gegangen, die großen

Pötte befuhren die Weltmeere, das aber klappte nicht. Zumindest ins kapitalistische Ausland gelangte er auch mit den Elbkähnen. Das kapitalistische Ausland, die BRD, begann dort, wo der Strom Boizenburg hinter sich lässt. Theiß war viel auf dieser Strecke unterwegs, zwischen Wittenberge und Hamburg meist, schiffte Braugerste, Salz, Düngemittel und Maschinen zum Hamburger Hafen. Für jeden Tag, den er auf dem westlichen Elbabschnitt verbrachte, gab es zwölf D-Mark zum Ostgehalt.

Wir halten am Sportboothafen von Cumlosen. Die ehemalige Zoll- und Grenzstation. Hier mussten alle Boote anhalten und wurden kontrolliert. Am Schnackenburger Ufer, auf der anderen Seite, wo wir gestern die Elbe erreichten, befand sich die westdeutsche Kontrollstelle.

Am Anleger wartet Bernd Danehl auf uns, der Schiffsführer der *Gorleben*, ein Arbeitsboot des Wasser- und Schifffahrtsamtes. Die Männer fahren nicht extra für uns. Wir begleiten sie auf ihrer normalen Arbeitstour. In der Kajüte der Duft von frisch gebrühtem Kaffee.

Hundertfünfundneunzig Pferdestärken treiben das Boot voran. Klingt gewaltig, doch auf dem Wasser reichen die gerade für siebzehn Stundenkilometer, und das auch nur mit der Strömung, wie wir jetzt fahren. Aber immerhin: mehr als das Dreifache unserer durchschnittlichen Laufgeschwindigkeit. So liegt Lütkenwisch schnell hinter uns. Und da das Haus, in dem wir übernachtet haben. Und nebenan das Café. Gegenüber noch ein Blick auf Schnackenburg, dann kommt eine Weile nichts, nur weite Wiesen rechts und links ein Stückchen Wald. Aber herrlich, diese Strecke.

Bernd Danehl und sein Messmatrose peilen die Fahrrinnentiefe und kontrollieren Baken und Tonnen, die der Markierung des Fahrwassers dienen, Baken an Land, Tonnen im Wasser, die hätte ich Bojen genannt, aber im Fachjargon sind es Tonnen. Gerade in diesem Abschnitt muss die Wassertiefe täglich neu erkundet werden, da auf dem Boden ständig Sandbänke wandern. Ideal wäre eine Fahrwassertiefe von zweieinhalb Metern.

*Mit dem Arbeitsschiff »Gorleben« dreißig Kilometer auf
der Elbe – stromabwärts*

Zurzeit herrscht allerdings Niedrigwasser, das macht es noch gefährlicher.

Wir stehen draußen, hinter der Kajüte, und lassen uns den Wind um die Ohren pfeifen. Und Gerd Theiß erzählt, von früher und von heute, und als ich ihn nach seiner Familie frage, sagt er: »Ich bin ein typisches Wendeopfer.« Sagt es keine Spur verbittert. Und erklärt: Die Grenze war kaum offen, da reiste seine Frau in den Westen, nahm den gemeinsamen Sohn mit, blieb gleich dort und wollte auch nicht, dass er, ihr Ehemann, nachkommt. Das freie Leben sollte für sie ein ganz neues sein, ohne Altlast. Ob er das verstehen konnte? Als wäre es darum gegangen. Die Zeiten waren halt so. Zahllose Ehen zerbrachen auf diese Weise. Nur die Sache mit seinem Sohn … da wird er still. Sie haben keinen Kontakt mehr. Und ich bin der Falsche, um sich das vorstellen zu können.

Dann erzählt er von seiner Frau, der jetzigen, und seine Augen leuchten wieder, strahlen geradezu. »Ich habe mich gerächt«, erklärt er und lacht, er lacht überhaupt gern. »Meine erste Frau verlor ich an den Westen. Also angelte ich mir die zweite im Westen. Ausgleichende Gerechtigkeit.« Seine Gisela stammt aus Hamburg, lebt auch dort in der Nähe, heute noch, sie führen eine Wochenend- und Urlaubsehe, seit zehn Jahren schon.

Ich hätte nicht daran gedacht, dass wir auf dieser Route an Gorleben vorbeifahren. Doch am Ufer steht ein Schild: »Sportboothafen Gorleben«. Und auch das wäre mir wahrscheinlich nicht aufgefallen, zu unscheinbar, hätten daneben nicht zwei Angler ihr Zelt aufgeschlagen. Sportboote und Angeln, das fällt einem bei Gorleben zuallerletzt ein. Mit diesem Ort assoziiert man Castor-Transporte und Nuklearmüll, oberirdische Zwischenlager und unterirdisches Erkundungsbergwerk. Welch ein harmloses Wort, als handele es sich um einen Abenteuerspielplatz. Auch tief unter der Elbe verlaufen Schächte, in einen Salzstock getrieben von West nach Ost.

Nach zweieinhalb Stunden der Hafen von Dömitz. Endstation. Wir gehen von Bord. Die Männer der *Gorleben* kehren um. Ihr Arbeitsabschnitt endet an diesem Punkt. Gerd Theiß kommt mit uns an Land. Seine Frau holt ihn ab, holt ihn zurück in den Urlaub, den er für diese eine Fahrt mit uns extra unterbrochen hat. Zum Dank laden wir die beiden in ein Café ein. Sie kennen das beste im Ort, es liegt gleich im Hafen, auf dem Dach eines ehemaligen Kornspeichers, den ein Düsseldorfer Millionär zu einem Hotel ausgebaut hat. Von oben können wir ganz Dömitz überblicken, können auch hinübersehen zum anderen Ufer, zu den Restbögen der alten Bahnbrücke, die in den letzten Kriegstagen von alliierten Truppen gesprengt und danach nicht wieder komplettiert wurde, all die Jahre führte sie ins Nichts.

Dömitz ist der südlichste Ort Mecklenburg-Vorpommerns. Das Stück Brandenburg, das an der Grenze lag, haben wir auf dem Boot hinter uns gelassen, dreißig Kilometer, die wären sonst ein Tagesmarsch gewesen. Wir könnten also ein Zimmer nehmen, hierbleiben, die Flachlandfestung aus dem 16. Jahrhundert besichtigen, die neogotische Johanniskirche und was das verträumte Backsteinstädtchen noch zu bieten hat. Doch wir wittern unsere Chance: Es ist noch nicht einmal Mittag. Wenn wir jetzt loslaufen…

Wir laufen los. Quer durch Dömitz, so verpassen wir nichts. Die dunkelroten Backsteinhäuser in den Kopfsteinpflastergassen haben sich dicht aneinandergeschmiegt. Still stehen sie da. Einzig auf dem Platz vorm Rathaus herrscht ein wenig Betriebsamkeit. Zwei Frauen huschen vorüber, und ein Auto bummelt heran, schwankt auf dem gewölbten Pflaster wie ein Paddelboot auf der Elbe.

Wir steigen den Deich hinauf und werfen einen Blick auf die Festungsanlage, während wir den Ort verlassen.

Plötzlich ist alles so anders. Um den Weg brauchen wir uns keine Gedanken mehr zu machen. Unsere Karte können wir verstauen. Die Strecke entlang der Elbe: perfekt ausgebaut. Vom Kolonnenweg gibt es nur noch kurze Abschnitte, der größte Teil wurde für Radwanderer durch asphaltierte oder betonierte Wege ersetzt. Keine Schlaglöcher, nicht die geringsten Unebenheiten, dazu der Blick aufs Wasser, Laufluxus pur.

Erst in Rüterberg halten wir. Den Ort, in dem im Herbst 1989 eine Dorfrepublik ausgerufen wurde, wollen wir sehen. Zweiundzwanzig Jahre lebten die Rüterberger wie in einem Freiluftgefängnis, eingesperrt zwischen zwei Grenzzäunen. Nur durch ein Tor, das am Ortsende noch steht und damals ständig von Grenzern bewacht wurde, kamen sie hinaus und wieder hinein, und das auch nur zwischen fünf Uhr morgens und elf Uhr abends. Ansonsten war es wie in den meisten Grenzorten: Unliebige Familien wurden zwangsausgesiedelt, deren Gehöfte eingeebnet. Von knapp fünfhundert Einwohnern waren es zuletzt noch hundertfünfzig. Wie sie diese Zeit ertrugen, steht hier nicht. Anfang November 1989, als die Tage der DDR gezählt schienen, aber es noch kaum einer glauben wollte, trommelte ein Schneidermeister seine Nachbarn zur Einwohnerversammlung zusammen und schlug vor, aus dem Dorf nach Schweizer Vorbild eine Dorfrepublik zu machen, unabhängig und frei. Alle stimmten zu.

Wie aus dem Katalog: Robin auf dem Elbdeich

Doch tags darauf war die Dorfrepublik schon Geschichte, in Berlin fiel die Mauer, auf einmal waren alle frei.

Wir laufen nach Wehningen und dann weiter nach Bohnenburg, Wilkenstorf, Raffatz, Strachau. Sind das eigentlich Orte oder nur die Namen einzelner Gehöfte? Die Schilder am Deichweg sind winzig klein, einige übersehen wir wahrscheinlich auch, wenn wir gerade mal wieder einen schönen Blick auf die Elbe geboten bekommen. Ich kann mich daran nicht sattsehen, obwohl die Aussicht auf dem ganzen Weg ähnlich bleibt: Wiesen bis ans Ufer, das Wasser und alle paar Kilometer mal ein Boot. Es sind die Wolken, die dem Ganzen eine besondere Note verleihen. Wie mit reichlich Farbe hingetuscht. Sattes Grau in unterschiedlichen Schattierungen. Tief hängen sie und schwer wirken sie, als würden sie die Landschaft breit drücken.

Robin scheint etwas gelangweilt. Er kommt auf seltsame Ideen. Im Moment stellt er sich vor, wie es wäre, würden wir plötzlich wieder an einem der Orte unserer Wanderung auftauchen. In Schauberg etwa, wo er sein kleines Konzert gab, oder in Allendorf bei Ottilie und Viktor oder in Duderstadt bei Carola und Mario oder in Wülperode ...

»Meinst du, das würde wieder genauso sein?«, fragt er.

»Kann man sich irgendwie nicht vorstellen, oder? Aber wir können ja umdrehen, wenn wir an der Ostsee waren, und die ganze Strecke zurücklaufen. Alle Stationen noch einmal, dann wissen wir es.«

»Hallo, da sind wir wieder! Die Leute würden bestimmt nicht schlecht staunen. Lass uns das machen!«

»Toller Vorschlag! Und dann wieder zurück. Immer hin und her. Wir können sowieso nicht einfach aufhören. Wirst sehen, unsere Beine werden sich beschweren.«

Wir blödeln noch ein bisschen herum und denken an die Leute zurück, denen wir begegnet sind. An die flüchtigen und an die weniger flüchtigen Begegnungen.

Kurz vor achtzehn Uhr sind wir in Herrendorf. Ein Stück dahinter die Fähre zum anderen Ufer. Keine Minute hätten wir später kommen dürfen. Der Fährmann legt ab, und für heute ist es die letzte Fahrt hinüber nach Hitzacker.

Musik dröhnt zu uns aufs Wasser. Die hochwassergeplagte Stadt feiert Schützenfest, hat sich farbenprächtig geschmückt mit Wimpeln und Fahnen wie sonst nur, wenn jemand aus der niederländischen Königsfamilie anreist. Was schon einige Male vorkam, da Prinz Claus, der verstorbene Gemahl von Königin Beatrix und Vater von Kronprinz Willem-Alexander, ganz in der Nähe geboren wurde, auf Gut Dötzingen, das verwaltungstechnisch zu Hitzacker zählt. Heute. Deswegen betrachten viele Einheimische Claus von Amsberg, so sein bürgerlicher Name, als Sohn der Stadt. Und deswegen steht hier auch ein Denkmal für ihn, eine Büste, die Königin Beatrix vor drei Jahren höchstpersönlich enthüllte.

Doch die Musik, die auf dem Festplatz aus zahlreichen Boxen schallt, verschiedene Titel gleichzeitig, ist ein Täuschungsmanöver. Die Party pausiert. Geisterstimmung. Der Autoscooter steht still, und die Buden mit ihren bunten Flackerlichtern sind verwaist. Gelangweilt warten die Schausteller auf Kundschaft. Verschränkte Arme, Kaugummi knatschende Münder, stumpfe müde Blicke. Selbst im großen Festzelt verlieren sich nur drei junge Männer, die auf einen Plasmabildschirm starren. Fußball läuft. Gerade wurde Deutschland gegen Kroatien angepfiffen. Deshalb also. Wir sehen uns das Spiel in einem Gasthof an. Zwei Einzelzimmer sind noch frei, Dusche und WC auf dem Flur, für alle. Manchmal darf man nicht wählerisch sein.

13. Juni – Neu-Bleckede

Ist das schon der Endspurt? Wie viele Kilometer noch? Zweihundert? Weniger? Langsam werden wir ungeduldig. Deshalb müssen wir auch nicht jede Gasse von Hitzacker erkunden. Um neun Uhr legt die erste Fähre ab. Wir sind gleich wieder an Bord.

Mit uns setzen zwölf Radfahrer über, die das morgendliche Gedränge auf der kleinen Fähre amüsant finden und ihre Witzchen reißen. Wirklich amüsant ist, wie sie sich dabei mit Sprüchen gegenseitig zu übertreffen versuchen, obwohl keiner einen Kracher landet. Es sind alles ältere Pärchen, bis auf zwei junge Frauen aus Hamburg, die wir in dem Café in Lütkenwisch kennengelernt haben und seitdem ständig treffen, jetzt schon das fünfte Mal.

Empfindlich kühl ist es geworden. Die Wolken sind dichter, ein scharfer Nordwestwind treibt sie eilig über uns hinweg. Ein hypnotisierendes Schauspiel. Ohne Anfang, ohne Ende. Ständig ändern sich ihre Formationen, wie im Zeitraffer. Ganz selten mal reißt das Grau auf, und die Sonne lugt hervor. Aber diesen Moment darf man nicht verpassen, magisch ist er, verwandelt den grau schimmernden Fluss urplötzlich in ein glitzerndes Silbermeer. Für Sekunden, wenn man Glück hat, für ein paar Minuten.

Ich trage den Fotoapparat in der Hand, stecke ihn nicht mehr ein. Weil sich da oben ständig etwas verändert, schieße ich ständig Fotos. Das blinzelnde Elbwasser mit Wolken. Die stille Landschaft hinterm Deich mit Wolken. Eine Schafherde mit Wolken. Nur Robin und Wolken. Reetgedeckte Häuser mit Wolken. Die Klötzie, eine Hügelkette, die mit dem Grün von Kiefern, Eichen und Buchen die andere Uferseite rahmt, auch die – mit Wolken.

Nachdem wir ein ganzes Stück hinter uns gebracht haben, setzen wir uns einfach hin, wo wir gerade stehen, auf den Deichweg, neben eine Schafherde, die von einem Netzzaun aus Plastik auf der Wiese gehalten wird. Ein Lamm ist ausgebüxt. Es tapst unruhig am Zaun hin und her, kommt auch mal zu uns, blökt und kehrt wieder um, als wollte es nur »Hallo!« sagen. Wir erschrecken, dann lachen wir und blöken mit, fangen ein richtiges Gespräch an.

Vielleicht sind es freundliche Schafe, die uns warnen wollen. Da wir aber mit dem Rücken zum Wind sitzen und überhaupt mit der Schaf-Mensch-Konversation viel zu beschäftigt sind, merken wir nichts. Erst als Regentropfen auf den Asphalt platschen, es sind gleich ganz viele ganz große, drehen wir uns um, und im selben Moment springen wir auf.

Bis Vockfey ist der Guss vorbei. Es wird wieder taghell.

Vockfey war einst ein Dorf. Davon stehen nur noch wenige Gehöfte. Und wir können uns denken, wie es dazu kam. Zwangsaussiedlungen. Vertreibungen. Fluchten. Der Fluch der Grenze.

Bisher hatten wir uns gesträubt, uns an der Elbe mit diesem Thema intensiver zu befassen. Die Grenzopferliste aus dem Museum in Schnackenburg steckt im Rucksack, ziemlich weit unten. Dieses Stück der Wanderung wollten wir einfach mal nur genießen. Aber der Geschichte kann man nicht entkommen. Nicht hier.

Kurz vor Vockfey wurden wir förmlich mit der Nase drauf gestoßen. »Gedenkstätte Zwangsaussiedlung« stand in roten Buchstaben auf dem Wegbeton, dazu ein Pfeil, der nach rechts wies und dem wir folgten. Und nun stehen wir hier und lesen. Ein kleines Häuschen als Mahnstätte, an den Wänden Kopien geheimer DDR-Behördenakten. Daneben Mauerteile und Steine abgerissener Bauernhöfe zu einer Pyramide gestapelt.

Was vor allem betroffen macht, sind Listen von Personen, die vor ihrer Ausweisung von Polizei und Stasi als missliebig eingestuft wurden. Namen, Geburtsdaten, Beruf, Familienstand, die letzte Spalte für »Bemerkungen«, mit denen die Betroffenen klassifiziert wurden: »Feind der Sowjetunion« oder »Offener Feind der DDR« oder »Bewohnt allein 5 Zimmer, verweigert die Aufnahme von Mietern« oder »Soll Plakate abgerissen haben« oder »Gastwirt, in der Wirtschaft ständig Rias« oder »Riashetzeverbreiter«. Dadurch wird das Ungeheuerliche vorstellbarer, irgendwie.

Dieser Stopp raubt uns die Leichtigkeit. Ich hatte es befürchtet. Jetzt weiter herumalbern und Wolken mit dem Fotoapparat schnappschießen, das geht nicht. Wir setzen unseren Weg schweigend fort. Das Thema werden wir heute nicht mehr los. Kurz vor Darchau ein alter Grenzwachturm und kurz dahinter ein zweiter. Den sehen wir schon, obwohl wir erst mal bleiben, in Darchau, direkt am Deich ein gemütliches Café.

Und worüber kommen wir mit der Besitzerin ins Gespräch? Geht das überhaupt anders, wenn man so lange am Grenzzaun lebte? Sie erzählt, dass sie den Zaun nicht fotografieren durften. Wenn sie es doch taten, absichtlich oder aus Versehen, er stand schließlich direkt neben dem Haus, wurden von den Aufnahmen im Labor keine Abzüge gemacht, oder sie wurden aussortiert. »Gesagt haben sie im Fotogeschäft nie etwas, aber bestimmt mussten sie es der Stasi melden.« Einmal jedoch ist ihnen das verbotene Objekt entgangen. »Wir hatten eine Blume fotografiert, die im Fenster stand. Und da war im Hintergrund ein Stück vom Zaun zu sehen.«

Nach dem zweiten Stück Torte, und das waren schon Riesenportionen, legt Robin noch ein drittes Stück nach. Dann ziehen wir weiter, laufen auf dem Deichrücken durchs gemähte Gras. Der Betonweg verläuft ein Stück tiefer, rechts neben dem Deich. Hier oben ist es zwar zugiger, dafür hätten wir unten eine schlechtere Sicht, keine aufs Wasser. Und außerdem würden sich die Schwalben längst nicht so freuen. Sind das freche Biester! Fliegen im Zentimeterabstand an uns vorbei, umkreisen uns in

Mahnmal und Wochenendhaus – ein Grenzturm an der Elbe

einem Tempo, dass einem vom Zusehen schwindlig wird. Und manchmal bremsen sie vor uns in der Luft, wie auch immer sie das hinkriegen, es sieht beeindruckend aus, und drehen sofort wieder um. Alles im Tiefflug, auf Kniehöhe.

Erst denken wir, sie treiben nur ihren Spaß mit uns. Aber dann geht uns auf, dass ihre Spielchen gar keine sind. Dadurch, dass wir durchs Gras stapfen, schrecken wir alle möglichen Insekten auf. Und die schnappen sie sich.

Wir laufen noch ungefähr sechzehn Kilometer, immer den Deich entlang, ohne uns noch eine Verschnaufpause zu gönnen. Das lässt das Wetter nicht zu. In unregelmäßigen Abständen, die kürzer werden, wehen düstere Wolken heran und schicken Schauer. Kaum hat der Wind unsere Capes getrocknet, prasselt der nächste nieder.

Wie zwei durchweichte Vogelscheuchen kommen wir nach Neu-Bleckede. Der Himmel verdunkelt sich gerade wieder, als wäre es fünf Stunden später. Wir wollen mit der Fähre nach

Bleckede übersetzen. Es ist das Bleckede, aus dem Jörg Immendorf stammte, der verstorbene Malerfürst. Aber dann entdeckt Robin am letzten Haus, das gleichzeitig auch das erste ist, kommt man vom Fluss, ein kleines Schild: »Ferienzimmer zu vermieten«.

Wir schellen, eine Frau, Ende vierzig vielleicht, öffnet und beäugt uns skeptisch, ist dann aber angetan von unserer Unternehmung – »Ach, zu Fuß seid ihr!« – und überlässt uns das einstige Gesindehaus neben dem einstigen Deichvogthaus, in dem sie mit ihrer Familie wohnt, zauberhaft hergerichtet mit antiken und mit neuen Möbeln, zwei Etagen nur für uns.

Unter der Dusche stelle ich mir vor, wie es früher hier zugegangen sein muss, und ich denke an Storms Novelle *Der Schimmelreiter*. Hauke Haien, der Deichgraf, ein Klassiker, in der DDR Schulstoff, nicht der schlechteste, einmal gelesen, vergisst man ihn nie. Doch als ich den Wasserstrahl wieder ausdrehe, verfliegen diese Gedanken. Ich höre Musik, ein Lied, das ich kenne. »My life is a highway, but I don't have a car.« Robin hat im Wohnzimmer eine Gitarre entdeckt. Besser könnte der Tag für ihn nicht ausklingen.

Wenn es nach ihm ginge, würden wir jetzt auch hierbleiben. Aber wir müssen doch noch nach Bleckede. Der Hunger treibt uns über den Fluss. Und während wir vorher mit unserer Gastgeberin noch über den Grenzturm sprechen, der wie ein Mahnmal vor ihrem Haus thront (ein Berliner Künstler kaufte ihn gleich nach der Wende den Grenztruppen ab, für zwölftausend Ostmark, munkelt man, und richtete ihn als schlichtes Wochenendhäuschen her), radelt ein älteres Pärchen heran. Zielgerichtet hat es das Deichvogthaus angesteuert, um hier zu übernachten. Beide sehen nass aus wie wir vorhin und beileibe nicht glücklich. Der Mann kann es nur besser verbergen, er schweigt. Als die Frau jedoch hört, dass wir ihnen die Unterkunft weggeschnappt haben, wettert sie los. Ausgerechnet Wanderer!

»Sie sind bestimmt die zwei Grenzwanderer?«, fragt sie, und ich bilde mir ein, eine Portion Missachtung herauszuhören.

»Woher wissen Sie das?«, frage ich verdutzt zurück.

»Wir waren auch in dem Café in Darchau. Die Chefin hat von Ihnen erzählt. Und anderen Wanderern sind wir nicht begegnet.« Sind wir jetzt schon Gesprächsstoff auf der Strecke?

14. Juni 2008 – Witzeeze

Und am Morgen ist es gleich wieder präsent, das Thema, dem wir kurz entrinnen wollten, hier an der Elbe. Die Grenze. Das ehemals geteilte Land. Der alte Wachturm, er steht schief im Morgenlicht, leicht zum Wasser geneigt, als würde er dem Fluss seinen Gruß darbieten. Oder täuscht das, bilden wir uns das nur ein? Weil wir uns selbst so fühlen, dass wir uns verneigen wollen vor dem Strom, der Deutschland durchfließt, schon immer durchfloss, welche Zeiten auch waren, von Südost nach Nordwest, über siebenhundert Kilometer, wie eine Lebensader.

Das Thema ist auch da, weil wir unseren Gastgebern nicht einfach nur »Auf Wiedersehen« sagen. Es ist Wochenende, sie sitzen am Frühstückstisch, wir wollen eigentlich nur zahlen, nicht stören, aber dann bleiben wir doch ein bisschen. Weil uns dieses Plätzchen am Deich gefällt, uns als Besuchern, und wir wissen wollen, wie es ist, immer hier zu sein.

Dadurch erfahren wir, dass sie auch erst Mitte der Neunzigerjahre herkamen. Ihre ältere Tochter war schon geboren, die kleine noch nicht. Aus dem lauten Berlin zogen sie in die Stille. Aus Westberlin. Aber schon diese Stadt war nicht ihre Heimat. Sie stammen aus der DDR. Beide haben studiert und hatten qualifizierte Arbeitsplätze im Ludwigsfelder Automobilwerk, ein Volkseigener Betrieb, in dem die Lastwagen der DDR hergestellt wurden. Aber beide waren sie auch kritische Geister, denen vieles gegen den Strich ging in der sozialistischen Republik. In Berlin, im Ostteil, kamen sie mit Stephan Krawczyk und Freya Klier und anderen Oppositionellen in Kontakt, die sich regelmäßig im Schutz der evangelischen Kirche versammelten, nicht unbedingt die DDR nicht mehr wollten, jedoch ihre geistige Enge und das

Eingesperrtsein. Und als die Regierung 1984 überraschend vierzigtausend Ausreisewillige gen Westen ziehen ließ, weil es einfach zu viele geworden waren, stellten auch sie schnell noch Ausreiseanträge, darauf hoffend, gleich mitgehen zu können. Doch sie wurden ins Gefängnis gesteckt und erst später, nach ihrer Entlassung, von der Bundesrepublik freigekauft. Ihr Rechtsanwalt war Wolfgang Schnur, ein hochrangiger Diener der evangelischen DDR-Kirche, der zahlreiche Oppositionelle vertrat. Richtig berühmt wurde er im Chaos der Wendemonate, als er es zum Vorsitzenden des Demokratischen Aufbruchs schaffte, die noch unbekannte Angela Merkel zur Pressesprecherin erkor, nicht zuletzt wegen seiner engen Kontakte zu ihrem Vater, auch ein Mann der Kirche, dann aber als Inoffizieller Mitarbeiter der Stasi enttarnt wurde und in der Versenkung verschwand.

Wir unterhalten uns mehr über damals als über heute. Die Zeit dazwischen bleibt irgendwie undeutlich. Es ging ihnen nicht schlecht im Westen Berlins, nachdem sie gehen durften, und dann in der wiedervereinten Hauptstadt. Aber etwas trieb sie weg, zurück, hierher. Sie sagen, sie kennen viele, die wie sie aus der DDR ausgereist waren und inzwischen zurückgekommen sind in dieses Stück Deutschland, das einmal ihre Heimat gewesen war und jetzt wieder ist, sehr viele. Vielleicht war das mit der Heimat niemals anders, auch als sie fort waren, und es ist ihnen in der Fremde nur erst so recht bewusst geworden? Kann sein, meinen sie.

Wir nehmen diesen Gedanken mit und laufen los, viel zu spät, erst gegen elf. Aber wir wissen gleich, in die Quere kommen kann uns heute nichts, wir werden unser Pensum auch so schaffen. Es fällt jetzt schwer, sich treiben zu lassen. Zu nah das Ziel, und im Kopf ständig der Befehl: Voran! Jetzt nur nicht nachlassen! Und dabei werden wir sogar immer schneller.

Aus dem Deich wird eine Baustelle, bleibt eine fast bis Boizenburg. Zu Fuß stört das kaum. Radfahrer kommen uns entgegen, sie müssen auf andere Wege ausweichen. Wir bleiben auf der Strecke, uns genügt ein Streifen Wiese. Manche Pedaltreter grüßen aus der Ferne, dann grüßen wir winkend zurück. Einmal ruft eine Frau uns zu: »Wohin?« Und wir antworten: »An die Ostsee.« Es klingt, als jubele sie. Wir verstehen ihre Worte nicht, doch die Begeisterung in ihrer Stimme schwappt zu uns herüber. An die Ostsee! Wie fern das einmal klang und wie nah es jetzt klingt. Sie tritt weiter, wir schreiten weiter. Kein Stillstand, alles zieht vorüber, wir schweben, wir fliegen. So soll es sein.

Kurz vor Boizenburg geht das östliche Niedersachsen zu Ende, der Teil, der erst nach der Wiedervereinigung Niedersachsen wurde. Dahinter noch einmal Mecklenburg-Vorpommern, das achte Bundesland, das wir streifen. Es reicht bis an die Küste, bis ans Ziel. Eins fehlt jetzt noch, nur noch eins!

Dann kommen wir nach Boizenburg, in die Stadt der Fliesen, mit dem traditionsreichen Werk, das zu DDR-Zeiten halb Europa mit Keramikfliesen versorgte, vor allem den westlichen Teil, sodass es für die eigene Bevölkerung nicht reichte. Boizenburger Fliesen erster Wahl aufzutreiben war für Normalbürger ungefähr so kompliziert, wie einen fabrikneuen Trabi vor Ablauf der üblichen Wartefrist zu ergattern, und das waren zwölf bis vierzehn Jahre. Wieder etwas, das für Robin außerhalb des Vorstellbaren liegt. Aber er hört solche Geschichten gern. Wie Kinder gern Märchen hören oder phantastische Erzählungen, so erkläre ich mir das.

Also mache ich weiter und erzähle von unserem Trabi, in dem er als Baby herumkutschiert wurde. Natürlich hatte auch ich einen neuen bestellt, gleich als ich achtzehn wurde, das machte man so, und vorher durfte man ja nicht, man musste erst erwachsen sein. Mit dreißig hätte ich den dann bekommen, frühestens. Aber als Robin geboren wurde, besorgten wir uns einen gebrauchten. Neun Jahre hatte der auf dem Buckel oder sogar zwölf, genau weiß ich das nicht mehr, kostete aber fast so viel wie ein neuer. Auf diesem Gebiet war die realsozialistische DDR sehr kapitalistisch: minimales Angebot, riesige Nachfrage, das bestimmte den Preis.

Zu Boizenburg kann ich sonst nichts erzählen. Fliesen sind das

Einzige, was ich mit der Kleinstadt verbinde, die ich auch noch nie gesehen habe. Wir betreten sie beide zum ersten Mal. Aber das geht ja schon die ganze Zeit so: Die alten Geschichten habe ich Robin voraus, alles andere entdecken wir gemeinsam, ist genauso neu für mich.

Hier sind es zuerst Wegweiser: Dublin. Kalkutta. Alesund. Kerava. Warum ausgerechnet diese Orte? Sehnsucht? Fernsucht? Dann Fachwerkhäuser, viele kleine Brücken über die Boize, das Flüsschen, das in die Elbe mündet, und enge Gässchen mit geduckten Klinkersteinfassaden. Erst am Marktplatz ein Hauch von Großzügigkeit, das Rathaus mit barockem Fachwerk als Mittelpunkt und die St.-Marien-Kirche als freundliche Nachbarin, die ihm die Stunden schlägt. Markt muss gewesen sein. Die letzten Händler (oder sind es die einzigen?) verstauen Plastiktüten mit Kinderkleidung und Kisten mit Obst und Gemüse in Transportern. War es ein gutes Geschäft? Zwei schwarze Augen fixieren uns, kurz nur, dann ein Schulterzucken, keine Antwort, was auch eine sein könnte.

Und dann ärgern wir uns wirklich. Aber das hat nichts mit dem stummen Händler zu tun und nichts mit dem wochenendstillen Städtchen, das wir schnell durchschritten haben. Wo ist jetzt die Elbe? Wir dachten, hofften, ein paar Kilometer blieben wir noch an ihrer Seite. So ist es auch, im Prinzip, nur sehen wir sie nicht mehr, Wald trennt uns. Und der Weg führt immer weiter weg. Ich kann nicht erklären, was so anders war neben der Elbe, von der Landschaft abgesehen. Aber das Gefühl war ganz anders.

Ich frage Robin: »Ging dir das auch so?«

»Doch, schon«, sagt er und überlegt. »Vielleicht weil sie nach Hamburg fließt, fast an unserer Haustür vorbei.«

Die nächste Stunde verbringen wir auf einem Radweg neben einer Bundesstraße, den wir für uns allein haben, und bald liegt Lauenburg vor uns. Lauenburg wäre auf jeden Fall einen Abstecher wert, doch den gönnen wir uns nicht, nicht heute. Erstens, weil wir die Stadt kennen, und zweitens, weil wir unbedingt noch ein paar Kilometer bewältigen wollen. Dass wir im Moment die alte Grenze überschreiten und unsere Füße zum ersten Mal bei der Wanderung auf schleswig-holsteinischen Boden setzen, motiviert umso mehr. Das neunte Bundesland, das letzte!

Mit einem kräftigen Schwenk nach Norden biegen wir auf die Zielgerade ein. Eine denkbar lange Zielgerade, aber auch eine unglaublich kurze, betrachtet man die Strecke, die hinter uns liegt.

Dieser Gedanke treibt uns weiter und beschäftigt uns ein Weilchen. Ich jongliere mit Zahlen, die für Kilometer stehen. Wie viele bleiben noch? Aber diese Rechnung mache ich jetzt nicht auf. Welche Zahl auch immer herauskäme – lächerlich. Das sollte mich beruhigen, macht mich aber unruhig. Ich bin gespannt aufs Ende.

»Bist du auch so aufgekratzt?«, frage ich Robin.

»Ja. Die ganze Zeit glaubte ich, es dauert noch ewig, und jetzt sind wir dem Ziel auf einmal so nah. Ich muss ständig daran denken, wie wir losgelaufen sind.«

Ich hätte mich gern weiter mit Robin unterhalten, aber irgendwie sind wir beide zu unruhig, um ein vernünftiges Gespräch zustande zu bringen. Und so laufen wir einfach nur nebeneinander her und kommentieren hin und wieder einfach nur, was wir sehen.

Noch stiller wird es hinter Lanze, wo wir auf einen für Fahrzeugverkehr gesperrten Weg wechseln, auf dem wir dem Elbe-Lübeck-Kanal immer näher kommen, bis wir direkt neben ihm laufen. Kilometerweit, ohne jemandem zu begegnen und ohne dass wir ein Gefühl dafür bekämen, wo wir wirklich sind. Nichts prägt sich ein, nichts wird bleiben, bis auf den Kanal, der keinen Schwung mehr hat, träge fließt, als würde auch er sich am Wochenende ausruhen.

Es nieselt jetzt, und so langsam sollten wir uns einen Platz für die Nacht suchen. In Dalldorf finden wir nichts, dafür in Witzeeze. Gleich am Wasser steht ein Gasthaus.

15. Juni 2008 – Zarrentin

Ich werde wach und denke über das Ende nach, das Ende unserer Reise. Das geht jetzt ständig so. Wie wird es sein? Und was kommt danach? Das will ich gar nicht. Die Gedanken sind mir lästig, scheinen noch nicht angebracht, aber ich kann es nicht steuern. Überhaupt habe ich das Gefühl, nicht mehr richtig bei der Sache zu sein, nicht bei der Strecke und nicht bei den Orten, die wir durchstreifen. Robin meint, ihm gehe es genauso. Vor allem die Orte, sie berühren uns nicht, sie halten uns nicht fest, sie schicken uns weiter, kaum dass wir sie erreicht haben. Als wüssten sie besser als wir selbst, was gut für uns ist, wie das manchmal bei guten Freunden ist.

Witzeeze ist so ein Ort, der uns gleich fortschickt heute Morgen, die Nacht genügte, und danach sind es Fortkrug und Leisterförde, Langenlehsten und Gallin. Vergessen der eine fast, sobald wir den nächsten erreichen, und beim nächsten ist es wieder so. An den Ortschaften liegt das nicht, sondern an uns, an der Situation. Es sind die Gedanken an den Abschied, der uns bevorsteht, die unseren Blickwinkel verändern und uns das andere intensiver erleben lassen: das Miteinander, selbst wenn es noch so unspektakulär ausfällt.

So empfinde ich das, auf der Wiese hinter Witzeeze an einer alten Schleuse des noch älteren Grenzflüsschens Stecknitz, wo das Gras nicht mehr von Menschenhand gestutzt zu werden scheint und alles überdeckt, was uns helfen könnte, einen Weg zu finden. Wie wir, beschienen von der Morgensonne, durchs hohe, noch feuchte Gras stapfen, wie einer die Richtung ahnt und der andere, ihm vertrauend, folgt und wie wir doch einen Weg finden, den richtigen sogar, der mit Lochplatten gelegte – das prägt sich ein. Später der Sprung über den Bahndamm prägt sich ein und das Eintauchen in den Wald, in dem die Spuren der Grenze nicht mehr ausfindig zu machen sind, selbst für uns nicht. Und danach unsere stille Rast am Gedenkkreuz für Michael Gartenschläger. Ein freigekaufter DDR-Häftling, der hier, an einem Grenzknick bei Bröthen, im Frühjahr 1976 eine Selbstschussanlage vom Grenzzaun abmontieren wollte, um sie westdeutschen Medien zu präsentieren. Zweimal war ihm das zuvor gelungen, doch diesmal hatte ihn jemand aus seinem Bekanntenkreis in Hamburg, wo er inzwischen lebte, an die Stasi verraten. Als er sich im Dunkel der Nacht dem Zaun näherte, blitzten plötzlich grelle Scheinwerfer auf und machten eine gut sichtbare Zielscheibe aus ihm. Ein Sonderkommando der Stasi, das seit Tagen auf ihn lauerte, soll ihn regelrecht hingerichtet haben. Mit hundertzwanzig Schüssen, steht auf einem Stein, aber das stimmt nicht. Die Schützen hatten ihn genau im Visier, weitaus weniger genügten. Beerdigt wurde der Tote auf einem Friedhof in Schwerin – als unbekannte Wasserleiche aus der Elbe.

Wie verlassen Kreuz und Stein, doch wir können nicht gleich umschalten. Als hätten wir in der Zeitung einen Bericht gelesen, der uns nahegeht. Nicht wirklich fassbar, aber auch nicht einfach auszublenden. So war es jedes Mal an solchen Orten, und so ist es jetzt wieder. Es dauert seine Zeit. Manchmal reden wir darüber, und manchmal schweigen wir auch, so wie jetzt.

Erst ein Gewitterguss spült die Gedanken weg und bringt neue. Er erwischt uns mitten im Wald. Da will man aber nicht sein, wenn es losbricht, schwere dunkle Wolkenpakete über sich und Blitz und Donner. Was, wenn es einschlägt? Ich weiß nicht, ob die Gefahr, im Wald getroffen zu werden, besonders groß ist, befürchte das aber. Es heißt, vergehen zwischen Blitz und Donner weniger als zehn Sekunden, ist das Gewitter gefährlich nah. Ich zähle mit. Erst komme ich bis siebzehn, schnell sind es nur noch elf, dann acht. Ich hoffe, dass ich einfach zu schnell zähle. Dann höre ich auf und befehle mir: Du darfst keine schlechten Gedanken haben!

Das Gewitter zieht vorüber, aber es regnet noch nach. Das stört mich nicht, und Robin freut es sogar, da ist wieder dieses Lächeln, das bisher jedes Mal in sein Gesicht trat, sobald es zu regnen anfing. Als würde der erste Tropfen es anknipsen. Man kann richtig darauf warten. Und es bleibt dann auch. »Das ist wenigstens Wetter mit Charakter«, frohlockt er und reibt sich die Hände. Schön, ihn so zu sehen.

Irgendwann meint auch der Regenmacher, es reicht für heute, und schickt gleich die düsteren Wolken mit hinfort. Wie schnell das geht, als wär's niemals anders gewesen. Aber wir haben die Beweise: Unsere Schuhe sind durchnässt, die Hosen bis zu den Knien klitschnass. Und das Gras auf dem Boden dampft jetzt.

Den Weg über die Autobahn bei Neugallin müssen wir erst mal finden. Er ist nicht dort, wo er sein sollte, wenn es nach unserer Karte ginge. Aber so war es immer an den Autobahnen: Verließen wir uns auf die Karte, wurde es kompliziert. Bangten wir vorher, es könnte schwierig werden, taten sich wundersame Wege auf, kleine Tunnel oder Brücken. Diesmal dürfen wir es nur mit den Absperrungen und Zäunen nicht so eng sehen, dann geht es auch. Wir stehen auf einer schmalen Brücke und freuen uns: die vorletzte Autobahn, nun kommt nur noch eine.

Dieses Zählen ist jetzt so im Kopf. Rückwärts. Noch drei Autobahnen, noch zwei, noch eine. Bundesländer. Oder Schienenstränge, davon kommt auch nur noch einer. Oder Stopps, Übernachtungen, obwohl wir da schwanken: drei, vielleicht vier, auf jeden Fall nicht mehr.

Hinter der Autobahn schalten wir automatisch in unseren Schnelllaufmodus und fliegen zwischen Feldern dahin. War das eben Valluhn? Und das jetzt, ist das Schadeland? Wohnhäuser, Bauernhöfe, manche gepflegt, manche sichtbar brüchig. Was mir gefällt: Hier darf die Natur noch was, wird nicht ständig getrimmt und in Form geschnitten und von Beetumrandungen am Ausbreiten gehindert. Was wächst, wächst üppig.

Hinter dem Dorf eine breite Sandstraße. Unsere Schritte werden noch länger. Eine Strecke wie eine Wellenlinie. Vor uns ein Mann mit Hund. Alle paar Minuten verschluckt eine Senke beide, sie entschwinden unseren Blicken und tauchen wieder auf, Stück für Stück, als würden sie einer Grube entsteigen. Und dann sind wir es, für die es hinunter geht und hinauf. Drei Kilometer wie ein Versteckspiel.

Aber das läuft nebenbei ab. Wir registrieren es nur, denn wir unterhalten uns die ganze Zeit über alle möglichen Themen. Musik. Frauen. Studium. Sogar Fußball, das aber nur, weil die Europameisterschaft läuft und wir uns jeden Abend ein Spiel ansehen, sonst interessiert sich Robin nicht dafür. Irgendwann landen wir bei uns, bei dem, was auf uns zukommt, wenn das hier vorbei ist. Vielleicht wird Robin zu Hause wohnen bleiben, bis das Studium beginnt. Doch ich vermute, er wird vorher zu einem Freund in eine WG ziehen. Der hat ihm ein Zimmer angeboten, das demnächst frei wird. Robin meint zwar, er habe sich noch nicht entschieden. Ich glaube aber, er würde schon gern. Wie er es auch machen wird: Es soll so sein, und es ist richtig so. Sagt mein Verstand. Mein Gefühl, na ja, das sieht die Sache etwas anders.

Aber während wir so reden, wird mir eines klar: Ich bin jetzt so weit, ich kann ihn loslassen. Der Gedanke lässt sich aushalten. Weil ich etwas auf der Wanderung begriffen habe: Ich werde ihn dadurch nicht verlieren. Und er wird mich nicht verlieren. Mag sein, dass mir das schon immer klar war und nur Angst diese Gewissheit überdeckte, je näher der Zeitpunkt seines Auszugs rückte. Dann habe ich jetzt diese Angst besiegt.

Selten, dass ich nach einer Etappe so leichtfüßig ans Ziel kam. Immerhin liegen fünfunddreißig stramme Kilometer hinter uns, sieben Stunden Fußmarsch. Es können deshalb auch nur Glückstränen sein, die der Himmel auswringt, als wir nach Zarrentin kommen. Wir stoppen gar nicht erst, steuern sofort den Schaalsee an. Am Ufer halten wir inne, lassen unsere Blicke übers Wasser schweifen, das ruhig daliegt wie eine stahlblaue Weite, auf die Regen tropft. Und es fehlt nichts mehr. Die Welt genügt mir, wie sie ist, in dieser Sekunde.

16. Juni 2008 – Dechow

Wenn wir unserem Ziel nicht so nah wären, wir würden einen Tag bleiben. Was habe ich gestern gesagt: Die Orte halten uns nicht, schicken uns fort? Zarrentin ist anders. Aber Zarrentin hat auch diesen See, hat das alte Nonnenkloster und die Pfarrkirche und die gemütliche Pflasterstraße mit den geköpften Linden, doch den See vor allem.

Ich glaube, ich habe mich ein bisschen verliebt. Der Moment am Wasser und ein kurzer Spaziergang gestern Abend genügten. Ich war nur die Straße hinauf gelaufen und kam zur Kirche. Der Regen hatte aufgehört, die Sonne schickte einen letzten Gruß, bevor sie der Dämmerung Platz machte und der Nacht. Ihre Strahlen tauchten alles in goldenes Licht. Diese Stimmung, wie benommen stand ich da und rührte mich nicht. Das passiert einem ja manchmal, man kann dann nicht anders.

Später traf ich einen alten Mann. Robin war im Hotel geblieben. Ich schwärmte, wie schön dieser Platz sei und das Licht und überhaupt der ganze Abend. Er verstand mich sehr gut. Ihm sei es ähnlich ergangen, als er das erste Mal herkam, im Urlaub, mit seiner Frau, die das auch gleich so empfand. Damals lebten sie im Allgäu, dort leben sie noch, nur nicht mehr das ganze Jahr. Denn hier wollten sie auch leben. Es gefällt ihnen sogar besser als zu Hause, schon wegen der Luft, die sei leichter, weicher irgendwie. Sie nahmen das Geld von ihrer Lebensversicherung und kauften eine Eigentumswohnung, mit Blick auf den See. Jetzt verbringen sie fünf, sechs Monate im Jahr hier, und jedes Mal möchten sie gar nicht wieder fort.

Nach dem Frühstück zeige ich Robin die Kirche, die durch ihre Baustilmischung etwas eigentümlich aussieht. Ein kleiner Teil, der älteste, wurde aus Feldsteinen gemauert, der Rest aus Backsteinen, stellenweise mit Fachwerk versehen, der Giebel holzverschalt. Das Licht ist heute anders, nicht so warm, greller. Morgenlicht. Aber der Zauber ist wieder da, der Platz noch genauso schön. Nebenan der restaurierte Ostflügel des einstigen

Zisterzienserinnenklosters, mehr hat davon die Zeit nicht überlebt.

Zufällig begegnen wir dem Amtsvorsteher, der gerade in sein Büro will, ein Pensionär aus den alten Bundesländern.

»Ich mache das ehrenamtlich«, betont er gleich.

»Dafür leben Sie in einer wunderschönen Umgebung«, sage ich. »Sie wohnen bestimmt am See, mit einer herrlichen Aussicht aufs Wasser.«

»Woher wissen Sie das? Aber der Posten, das ist auch eine Menge Arbeit.«

Leider ist er zu beschäftigt, uns außer der Reihe durchs Kloster zu führen. Montags ist alles geschlossen, auch das Heimatmuseum nebenan. Aber für mich steht sowieso fest: Ich komme wieder.

Am See gerate ich noch mehr ins Schwärmen. Das Wasser heute: eine einzige Spiegelfläche. Und dazu der hellblaue Himmel und die kleinen Kumuluswolken, schneeweiß mit grauen Schatten an der Unterseite – wie ein Gemälde.

Auf einem Steg steht ein Angler, uns zugewandt, als hätte er gewartet, dass wir kommen. Wir hatten ihn gestern schon gesehen. Er saß auf seinem Hocker, einen breitkrempigen Hut auf dem Kopf, und starrte aufs Wasser, der Regen schien ihn nicht zu stören. An dem auffälligen Hut erkennen wir ihn sofort wieder. Sein Gesicht strahlt uns entgegen, dass wir gar nicht vorbeikönnen, ohne nach seinem Fang zu fragen. Erst mal sagt er nichts, schaut nur hinunter auf den Boden und strahlt noch mehr. Vor den Gummistiefeln, in denen seine Füße stecken, liegt ein kapitaler Hecht. Dann verkündet er: »Zehn Pfund bringt der auf die Waage, mindestens.« Und man hört seinen Stolz.

»Das wird aber ein reichliches Mittagessen«, sage ich. »Zu dumm, dass wir weiter müssen.«

Jetzt lacht er und erzählt, wie er den Hecht bezwang, noch ganz aufgeregt: »Das war vielleicht ein Kampf! Zweihundert Meter Schnur musste ich ihm geben. Eine halbe Stunde hat es gedauert, bis ich den Burschen endlich aus dem Wasser kriegte. «

Wir wünschen ihm noch viele solcher Fänge, ziehen weiter und haben es komischerweise überhaupt nicht eilig. Wir schlendern, wenn man das so sagen kann bei dem Gepäck. Ich sauge die Atmosphäre auf, den Geruch, es riecht nach dem Grün der Bäume und nach Seewasser und nach Sommer, und die Geräusche, Vogelzwitschern und dann Kinderplappern. Schnell tauchen die Gesichter dazu auf: eine Frau mit vier kleinen Sprösslingen. Irgendwie lachen hier alle, als wäre das Leben nur schön.

Längs durch den Schaalsee verlief die Grenze. Auf dem Wasser patrouillierten Tag und Nacht Boote der Grenztruppen. Die östliche Uferseite war Sperrgebiet, außer den Grenzern kam keiner hin. Die Natur blieb nahezu unberührt. Es wuchs, was wuchs, und starb, was starb, niemand griff ein, regulierte oder beseitigte irgendetwas. Und so sieht es heute noch aus, fast wie im Dschungel. Seit einigen Jahren ist es ein Biosphärenreservat, von der UNESCO unter Schutz gestellt. Im nördlichen Teil des Seegeländes brüten sogar Seeadler.

Wir tauchen ein in diese Wildnis, laufen eine Weile und kommen in Techin heraus. Ein Mann hockt am Straßenrand vor einem Grundstück und zupft Unkraut, in aller Seelenruhe, als würde er das als Meditation betreiben. Wir sprechen ihn an, und nach kurzem Begrüßungsgeplauder erzählt er, dass er einundzwanzig war, als er die DDR verlassen wollte. Sein Ausreiseantrag brachte ihm vierzehn Monate Gefängnis ein, dann wurde er freigekauft. Er ließ seine Freundin zurück, fand im Westen eine neue, die er heiratete. Sie arbeiteten viel und hart, jahrelang, aber da war auch immer das Gefühl, dass das Leben, das sie lebten, ihnen gar nicht entsprach. Irgendwann machten sie sich auf die Suche, inzwischen war die Grenze verschwunden, und landeten hier, in einem kleinen Lehmhaus, achtunddreißig Quadratmeter zur Miete, das genügt ihnen. »Diesen ganzen Luxus brauchen wir nicht. Wir sind jetzt viel zufriedener, geerdet, im Reinen mit uns.«

Dann stürzen wir uns erneut ins wilde Grün und werden von noch wilderen Mücken gejagt. Natürlich steckt das Autan mal wieder ganz unten. Sofort wird Robin mit elf Stichen dafür abgestraft, ich komme mit einem davon, es ist ja auch nicht in meinem Rucksack. In Lassahn flüchten wir auf die Straße, gehen aber in Richtung See, um uns auf der Stintenburginsel die Stintenburg anzusehen.

Seit Mitte des 18. Jahrhunderts befand sich nicht nur das Anwesen im Besitz der Grafenfamilie von Bernstorff, sondern auch der halbe Schaalsee samt Uferflächen. Im Dritten Reich fiel ein Teil des mecklenburgischen Adelsgeschlechts in Ungnade und wurde enteignet. Albrecht Graf von Bernstorff, damals Herr der Stintenburg, der von Hitler und den Nationalsozialisten nichts hielt und Kontakte zu Widerstandsgruppen unterhielt, wurde zweimal in Konzentrationslager gesteckt und wenige Tage vor Ende des Krieges in Berlin hingerichtet. Seine Leiche wurde nie gefunden.

Die DDR hätte die Stintenburg vermutlich kaum überstanden. Herrensitze wurden nach dem Krieg für gewöhnlich auf Staatsanordnung niedergerissen, erst recht wenn sie im Sperrgebiet standen. Doch in diesem Fall fand das Ministerium für Staatssicherheit Gefallen an der abgeschiedenen Lage. Unbeobachtet und ungestört konnten die Geheimdienstler hier eine Elitetruppe ausbilden, von der niemand wissen sollte, dass es sie gab. Nach außen hin wurde so getan, als nutzten die Grenztruppen das Anwesen. Die »Einsatzkompanie Grenze«, wie sie stasiintern hieß, wurde tatsächlich auch aus Unteroffiziersschülern der Grenztruppen rekrutiert, die zusätzlich eine halbjährige Spezialausbildung erhielten. Zur Tarnung gehörte danach, dass sie sich weiterhin als Grenzer ausgaben, insgeheim aber den Status von »Hauptamtlichen Inoffiziellen Mitarbeitern im besonderen Einsatz« der Stasi hatten. Eingesetzt wurden sie als Spitzel in Grenzkompanien oder in geheimen Einsatzgruppen, die Agenten über die Grenze schleusten oder Staatsfeinde liquidierten wie Michael Gartenschläger.

Inzwischen residieren Nachfahren der Familie von Bernstorff in der Stintenburg. Einige Angestellte, die auf dem Gutshof ihre Arbeit verrichten, leben ebenfalls auf der Insel, ansonsten niemand.

In dieser Gegend gibt es unzählige solcher romantischer Flecken

Hinter Lassahn machen wir so weiter, stürzen uns in die Wildnis und schreiten voran, bis wir irgendwo wieder auftauchen. Aber das dauert diesmal. Ein Mann in Lassahn hatte uns eine Strecke verraten, die nur die Einheimischen kennen, wie er meinte. Sie führt so dicht am See entlang, dass wir durchs Gestrüpp das Wasser sehen können. Die ausgezeichneten Wanderwege wären viel einfacher zu laufen. Aber anscheinend wollen wir das jetzt so haben, wollen, dass der Schweiß an uns herunterrinnt und noch mehr Mücken heiß macht, und wollen diesen Hauch von Abenteuer.

Erst in Kneese entschlüpfen wir dem Dickicht, können die anhänglichen Begleiter abschütteln und im Café einer Hamburgerin rasten, die hier ihren Traum vom Landleben verwirklicht. Wie zufrieden sie aussieht! Allmählich komme ich ins Grübeln. Ist das vielleicht wirklich eine Gegend, die an sich schon glücklich macht?

Wir bleiben viel zu lange, weil der Kuchen vorzüglich schmeckt und wir mit einem Pärchen über Gott und die Welt reden und über die Grenze, der Zaun verlief gleich hinterm Haus, und unseren Marsch. Ein bisschen fühlen wir uns jetzt wie Hochstapler, wenn wir anderen erzählen, wie weit wir gelaufen sind. Erscheint uns ja selbst irgendwie unwirklich.

Ein paar Kilometer kommen noch dazu, dann wird klar: Unsere heutige Zielvorgabe können wir vergessen. Bis Schlagsdorf, das ist nicht mehr drin. Aber wohin sonst? In dem Prospekt, den uns die Cafébesitzerin gegeben hat, stand etwas von Dechow. Ein Blick auf die Karte. Zwei Kilometer, schätzungsweise. Ich rufe die Telefonnummer vom Prospekt an, sie führt direkt zum Bürgermeister. »Kommt erst mal her«, sagt er, »bis ihr hier seid, habe ich was für euch gefunden.«

Das ist mal ein Bürgermeister! Verschafft uns ganz unkompliziert einen Schlafplatz und gleich noch Familienanschluss. So jedenfalls fühlt sich das an bei den Schulzes, Christine und Gert, die in einer uralten Fachwerkkate mit Reetdach leben, die sie selbst saniert haben, sie, die Architektin, er, der Baufachmann. Die Wände innen haben sie mit Lehm verputzt, wie es vor Urzeiten schon gemacht wurde. Sorgt für ein gesundes Raumklima, sagen sie, für das beste überhaupt. Während wir duschen, bereiten sie ein Abendessen vor, das reichlicher nicht ausfallen könnte. Und dann sitzen wir alle zusammen im Wohnzimmer an einer großen Tafel. Wir fühlen uns pudelwohl.

Dechow ist das deutsch-deutscheste Dorf, das wir bisher gesehen haben. Dass es einst im Grenzgebiet lag, abgeschirmt von der Außenwelt, merkt man vielleicht an der urwüchsigen Natur rundherum, ansonsten ist davon nichts mehr zu spüren. Hier leben die Zugezogenen nicht neben den Einheimischen, sondern mit ihnen. Und zugezogen sind viele, fast die Hälfte der rund zweihundert Einwohner. Vor allem junge Familien mit Kindern kamen, nicht wenige aus dem Westen.

Dass dieses Miteinander funktioniert, liegt auch in der Geschichte des Ortes begründet. Denn die meisten der einheimischen Familien stammen selbst nicht von hier. Zumindest die Älteren von ihnen wissen, wie es ist, in der Fremde neu zu beginnen. Als der Krieg 1945 zu Ende ging, gehörten Dechow und Lassahn und ein paar andere Dörfer östlich des Schaalsees noch zum Herzogtum Lauenburg. Im Zuge eines Gebietsaustausches zwischen der Britischen Rheinarmee und der Roten Armee wurden sie jedoch Mecklenburg zugeschlagen. Im Gegenzug fielen einige bis dahin mecklenburgische Dörfer östlich von Ratzeburg an Lauenburg. Was in Dechow zur Folge hatte, dass fast alle Einwohner in den Westen gingen. Stattdessen zogen aus Tschechien vertriebene Umsiedler her. Als neunundachtzig dann die Mauer fiel, gab es wieder Chaos und Ungewissheit. Alteigentümer stellten Besitzansprüche. Doch wem gehörte was? Fast zehn Jahre dauerte es, bis alles geklärt war. Seitdem blüht Dechow auf. Hier ziehen die Menschen nicht weg, hier wollen sie hin.

17. Juni 2008 – Lüdersdorf

Der Lehmputz an den Wänden muss Zauberkräfte besitzen. Das erste Mal, dass ich nachts nicht wach wurde. Wir haben sogar bis acht Uhr durchgeschlafen, das hat auf der ganzen Wanderung noch nie geklappt. Wann habe ich mich zuletzt so ausgeruht gefühlt?

Ich gehe hinaus und wünsche den Störchen einen guten Morgen. Vor dem Haus steht ein alter Telegrafenmast, auf der Spitze ein hohes Storchennest, wohl auch mit Jungen, aber die zeigen sich nicht. Allein die Storchenmama scheint meinen Gruß zu hören und stellt sich in Positur. An der Elbe hatte uns jemand erzählt, dass Störche, nachdem sie in Afrika überwintert haben, immer wieder zu ihrem Nest zurückfinden, der Brutstätte treuer sind als ihrem Partner. Aber Störche führen ohnehin eher Saisonbeziehungen, fast wie Boris Becker.

Unsere Siegesgewissheit lässt uns lahm werden. Halb elf kommen wir erst in die Spur. Aber das Ziel ist gesteckt. Wenn nichts schiefgeht: zwei Tagesmärsche noch. Selbst wenn wir laufen müssen, bis es dunkel wird, heute und morgen bringen wir es zu Ende.

»Guten Morgen, Familie Storch«

Wir sind noch nicht lange unterwegs und gerade in ein Wald-stück hineingegangen, als hinter uns ein Kleintransporter heran-rast. Ich denke noch: Der hat sie nicht alle! Der muss doch mal bremsen. Dann springen wir beiseite. Aber jetzt bremst er auch und bleibt mit einem Ruck stehen. Und dann hören wir ein herz-haftes Lachen. So lacht nur einer: Gert, unser letzter Quartierge-ber. Wir hatten uns nicht von ihm verabschiedet, er war schon auf seiner Baustelle, als wir aufstanden. »Ich kann euch doch nicht so gehen lassen!«, ruft er, immer noch von seinem kleinen Spaß begeistert. Verdattert kratzen wir uns aus dem Unterholz.

Danach sind wir allein und laufen und plaudern. Und als uns nichts mehr einfällt, erinnern wir uns an das, was wir erlebt ha-ben. Wir stellen Ranglisten auf. Die schönste Begegnung. Die lus-tigste. Die verrückteste. Die Orte, die uns am besten gefielen, Platz zwei und Platz drei und dann die, an die wir lieber nicht mehr denken. Und so weiter. Stunden bekommt man damit tot-geschlagen.

Wir hören erst auf, unterbrechen, als wir in Schlagsdorf ankommen. Bleiben aber nicht lange. Nichts gegen das Grenzmuseum, wir laufen vorbei, aber es ist eben das fünfzehnte oder zwanzigste auf der Strecke.

Bis hierher haben wir uns mit Wanderwegen begnügt. Offenbar ist uns das zu langweilig. Wir müssen ja unbedingt den Kolonnenweg finden. Aber der versteckt sich noch besser als die Sonne hinter den Wolken.

Nun gut, dann latschen wir eben wieder durchs Gelände. Hügel hinauf und Hügel hinab. In besseren Abschnitten finden wir schmale ausgetretene Pfade, in schlechten nur einen Waldrand zur Orientierung, während wir über zerklüftete Flächen voller wilder Pflanzen stolpern. Und in besonders schlechten müssen wir über Koppelzäune klettern, aber darin haben wir ja Übung. Elend mühsam ist es dennoch.

Irgendwo vor Campow, einem kleinen Dorf am Ostufer des Ratzeburger Sees, dann eine merkwürdige Begegnung. Wir laufen gerade wieder auf einem Weg, den kniehohes Gras einfasst, als sich links auf einer Wiese zwei Rehe blicken lassen. Eines muss uns gleich gewittert haben und verschwindet sofort. Das andere jedoch äfft uns nach. Wir bleiben stehen – das Reh bleibt stehen. Wir gehen langsam ein paar Schritte in seine Richtung – das Reh macht ein paar Schritte in unsere. Wir halten inne und warten – das Reh hält inne und wartet. Wir versuchen ein Piepsen – das Reh piepst.

»Das gibt's doch gar nicht!«, flüstere ich Robin zu. »Ist das Vieh aus einem Zirkus ausgebrochen?«

Aber wir bilden uns das nicht nur ein. Das Reh lauert keine fünfzehn Meter entfernt, zwischen ihm und uns lediglich ein Streifen hochgeschossener Gräser. Ich weiß nicht, wie viele Minuten wir dastehen und uns gegenseitig anstarren, das Reh und wir. Auf einmal lautes Röhren und Schreien und Blöken, alles zusammen, undefinierbar. Und gleichzeitig springt das Reh in wilden Sätzen davon.

Die nächsten Tiere, die wir sehen, lassen uns noch mehr staunen. Campow haben wir da schon hinter uns und Utecht auch. Wir gehen wieder neben einer Wiese und denken im ersten Moment: Ach, hier hält jemand Strauße. Wollen schon weiter, aber dann fällt mir auf, dass nirgends eine Einzäunung zu sehen ist. Gut, denke ich, eben ausgebüxte Strauße. Doch etwas stimmt nicht. Strauße sehen irgendwie anders aus.

Ein Stück weiter, in Schattin, löst sich das Rätsel auf denkbar einfache Weise. An einem Lichtmast ein Zettel, auf dem ein Tier abgebildet ist, das denen auf der Wiese verblüffend ähnlich sieht. Ohne es zu wissen, sind wir Nandus begegnet. Nandus, deren Heimat eigentlich die Pampa in Argentinien, Uruguay und Brasilien ist, dürften die seltenste Tierart sein, die hierzulande in freier Wildbahn herumläuft. Und das auch nur, weil sich vor Jahren einige Nandupärchen, die auf einer Farm in Groß Grönau, einem Dorf bei Lübeck, gehalten wurden, aus dem Staub machten, über die Wakenitz, die Grenze nach Mecklenburg-Vorpommern, paddelten oder hindurchstakten, sich hier in der Gegend niederließen und seitdem kräftig vermehrten. Hundert Exemplare sollen inzwischen in der Wakenitzaue leben. Es könnten aber auch weitaus mehr sein, genau weiß das niemand.

In Schattin werden wir beinahe schwach. Unser Weg führt direkt an einem Hotel vorbei. Zwei Betonplattenblöcke, die ehemalige Grenzkaserne. Aber Robin will unbedingt noch über die Autobahn, es ist die letzte, die wir zu überqueren haben, und ich kann ihn verstehen und gehe mit. Wir laufen sogar noch bis Lüdersdorf. Dann ist es genug.

18. Juni 2008 – Priwall

Ich liege schon ein Weilchen wach, starre an die Decke und versuche, in mich hineinzuhören, um herauszufinden, wie ich mich fühle. Doch irgendwie klappt das nicht. Enttäuschung auf der ganzen Linie. Da ist nichts Besonderes. Und das an diesem Morgen! Der müsste sich doch anders anfühlen. Das Einzige, was ich feststelle: Ich bin aufgekratzt, aber das ist wahrlich kein neuer Zustand.

Falls Robin das anders empfindet, kann er das gut verheimlichen. Weder wirkt er besonders gesprächig, das ist er morgens ja selten, noch scheint er es ungewöhnlich eilig zu haben. Es läuft wie jeden Tag, man kann sagen: hektikfrei routiniert. Mit dem kleinen Unterschied, dass wir nicht einmal Frühstück serviert bekommen, was für den letzten Morgen wirklich eine Schande ist. Doch was sollen wir uns ärgern?

Ein schickes Hotel wäre natürlich angemessener gewesen und ein Frühstücksbüfett, dass einem das Wasser im Mund zusammenläuft. Nur, dann hätten wir nicht nach Lüdersdorf gehen sollen, sondern nach Lübeck, aber Lübeck kennen wir schon. Außerdem haben wir uns angewöhnt, es einfach zu nehmen, wie es kommt. Und heute muss eben das Angebot des kleinen Supermarktes um die Ecke genügen.

Auch als wir losmarschieren – keine Spur von Euphorie. Wir müssen wirken wie zwei konzentrierte Pfadfinder auf ernster Mission. Ich kann mir das nur so erklären: Seit Tagen eilen unsere Gedanken unseren Schritten voraus. Sie waren praktisch schon am Ziel, gleich mehrmals. Doch jetzt, da sie Realität werden, nach fast fünfzig Tagen nur noch eine Frage von Stunden, scheinen wir es selbst nicht glauben zu können. Bei mir kommt noch hinzu, dass gerade zwei Gefühle miteinander ringen: Ich freue mich, dass wir es bald geschafft haben, aber ich bin auch traurig, dass unser Abenteuer zu Ende geht.

Nichtsdestotrotz wollen wir noch einmal alles geben. Kein gemütlicher Spaziergang. Es soll unbedingt der Kolonnenweg sein. Hinter Herrnburg finden wir ihn. Es geht gleich in einen Wald. Palinger Heide. Ostseefeeling. Nicht, weil dort Wasser wäre. Nur staubtrockener Boden. Aber inmitten der Kiefern riecht es nach Harz, für mich der Duft des Sommers, und ich finde, auch nach salziger Meerluft. Und wo Sand zum Vorschein kommt, ist der hell und feinkörnig, eben wie am Ostseestrand.

Wirklich ein seltsamer Tag heute. Ständig habe ich das Gefühl, Robin etwas sagen zu wollen. Aber jedes Mal, wenn ich mir Worte zurechtlege, denke ich: wie belanglos. Oder: Das wird ihn jetzt kaum interessieren. Oder: Das kann ich ihm auch später erzählen. Und dann lasse ich es. Vielleicht ist einfach alles gesagt, was auf diese Wanderung gehört, und alles erlebt, und jetzt fehlt nur noch die Krönung.

Wenigstens vergeht beim Grübeln auch die Zeit. Und hin und wieder reißen uns Rehe aus den Gedanken. Fünf sind uns schon über den Weg gelaufen, gerade stehen wieder drei vor uns auf den Platten, zwei größere, ein kleines, scheint eine Familie zu sein. Sie lassen uns ein Stück näher kommen, dann traben sie davon, ganz gemächlich.

Wir laufen wie durch einen Tunnel. Seitlich die Kiefernstämme wachsen dicht, als stünden da Bretterzäune, und über uns verschränken sie ihre Zweige zu einem Dach.

Die nächste Straße unterbricht jegliche Hirntätigkeit. Sie kommt nicht unvermittelt, Lärm dringt durch den Wald, als erwarte uns eine Autobahn. Bloß nicht!, denke ich und hoffe, dass die behütete Laufstrecke dahinter weitergeht. Doch was einmal Grenzweg war, ist jetzt Bundesstraße. Fürs Lübecker Fischerdorf Schlutup die Umgehung. Für uns zwei Kilometer Hölle. Keine neue Erfahrung, aber die hier ist besonders brutal. Nur Lastwagen! Und kein Standstreifen. Ich fange an, mit mir zu reden, irgendeinen Blödsinn, nur damit ich rede, werde lauter, schreie, um gegen den Lärm anzukommen, auch gegen die Angst. Auf so einer Straße bekommt man Angst. Und das Schreien hilft tatsächlich.

An der alten Straße nach Schlutup, die geradezu verwaist daliegt, brauchen wir eine Pause. Die Ohren dröhnen, die Lunge ächzt, der Magen verlangt Futter. Hier befand sich der nördlichste Grenzübergang. Richtung Osten geht es nach Selmsdorf und weiter, an der Mülldeponie Schönberg vorbei, die heute Deponie Ihlenberg heißt, als könnte ein neuer Name die Vergangenheit vergessen machen. Keine fünf Kilometer von hier, die Halde lag im Sperrgebiet. Trotzdem nur dreihundert Meter von Häusern entfernt. Dabei möchte man im Umkreis von zig Kilometern nicht wohnen, führt man sich vor Augen, dass halb Westeuropa seine Giftabfälle dorthin schickte. Für Devisen nahm die DDR-Regierung scheinbar alles in Kauf. Und die Mülldealer im Westen, die ihre Geschäfte mit der Stasi-Firma Intrac abwickelten, waren froh, einen Ort zu haben, wo sie selbst sonst nirgendwo Entsorgbares, falsch deklariert oder gar nicht, ohne Probleme und Kontrollen loswurden. Das Ganze auch noch zu Dumpingpreisen. Risiko gegen Bares. Tödliches Risiko. Zahlreiche Deponiemitarbeiter sind an Krebs erkrankt. Trotzdem geht es so weiter, heute noch, nur gegen Euro. Fast fünfzehn Millionen Kubikmeter Müll türmen sich schon, sechshunderttausend Tonnen kommen jedes Jahr dazu. Dimensionen, die man sich lieber nicht vorstellt.

Ich kann nicht behaupten, dass es danach besonders schnell geht. Es kommt uns sogar ziemlich langsam vor. Wir nehmen aber auch jede kleine Kurve des Grenzverlaufs mit. Das sind wir den letzten Kilometern schuldig. Denken wir. Doch irgendwo mitten in dem Waldgebiet, das sich ans Steilufer der Trave schmiegt, verlieren wir den Weg und überhaupt alle Wege.

Wir bleiben ganz gelassen, steigen zum Wasser hinab, laufen ein Stück am Strand – und sehen zum ersten Mal das Ziel! Der weiße Block von Travemünde, das Hotel, wie ein riesiger Leuchtturm. Blinkt da nicht etwas? Juchhe, wir kommen!

Könnten wir doch übers Wasser laufen! Oder ein Segelboot. Wir könnten versuchen, eines heranzuwinken, sind genug unterwegs. Vielleicht wäre einer so freundlich, wenn wir erzählen, was wir hinter uns haben. Aber nein, wir werden doch nicht schummeln, nicht jetzt, nicht heute!

Los, weiter!

Doch der Strand hört auf. Schilf, das uns überragt. Also da rein, da durch, wie Seeräuber, die eine Insel erobern. Der Boden wird weicher, feuchter, es schmatzt unter den Sohlen. Und das ausgetrocknete Leder darüber saugt gierig, was es bekommen kann. Auf einmal unter den Füßen nur noch Wasser. Schwimmen können wir mit den Rucksäcken nicht. Wir waren fröhlich nach dem Blick auf Travemünde, aber das jetzt nervt. Und es wird noch schlimmer, weil das Steilufer zu steil ist und bewachsen mit dichtem Dornengestrüpp.

Oben bekommt uns der Wald wieder, aber der, immer noch geizig, gibt uns wieder keinen Weg. Und das Unterholz ist verflixt dicht. Kann es sein, dass wir auf der allerletzten Etappe noch einmal die Anstrengungen der ganzen Wanderung zu spüren bekommen?

Eine Ewigkeit brauchen wir, uns aus dem Wald zu fitzen. Dahinter kommen Wiesen, dann das Dorf Teschow, aber weder der Kolonnen- noch irgendein Wanderweg. Warum nehmen wir nicht die Straße? Warum muss es die nächste Weide sein? Nicht abgegrast, Gräser bis zum Bauchnabel und Wassergräben, die uns in alle möglichen Richtungen treiben. Wir bringen alles in Gefahr. So kommen wir heute nicht ans Ziel.

Aber wenn man sich in etwas versteigt, kann man nicht anders. Wir wollen die Grenze spüren. Die Grenze war hier, und hier stand die Mauer, um den halben Dassower See herum. Geblieben ist ein Wachturm, sein Bauch weiß gepinselt und mit Sprüchen beschmiert: »YOU CAN'T TOUCH THIS! ... SCHEISS WESSIES! ... NIE WIEDER CHRISTL. UNION«. Der See gehörte zu Lübeck, Dassow, das Städtchen an seinem östlichsten Zipfel, zur DDR. Auch ein Wahnsinn: Den schönsten See vor der Tür, und dann durfte man nicht hin und nicht drauf, nicht hinein, nicht einmal hingucken.

In Dassow der letzte Halt, die letzte Stärkung. Und ein letztes Gespräch. In einem Café hocken Männer mit Bierflaschen. Ein richtiges Gespräch ist es eigentlich nicht. Alle blödeln nur herum. Ich sage etwas, weiß aber gar nicht, was. Dann sind sie dran, und ich höre etwas, doch ihre Worte dringen nicht zu mir vor, prallen ab. Weil ich schon nicht mehr hier bin. Unsere Gedanken rasen wieder voraus. Und diesmal lassen wir uns nicht abhängen, hasten gleich hinterher. Wobei: hasten? Nach über dreißig Kilome-

Am Strand der Ostsee. Geschafft!

tern geben wir höchstens eine alte Dampflok ab. Wir schnaufen voran.

Benckendorf ... Johannstorf ... Pötenitz.

Und dann das Schild: »Priwall 2 km«.

Kein Wort verlieren wir jetzt noch. Ein Resümee? Tausendvierhundert Kilometer! Zu Fuß! Und noch einhundert Kilometer mehr. Aber was die Wanderung aus uns gemacht hat? Ob sie uns verändert hat? Garantiert hat sie das. Aber das zu ergründen, dafür ist es zu früh. Erst mal muss alles sacken. Wir brauchen Abstand.

Es kribbelt im Bauch. Ein Gefühl, als wäre man mit Julia Roberts verabredet oder mit Madonna. Man will sie unbedingt kennenlernen, kann es kaum erwarten, traut sich aber nicht so richtig. Und Robin? Mimt den Coolen und tut so, als lägen noch zwanzig Kilometer vor uns.

Ich versuche, die Eindrücke zu konservieren. Schwierig. Es sind die flüchtigsten der ganzen Reise. Nichts mehr lässt sich festhalten, als wären wir ausgefüllt, überladen schon. Die Landschaft?

Da ist keine Landschaft. Sehen sie und sehen sie doch nicht. Die Straße vor unseren Füßen ist das Einzige, das als Bild bis ins Gehirn vordringt. Selbst unsere Schritte spüren wir nicht.

Und ständig denken wir: Jetzt muss es doch kommen, verdammt, jetzt gleich!

Der letzte Wegweiser versteckt sich gut zwischen Gräsern und Büschen. Ein Felsstein: »Nie wieder geteilt«. Das Land ist gemeint, aber wir sind maßlos und beziehen es auch auf uns. Heute dürfen wir das mal. Gleich dahinter die Düne und ein schmaler Weg und weicher Sand. Das Wellenrauschen hören wir schon. Die letzten Schritte. So langsam wie noch nie.

DAS MEER!

Es ist kein triumphaler Empfang. Es ist spät. Niemand da. Wir wollten es so. So passt es zu uns. Nur wir.

Trotzdem sind wir betäubt, als würde die Welt jubeln. Und unfähig, ein einziges Wort hervorzubringen. Zuerst landen die Rucksäcke im Sand. Einen Moment zögern wir. Dann umschlingen sich unsere Arme. Und ich denke: Kann man jemanden intensiver spüren als sein eigenes Kind?

»Danke!«, flüstere ich Robin ins Ohr und halte ihn noch fester.

Er soll nicht sehen, dass ich weine.